ROCH CARRIER

Aimer la vie,
conjurer la mort

Collection *Œuvres et auteurs*

Livres-synthèses, les monographies de la collection *Œuvres et auteurs* se démarquent par leur qualité d'écriture et leur érudition sans prétention. Chaque livre présente un écrivain (ou un mouvement littéraire), analyse l'ensemble de son œuvre, la situant dans son époque en en dégageant les aspects essentiels. Une collection pour tous !

Dans la même collection

André Brochu, *Anne Hébert. Le secret de vie et de mort*, 2000.

Yvan G. Lepage, *Germaine Guèvremont. La tentation autobiographique*, 1998.

Pierre Hébert, *Jacques Poulin. La création d'un espace amoureux*, 1997.

GILLES DORION

ROCH CARRIER

Aimer la vie, conjurer la mort

Les Presses de l'Université d'Ottawa

Catalogage avant publication de la Bibliothèque nationale du Canada

Dorion, Gilles, 1929-
Roch Carrier : aimer la vie, conjurer la mort / Gilles Dorion.

(Collection Oeuvres et auteurs, ISSN 1480-297X)
Comprend des réf. bibliogr.
ISBN 2-7603-0574-0

1. Carrier, Roch, 1937- — Critique et interprétation. I. Titre. II. Collection.

PS8505.A77Z63 2004 C843'.54 C2004-900905-2

Les Presses de l'Université d'Ottawa remercient le Conseil des Arts du Canada et l'Université d'Ottawa de l'aide qu'ils apportent à leur programme de publication.

Nous reconnaissons l'aide financière du gouvernement du Canada par l'entremise du Programme d'aide au développement de l'industrie de l'édition (PADIÉ) pour nos activités d'édition.

Révision linguistique : Marie-Claude Rochon (Scribe Atout)
Correction d'épreuves : Stéphanie Moreau

Photographie de la couverture : Couvrette/Ottawa

ISBN 2-7603-0574-0 ISSN 1480-297X

542, rue King Edward, Ottawa (Ontario) K1N 6N5
press@uottawa.ca http://www.uopress.uottawa.ca

Imprimé au Canada

TABLE DES MATIÈRES

AVANT-PROPOS

J'ai fréquenté pendant une trentaine d'années les écrits de Roch Carrier en m'attachant particulièrement à son œuvre narrative mais en me laissant tenter aussi par son théâtre, ce qui m'a permis d'assister aux représentations de *La céleste bicyclette* et du *Cirque noir*, dont j'ai saisi le sens profond en lisant les « péritextes » qui les accompagnent. Pour mieux comprendre une œuvre aussi abondante et diverse, j'ai fouillé dans sa vie tant privée que publique et essayé d'établir des liens avec les thèmes qu'il développe, de cerner les préoccupations fondamentales qui l'animent et, au moyen de ces repères biographiques, de définir la trajectoire de cette œuvre considérable, plus de trente-cinq ouvrages, de poser des jalons indispensables à son interprétation. Comme bon nombre d'écrivains, il a subi, à l'évidence, l'influence de son milieu familial d'abord, puis celle des différentes sphères littéraires et publiques au sein desquelles il a œuvré toute sa vie, en transposant ses expériences par l'affabulation, sauf, et peut-être même, dans ses recueils de contes et de nouvelles autobiographiques où le réel le dispute au fictif.

Petit-fils de forgeron, le grand-père Anatole d'*Une chaise*, fils de Georges Carrier, commerçant itinérant en produits de la ferme, et de Marie-Anna Tanguay, la seconde femme de son père, institutrice à l'école du village, Roch Carrier est né le 13 mai 1937 à Sainte-Justine-de-Dorchester, le deuxième d'une famille de sept enfants. Aussi, pour alléger sa tâche, la mère se fait-elle assister par une bonne à la maison. Dès sa plus tendre enfance, inspiré par les bandes dessinées, le jeune garçon se sent attiré par le dessin. Vers sept ou huit ans, il rédige quelques petites pièces de théâtre, ce qui annonce déjà sa prédisposition pour ce genre d'écriture. Dévot et pieux, il sert la messe comme enfant de chœur et, vers l'âge de neuf ans, il est vu comme le futur prêtre de la famille, comme cela était courant à l'époque. Plutôt rêveur et solitaire, il fait de longues promenades par les champs et les bois, se baigne dans la Belonne, pratique la pêche dans la Quamme. Peu adroit au baseball et au hockey, il se considère comme un joueur moyen. Malhabile, il avoue être un mauvais chasseur. Tous ces détails nous sont révélés par ses recueils à portée autobiographique, dont *Les enfants du bonhomme dans la lune*, *Prières d'un enfant très très sage* et *Prières d'un adolescent très très sage.*

Roch Carrier fait ses études primaires à l'école de son village, de 1943 à 1949, puis entreprend ses études classiques au Petit Séminaire de Saint-Georges de Beauce, où il s'occupe du journal étudiant imprimé sur stencil à manivelle et participe au Cercle patriotique. En 1954, il est expulsé d'une façon cavalière, pour avoir eu en sa possession des ouvrages d'Émile Zola (*Germinal* et *Le rêve*), de Marcel Proust (*Du côté de chez Swann*), d'Honoré de Balzac et de Paul Éluard (*Le Phénix*). Il termine ses études classiques en 1957, à l'Université Saint-Louis, Edmundston, Nouveau-Brunswick, dirigée par les pères eudistes. Autant il garde un mauvais souvenir du Séminaire de Saint-Georges, un véritable étouffoir, triste et morose, estime-t-il, où il « s'emmerdait, agacé par la discipline, l'obéissance et les frou-frous de soutane[1] », autant il a goûté l'atmosphère détendue et accueillante de l'Université Saint-Louis, un véritable bol d'air. « Étudiant, il a bûché dans les bois de

Sainte-Aurélie, creusé au pic et à la pelle dans les rangs de Sainte-Justine[2]. » Vers la fin de ses études classiques, il publie un premier recueil de poésies, *Les jeux incompris* (1956), puis obtient son baccalauréat ès arts en 1957. Il s'inscrit à la Faculté des lettres de l'Université de Montréal en vue de sa maîtrise ès arts (1958-1961) sur Guillaume Apollinaire, enseigne à l'Université Saint-Louis de 1959 à 1961, au niveau Belles-Lettres, la littérature française, les littératures grecque et latine, sans préparation spéciale, avoue-t-il : il doit préparer la matière au jour le jour et devance les élèves d'une leçon à chaque cours. En 1958, il publie un deuxième recueil de poésies, *Cherche tes mots cherche tes pas*, tâte du journalisme au journal *Le Madawaska*, à Edmundston, pendant près de deux ans, comme chroniqueur, ainsi qu'à Radio-Canada, station rattachée à Moncton, et publie ses premiers contes et nouvelles dans *La Patrie du dimanche*.

Boursier du Gouvernement français et du Conseil des Arts du Canada, il part pour Paris en 1961, prépare sa thèse de doctorat d'université à la Sorbonne et livre plusieurs nouvelles au magazine *Châtelaine* ainsi qu'au journal *Le Devoir*. De retour au Québec en 1964, il publie un recueil de contes fantastiques, *Jolis Deuils*, pour lequel il obtient le prix littéraire de la province de Québec et dont quelques-uns des textes seront adaptés pour la scène par une compagnie de marionnettes géantes, Le Théâtre Sans Fil, en 1982. Il se joint au personnel du Département de français du Collège militaire royal de Saint-Jean, où il enseigne la littérature jusqu'en 1970. À partir de septembre 1969, il poursuit sa carrière d'enseignant au Département d'études littéraires de l'Université de Montréal où il assume des cours de littérature française, après avoir obtenu son doctorat d'université de la Sorbonne en 1969 avec une thèse intitulée « Blaise Cendrars et la délivrance de l'homme ».

Dans l'intervalle, il a publié son premier roman, *La guerre, yes sir!*, en 1968, un des trois volets de « La trilogie de l'âge sombre », qui obtient un succès retentissant, et dont le Théâtre du Nouveau Monde (TNM) présente une version pour la scène à partir d'octobre 1970, qu'il renouvellera avec l'adaptation de *Floralie, où es-tu?* (1969) sous le titre simplifié de *Floralie* (1973). Ce roman (*GYS!*) sera suivi de quatorze autres, y inclus les deux que je qualifie de récits de voyage. Carrier écrit un scénario de film, « Le Martien de Noël », le premier long métrage pour enfants tourné au Québec, qui obtient un succès remarquable. En 1971, il quitte l'Université de Montréal, devient membre du comité de direction du *Journal of Canadian Fiction* et secrétaire général du TNM jusqu'en 1973, puis occupe divers postes au sein du conseil d'administration. De retour au Collège militaire royal de Saint-Jean, il est nommé directeur du Département de français, poste qu'il occupe de 1973 à 1980, et coordonnateur du programme de baccalauréat en études canadiennes. Entre-temps, avaient paru un numéro spécial de la revue *Nord* sur son œuvre, en 1976, puis un dossier « Roch Carrier », dans la revue *Québec français*, en 1978. Nommé doyen par intérim aux Études collégiales et aux Services, qui s'occupait de matières scolaires, de la bibliothèque, des laboratoires et des ordinateurs, en 1984, il participe au trente-neuvième cours du Collège de la Défense nationale (ancien nom du Centre des études sur la sécurité nationale) en 1985-1986, traitant entre autres de politique et d'économie. Il devient ensuite doyen de la Faculté des Sciences de l'administration et des Humanités du Collège militaire royal de Saint-Jean, au Québec, en 1986. En août 1989, il assume les fonctions de recteur par intérim, puis est nommé recteur en titre en mars 1990, fonction qu'il assume jusqu'à la fermeture de l'institution en mai 1994, après quoi il est nommé directeur du Conseil des Arts du Canada. Il démissionne en 1998 pour se lancer en politique provinciale sous la bannière du Parti libéral, dans le comté de Crémazie, mais il subit la défaite de peu. L'année suivante, il est nommé administrateur général de la Bibliothèque nationale du Canada.

En plus d'une prolifique carrière de romancier, de conteur, de dramaturge et d'administrateur, il a effectué une multitude de séjours comme conférencier et globe-trotter dans plusieurs pays du monde. De quoi alimenter son imaginaire, comme le prouvent plusieurs de ses romans ainsi que ses récits de voyage, d'ailleurs classés comme des romans dans les notices « Du même auteur » qui précèdent ses ouvrages.

Roch Carrier a été également membre du conseil d'administration du Salon international du livre de Montréal et président du Salon, de 1982 à 1986, puis directeur de la collection 10/10 aux Éditions internationales Alain Stanké, de 1987 à 1990. Il a été reçu à la Société royale du Canada en 1990 et a été nommé officier de l'Ordre du Canada en 1991. Il a obtenu, en 1991, la médaille Stephen Leacock pour *Prières d'un enfant très très sage* (section « Humour »). Il est détenteur de doctorats honorifiques de l'Université de Moncton, de l'Université York à Toronto, de l'Université Memorial de Terre-Neuve et du Collège militaire royal du Canada à Kingston. Très tôt au cours de sa carrière, Sheila Fischman est devenue sa traductrice attitrée : elle a en effet traduit la plupart de ses œuvres en anglais. D'ailleurs, il convient d'ajouter que les œuvres de Carrier ont toujours obtenu un très grand succès au Canada anglais.

Carrier s'est exercé dans plusieurs genres, à savoir la poésie, le conte, le roman, le théâtre, le récit de voyage, la littérature de jeunesse, finalement la biographie. En ce qui concerne la poésie, ses trois recueils, souvent oubliés, ne figurent jamais dans les notices « Du même auteur » auxquelles j'ai fait allusion plus haut. Même Carrier, qui parle de « la musique de [s]es vingt ans exaltés », semble ne pas vouloir tenir compte de cet épisode de sa vie, alors qu'on trouve ici et là dans ses écrits, autobiographiques ou non, plusieurs allusions à ses ambitions de poète. Parti donc d'une conception plutôt romantique de l'écriture, comme plusieurs écrivains qui ont abordé la littérature par la poésie, il verse ensuite dans la littérature fantastique lors de son séjour à Paris pour ses études doctorales. *Jolis Deuils*, considéré comme une réussite par la critique, est suivi par un ensemble du même genre dans la revue *Écrits du Canada français*, en 1968. Il y reviendra d'ailleurs avec un roman pour adolescents, *Le canot dans les nuages*, en 1991, qui s'inspire de la légende de la Chasse-galerie, popularisée entre autres par Honoré Beaugrand.

Comme suite logique au fantastique, Carrier aborde le roman par le carnavalesque, un genre déjà pratiqué au Québec entre autres par le désopilant *Marie Calumet* (1904), de Rodolphe Girard, condamné par l'archevêque de Montréal, Paul Bruchési, pour son irrévérence. *La guerre, yes sir!* demeure sans doute, à ce jour, le roman de Roch Carrier le plus lu et le plus étudié, tant au secondaire et au collégial qu'à l'université. L'écrivain poursuivra sur sa double lancée, tant fantastique que carnavalesque, dans ses œuvres ultérieures, ce qu'une critique à chaud, un peu pressée, n'a pas toujours décelé. J'en veux pour exemples, en ce qui concerne le fantastique et aussi le carnavalesque, *Floralie, où es-tu?* (1969), puis, dans la veine carnavalesque, *Le deux-millième étage* (1973), *Le jardin des délices* (1975) et *De l'amour dans la ferraille* (1984). Comme on le constate, l'auteur se complaît avec délice dans la représentation populaire de la vie par la fête, tant villageoise qu'urbaine, telle que Mikhaïl Bakhtine l'expose dans ses ouvrages et auxquels je me référerai souvent. Le village de son enfance et de son adolescence et les lieux environnants contribuent, encore une fois au moyen de l'affabulation, à créer un espace romanesque plein de verve et de vie, avec ses débordements.

Cependant, il ne se confine pas dans les limites, pourtant peu étroites, de la fête, mais recourt volontiers à la réflexion de type philosophique pour s'interroger, à travers ses personnages, et dans ses romans, comme *Les fleurs vivent-elles ailleurs que sur la terre?* (1980), *La dame qui avait des chaînes aux chevilles* et *Fin* (1992), et ses pièces de théâtre comme *La céleste bicyclette* (1980) et *Le cirque noir* (1982), sur le sens de la vie et de la mort, sa préoccupation fondamentale, existentielle, depuis ses recueils de poésies. D'autres romans, à portée historique ou sociopolitique, interrogent aussi la vie réelle. *De l'amour dans la ferraille* et *Une chaise* (1999) en sont des exemples pertinents, mais sur des modes différents. Presque tous sont traversés par l'humour, parfois décapant, parfois grinçant ou noir, de Carrier, dont c'est la marque de commerce, pourrait-on dire. Quant à l'échappée que le romancier tente du côté de l'énigme policière, dans *L'homme dans le placard* (1991), elle n'a pas eu de suite, encore que l'interrogation sur la vie qui y est sous-jacente mérite l'attention. Le questionnement incessant de l'auteur le conduira à s'interroger sur les mythes fondateurs de l'Amérique non réduite en l'occurrence aux États-Unis, mais comprenant également le Canada, le Québec en particulier, avec *Petit Homme Tornade* (1996), une de ses plus belles réussites littéraires. On y retrouve son incessante insistance sur le combat que se livrent les deux pôles extrêmes de la vie et de la mort.

Prédisposé par son remarquable talent de conteur, Carrier verse très tôt dans l'écriture pour la jeunesse, témoin *Le Martien de Noël*, dont il avait écrit le scénario de film en

1970 et dont il publiera le texte remanié en 1991. Sa production destinée aux enfants et adolescents comprend une douzaine de titres, dont une partie ont été reproduits de *Vidéo-Presse*, revue à laquelle il a collaboré activement à partir de 1982. Six de ses livres sont publiés sous forme d'albums cartonnés et illustrés par les Éditions Toundra, dont *Canada je t'aime I love you* qui est bilingue, c'est-à-dire qui offre le texte de Carrier en français avec la traduction anglaise en regard. Si les uns s'inspirent librement de la vie de Carrier en racontant des anecdotes vécues, les autres puisent des leçons, souvent implicites, de comportement dans l'existence de tous les jours ou ont une portée pédagogique évidente. Soulignons la propension de l'auteur à présenter à quelques reprises des scènes sportives, principalement le hockey, dont les jeunes joueurs tentent d'imiter les exploits de leur idole Maurice Richard. D'ailleurs, Carrier lui consacre une biographie fort documentée, *Le Rocket* (2000), mettant en vedette le « héros des Canadiens français ».

L'ensemble de l'œuvre de cet écrivain divers et prolifique s'attache à mettre en relief les préoccupations de ses contemporains à l'égard de la vie et de la mort, de la pauvreté et de la richesse, d'un érotisme parfois égrillard, s'exprimant par l'amour et le sexe, de la douceur opposée à la violence, de leurs rêves et de leurs désirs secrets, la plupart du temps dans un environnement rural, mais aussi dans des milieux urbains, puis dans le vaste monde, à l'échelle de l'Amérique, ensuite sur toute la planète et même dans l'espace intersidéral.

Les thèmes développés par Carrier passent aussi bien par le fantastique et le carnavalesque que par le mythe ainsi que par les données autobiographiques. On pourra facilement repérer les principes directeurs de cette œuvre, beaucoup plus constante que certains critiques ont voulu le laisser croire, et en suivre l'évolution, pour en saisir le fil conducteur, à savoir : aimer la vie, conjurer la mort. La place qu'il occupe, ne serait-ce que par « La trilogie de l'âge sombre » et ses romans et recueils de contes destinés à la jeunesse, marque incontestablement son importance dans le champ littéraire québécois. De même, des œuvres moins bien reçues et parfois mal comprises à leur sortie mériteront une relecture qui en fera ressortir les points forts dans la perspective générale dans laquelle je situe cette étude.

Notes

1. Nicole Beaulieu, « La littérature yes sir! », *L'Actualité*, novembre 1980, p. 73.
2. *Ibid.*, p. 70.

CHAPITRE I

« LA MUSIQUE DE MES VINGT ANS EXALTÉS »

Roch Carrier a fait ses premiers pas en littérature par la voie de la poésie, vers la fin de ses études classiques. Lui qui rêvait de devenir le plus grand poète des Amériques, comme il l'avoue dans *Prières d'un adolescent très très sage*, publie coup sur coup deux minces recueils, aux Éditions Nocturne, maison d'édition artisanale de l'Union des jeunes écrivains établie rue Clarke à Montréal, dans les années 1950 : *Les jeux incompris* (1956) et *Cherche tes mots cherche tes pas* (1957). Avec *L'aube d'acier*, écrit en 1960, comme il le signale lui-même dans la note liminaire, il récidive en 1971, un peu à contrecœur, semble-t-il, si l'on se fie à ses propos : « Ne me demandez aucune raison d'avoir dérobé aux flammes ces vers. » D'ailleurs, rarissimes sont les bibliographies accompagnant les ouvrages de Carrier qui mentionnent ces trois recueils de vers, « La musique de mes vingt ans exaltés », soutient-il dans la même note, pas plus que les inscriptions « Du même auteur » placées en tête de ses ouvrages. L'exaltation dont il parle manifeste son vif désir de mordre dans la vie, les rêves tout à fait légitimes qu'il caresse, en même temps qu'il souhaite écarter, grâce à la vigueur de sa jeunesse, les obstacles qui se dressent sur sa route pour y parvenir. Baisse-t-il déjà les bras, comme le laisseraient croire certains accents de révolte ou de désabusement qui traversent ses vers ? C'est ce que nous allons découvrir.

Les jeux incompris

Précédés d'un tercet formant une sorte d'épigraphe qui en annonce le sens, comme le titre, suffisamment explicite, les quatorze poèmes du recueil s'ordonnent autour du thème de l'enfance, celle-ci passée au contact quotidien de la nature omniprésente. D'une part, l'enfant est resté tout à fait proche de la nature et, comme je l'ai signalé en introduction, il aimait flâner par les champs et par les bois et se livrer à la pêche. D'autre part, si l'on se fie à ses recueils autobiographiques de nouvelles, *Les enfants du bonhomme dans la lune*, *Prières d'un enfant très très sage* et *Prières d'un adolescent très très sage*, il a connu une enfance libre de soucis entre un père et une mère attentionnés, dont il conserve de très bons souvenirs. Sont donc convoqués la nature, nommée par plusieurs éléments descriptifs comme les étoiles, la pluie, l'arc-en-ciel, l'aube, le matin, les arbres, les fleurs, que l'on retrouve sous la plume de Guillaume Apollinaire, et l'enfance qui l'achemine, à travers mille écueils qui lui paraissent immenses, vers la vie, qu'il veut saisir à pleines mains, et vers le monde des hommes, dont l'incompréhension semble manifeste. Cette incompréhension, déjà traduite par les cinq points d'interrogation inquiets qui ornent la page de titre, se retrouve partout souvent dans la tête de l'enfant, puis de l'adolescent, qui interroge le sens de la vie, raconte ses espoirs et ses déceptions où perce une certaine révolte et qui, malgré tout, espère. Le corps (yeux, mains) joue déjà un rôle important, comme l'annonce le tercet liminaire :

Tu refermes tes yeux sur une vieille larme
Ton cœur ne se souvient-il pas
Des mains accueillantes de cet enfant étonné?

Dans un article consacré à *Jolis Deuils,* Clément Lockquell rappelle ce recueil, « où alternaient les symboles de l'oiseau et de la main signifiant l'obsession de la liberté et l'instinct de possession[1] ».

Le ton se fait volontiers morose, dans des poèmes qui évoquent vagabonds et gueux et dont le vocabulaire s'harmonise avec justesse à ses souvenirs, en y appuyant avec insistance : « remugle », « poussière sale », « nippes du mendiant » (« Le roi destitué »). À l'aube de l'âge adulte, un peu à la manière d'un Théophile Gautier, d'un Gérard de Nerval ou d'un Émile Nelligan, le poète se complaît d'une façon plutôt narcissique et un peu masochiste dans des « grimoires de regrets » et « des remords gris » en analysant sans fard son comportement d'adolescent bohème dont les prunelles bariolées « ne savent plus voir la couleur des étoiles » (« Moi »). Il disperse ses regrets « d'un souffle de mépris » et « fredonne des romances insolites / Aux oiseaux gouailleurs ». Les trois poèmes qui suivent « Le roi destitué », intitulés « Rêverie d'automne », « Espoir » et « Mes grands rêves », raniment les plus grandes espérances, avec des accents spontanés de fraîcheur et de naïveté confiante. Puis affluent les souvenirs heureux qui rappellent les cris des enfants, les « beaux hivers », les « hardies balades en montagne », les « secrètes cavernes de neige » avec leurs petits trésors cachés et les batailles de boules de neige (« Rêverie d'automne »). « Tous ces bonheurs qu'il a fallu renier » avec nostalgie annoncent malgré tout ses « rêves pour demain » qui « [j]ettent sur le paysage des splendeurs d'aurore » (« Mes grands rêves »). Le poète en herbe partira donc à la « [d]écouverte de la vie », sans attache (« Câbles sans attache »), en s'interrogeant sur les diverses embûches qui guettent « [l]es pas du chemineau » « dans la poussière de la rue » (« Humbug »). « Les étalages mensongers hypnotisent la nuit », cette nuit qui reviendra comme un leitmotiv lancinant dans la plupart de ses romans. Qu'importe ! Son « sang vigoureux » l'aidera à triompher des obstacles, à fuir le rêve, pour accéder enfin à « [l]'arc-en-ciel inconnu ». C'est ce que résume en fin de recueil le poème éponyme « Les jeux incompris ». Comme on le voit, le poète, tiraillé entre ses tendres souvenirs d'enfance et le monde inconnu des adultes, balance entre le rêve et la réalité. Si l'on interprète la cinquième strophe de « L'univers recréé », « À la mesure de nos lèvres », et les deux derniers vers du recueil, on peut croire qu'un premier amour lui a ouvert les yeux sur le monde :

> Mon cœur était bien plus grand qu'un cœur d'enfant
> Mes bras ne pouvaient enlacer toutes ses amours.

Nous ne nous attarderons pas à la facture des poèmes, écrits en vers libres, c'est-à-dire en vers irréguliers et blancs, sans rimes. Leur rythme, habituellement désaccordé, sans doute en raison de l'inexpérience de l'auteur, ne saurait non plus être très significatif. Ce manque se trouve pallié par quelques belles images, un peu rares cependant, mais qui valent la peine d'être retenues à cause de leur formulation : « la moite agonie des champs » (« Rêverie d'automne »), « l'aube de ton gobelet » (« Découverte de la vie »), « l'espoir [...] Donne des souliers neufs à mes pieds meurtris » (« Les pas du chemineau »). De plus, un certain nombre de répétitions voulues marquent le caractère à la fois sombre et angoissé de la quête du jeune poète. De même, on observe çà et là une certaine recherche de vocabulaire, propre à maint écrivain à ses premières armes : grimoires, gouailleurs, délétères, remugle, cotines, nippes, riblons, ribotes, rapin, phalènes, et qui n'appartiennent pas au langage courant.

Seul Antonin Plourde s'est penché sur le recueil, dont il a décelé la « tristesse réelle ». « Roch Carrier a été frappé [...] par la dimension nouvelle à donner aux choses de toujours[2] », avait-il soutenu en début d'article. C'est pourquoi il note l'espoir qui affleure ici et là.

Cherche tes mots cherche tes pas

Quatorze poèmes forment le deuxième recueil de poésies de Carrier, à l'exemple du premier, si l'on compte la « Préface par moi-même » simplement signée CARRIER. Le premier corps du recueil, intitulé « Cherche tes mots », regroupe six poèmes, tandis que sept autres composent la deuxième partie, « Cherche tes pas », que l'on pourrait sans peine intervertir tant « mots » et « pas » s'y entremêlent. Précédée d'une épigraphe réaliste de Thomas Stearns Eliot, « Birth, copulation and death », la préface exprime déjà une somme étonnante de désespérance et marque un état d'esprit propre à l'angoisse de celui qui aborde le monde torturé à l'aube de l'âge adulte, ainsi que l'annonçait à sa manière le premier recueil. Dans une apostrophe familière, et presque blasphématoire, dont on trouvera de nombreux exemples dans *Prières d'un enfant très très sage* et *Prières d'un adolescent très très sage*, adressée à Dieu, le poète demande avec inquiétude :

> Sincèrement crois-tu que ton corps vaut tellement
> plus que le mien à la gueule des carnassiers ?

Le corps joue de nouveau un grand rôle dans sa poétique de l'espace, mettant par là en évidence le point de départ un peu narcissique du jeune auteur. Nous pourrons en suivre le cheminement presque constant dans son œuvre romanesque. Où se trouvera donc son point d'arrivée? Y aura-t-il de l'espoir? Ses pas « crient leur solitude » (« Préface par moi-même ») et le ballon troué, oublié dans la rue par des gamins, figure ses deux yeux, aveugles pour ainsi dire. Traversant Landerneau, le Landerneau breton qui symbolise n'importe quel petit village avec ses activités quotidiennes et ses cancans, le poète suit les pas de différents ouvriers qui déambulent dans les rues, les bois et les champs « sans trace ni écho » : Pierrot, François, le charroyeur de pierres, le coupeur de bois, le glaneur de blé, les boulangers (« Landerneau couleur grise »). Ceux-ci font des petits pains « bien moulés » comme le « bonheur moulé dans l'acier » auquel on le destinait («Préface par moi-même »). S'inscrit dans la plupart des poèmes tant de la première que de la seconde partie une révolte larvée, déjà observée dans *Les jeux incompris*, prête à éclater, qui se traduit par des mots de violence : violé, éclaboussés, carnassiers, pourriture, cloué, étranglé, etc., en net contraste avec le bonheur recherché, si ardemment désiré, « [u]ne petite île tranquille au centre de notre houle » (« L'offrande »), « l'heure sereine où l'on établit le jour blanc » (« Ville »), « une fleur annonçant le printemps quelque part » (« Sable »). Malgré cette hésitation existentielle, le deuxième poème de la première partie, « Ce pays », contient toute la promesse d'« un pays à construire » : « Évidemment c'est encore vert et nous avons besoin du vrai soleil du bon soleil de l'unique soleil. » Dans « J'ai allumé un feu », dédié au poète Gatien Lapointe, l'espoir refait surface malgré le ton légèrement désabusé du poète :

Les souvenirs ont creusé une porte de chaude lumière
Au fond de la nuit
Et déjà le prestigieux soleil allume
Une aurore nouvelle au creux de chaque parole.

Reviennent avec une égale constance la thématique, largement exploitée, du corps-espace, dont les visages, les mains et le sang traduisent la détresse, et une nature battue de vent et de pluie, mais où percent le soleil et les étoiles dans l'azur traversé d'oiseaux. Déchiré entre ses désirs et la réalité ambiante, dans un monde hostile en proie au mal de vivre de sa génération, le poète participe de ce tiraillement dans son corps et dans son âme. Mieux défini, plus structuré et plus substantiel que le premier recueil, celui-ci atteste un progrès certain dans l'exploitation de sa thématique et la vivacité de son expression.

Remarquant que les poèmes de Carrier « sont une critique et une révolte vis-à-vis de notre milieu social », Fernande Saint-Martin lui reproche de n'avoir

> pas su assumer encore, ni une forme personnelle et rigoureuse, ni des thèmes suffisamment sentis pour que son œuvre soit un élément positif dans la prise de conscience de notre milieu ou dans l'expression d'une individualité, pôles entre lesquels cette poésie ballotte constamment[3].

Si le premier reproche me semble fondé, il est permis de se dissocier du second. Quant à Andrée Maillet, tout en notant ce qu'elle appelle « sa peur de la ponctuation et des négations », elle l'engage fermement à « supprimer les clichés *chienne de vie* et *préface par moi-même* qui sont des naïvetés juste bonnes pour les adolescents incurables[4] ». Une lecture plus attentive lui aurait sans doute évité de déformer le texte qui se lit textuellement « ma chienne ma vie », qu'une image un peu forcée, admettons-le, lui fait tenir en laisse. Condescendante, elle lui accorde « une incontestable facilité, de la fraîcheur, une sorte de gaieté dans ses trouvailles[5] ». Elle prophétise même que, « [s]'il travaille fort, il écrira sûrement quelque chose de très bien, un jour[6] », à condition qu'il ne devienne pas, littérairement, précise-t-elle, comme un des petits voyous qu'il met en scène.

L'aube d'acier

Précédé d'un texte liminaire justificatif, le troisième recueil de Carrier contient un long poème de trois cent cinquante-neuf vers libres, ou de prose poétique, qui reprend sur un ton encore plus vif que les deux précédents l'inquiétude du poète, du jeune homme à l'égard de la vie qui s'ouvre devant lui. Ce poème traduit le sentiment d'insécurité et d'impuissance de « [l]'homme acrobate au cirque de la vie quotidienne [qui] cherche des pépites d'éternité » et la fragilité de l'humaine condition. Tout en notant la belle image des « pépites d'éternité », ne manquons pas de souligner avec force que c'est ainsi qu'il voit la vie : un cirque. C'est cette vision qu'il entretiendra dans la majorité de ses romans et pièces de théâtre et qu'il exprimera au moyen du fantastique et du carnavalesque, comme nous le verrons par la suite.

Errant par les rues de la ville, qui occupe tout l'espace, cette ville de briques, de pierres et d'acier, il se demande avec anxiété où il va, dans cette « petite ville petite vie » :

La rue
La rue lourde comme un nuage
lourde comme roue à l'épaule
La rue osseuse de mon corps
La rue se demande où je vais
La rue où j'allume mes journées pour moi qui passe
Le seul passant
La rue aux mains vides
La rue vivante de pierres mortes.

Sa recherche est-elle inutile? Débouchera-t-elle sur une aube d'espoir et non sur une aube d'acier, sur « d'éclatants visages de paix »? Avec la même spontanéité, le poète reprend ses interrogations existentielles tout en accordant une large place au corps, lui qui a déjà goûté aux feux de l'amour :

La ville
Le regard s'égare dans ses yeux de fille
Fille au doux corps de briques
Fille au grand lit
Fille allongée contre moi
Mon sang a ses fenêtres allumées
Les belles avenues de mon sang
rassemblent le monde en une belle fontaine
illuminée comme visage.

Nombreuses sont les récurrences verbales telles homme(s), ville(s), rue(s), brique(s), terre, acier, qui donnent un sens minéral au poème, qui aurait pu s'intituler « L'homme dans la ville », et d'autres qui marquent sa recherche presque désespérée de l'amour, du bonheur, éphémères, signifiée par des mots répétitifs tels pain, vin, fleurs, oiseaux, soleil, été, devant la fuite inexorable du temps. Souvent son désespoir, sa lassitude ou sa tristesse s'expriment par le cri :

> Crier comme visage comme blessure
> Crier comme crier
> Crier à partir de la première seiche.
> Crier que j'aime
> Crier le soleil
> Crier d'hallucinations
> Crier que la ville
> brique à brique
> construit les hommes
> Crier comme la mousse des pierres.

Joseph Bonenfant a bien perçu cette « poésie de la symbiose. Habiter la ville, c'est la faire sienne jusque dans son corps en même temps que la ville assimile l'homme à ses paysages[7]. »

Faut-il signaler également, outre certains procédés propres à la poésie et au vers libre, l'absence fréquente de ponctuation, l'inversion, les nombreuses anaphores et répétitions qui donnent plus de force au message du poète, et qui pourraient sembler tourner au procédé banal, n'eût été la conviction profonde qu'il entend faire partager à son lecteur ? Ces anaphores et répétitions allongent les « strophes » et, par le fait même, traduisent l'insistance de l'auteur à décrire la ville et ses avatars, ses joies et ses peines quotidiennes.

La prosodie de Carrier s'accorde aux mouvements de son corps, à l'errance vagabonde du poète dans la ville, à sa démarche hésitante, avec parfois ses longues foulées, cinq neuvains, un dizain et même une strophe de vingt vers, puis ses petits pas ponctués de pauses, trois vers isolés et vingt-sept distiques, et ensuite prenant subitement un autre rythme, plus régulier, vingt et un tercets, seize quatrains, onze quintils... C'est pourquoi le poème connaît un agencement strophique si varié, qui correspond aux rêveries et aux états d'âme du poète. Jean-Guy Pilon soutient, en effet, que le poème est « scandé au rythme des pas, au rythme d'un marcheur qui parcourrait la ville, ses rêves et ses illusions[8] ».

Il faut bien se garder d'émettre des jugements précipités sur ses recueils de poésies qui ont tout de même marqué les premiers pas de sa vie d'écrivain. S'il imite partiellement Apollinaire et Cendrars, il ne ferait que confirmer une opinion émise par Northrop Frye : « On ne peut faire de poèmes qu'à partir d'autres poèmes, de romans qu'à partir d'autres romans[9]. » Quand on consulte les articles de Joseph Bonenfant et de Gaston James Stratford sur les « Auteurs réunis[10] », on comprend l'enthousiasme des animateurs qui comptent sur « l'artisanat littéraire » : correction, composition, montage, assemblage, brochage des ouvrages par les auteurs. En l'occurrence, les Auteurs réunis n'entendaient certes pas lancer Roch Carrier, comme les Éditions Nocturne prétendaient le faire. Au contraire, l'écrivain, déjà connu par *Jolis Deuils* et surtout *La guerre, yes sir!* qui remportait un immense succès dans son adaptation pour la scène au TNM, venait donner un précieux coup de pouce à la jeune maison d'édition, fondée en 1969, avec un neuvième titre, ce dont celle-ci avait toutes les raisons de se réjouir. Retenons enfin que les principaux thèmes développés ou abordés dans les trois recueils de poésies se retrouveront abondamment dans son œuvre romanesque : l'enfance, la ville, l'amour, l'appétit de vivre, la hantise de la mort, ainsi que nous le remarquerons d'entrée de jeu dans *Jolis Deuils.*

Notes

1. Clément Lockquell, « *Jolis Deuils. Petites tragédies pour adultes* de Roch Carrier », *Le Soleil,* 17 octobre 1964, p. 14.
2. Antonin Plourde, « L'esprit des livres. *Les jeux incompris* », *Revue dominicaine,* mars 1957, p. 127.
3. Fernande Saint-Martin, « Trois tendances de notre poésie », *La Presse,* 8 mars 1958, p. 42.
4. Andrée Maillet, « Trois auteurs », *Le Petit Journal,* 6 avril 1958, p. 79.
5. *Loc. cit.*
6. *Ibid.*
7. Joseph Bonenfant, « Chez les Auteurs réunis. *L'aube d'acier* de Roch Carrier », *La Tribune,* 24 avril 1971, p. 17.
8. Jean-Guy Pilon, « Poésie. Esquisses : Villeneuve, Carrier, Turcotte », *Le Devoir,* 25 juin 1971, p. 12.
9. Northrop Frye, *Anatomie de la critique,* p. 122.
10. *La Tribune,* 24 avril 1971, p. 17.

CHAPITRE 2

LA V(O)IE FANTASTIQUE

À la lecture attentive des poésies de Roch Carrier, nous pouvons retenir un certain nombre d'éléments ou de thèmes qui reparaîtront d'une façon sporadique, sinon constante, dans ses écrits ultérieurs. Sans prétendre que ses trois recueils constituent des textes fondateurs, je peux avancer que l'attitude générale du poète/écrivain devant ce qu'il appelle « le cirque de la vie quotidienne », sa révolte larvée, en germe dans certaines expressions, certaines scènes suggérées, des attitudes ou des comportements frondeurs, se manifestera ouvertement dans ses ouvrages subséquents sous forme de rébellion contre la société des hommes et contre l'autorité établie, d'où qu'elle vienne, et qui semble vouloir entraver son immense soif de vivre sans contrainte. Le traitement de cette révolte s'exercera notamment par l'usage du fantastique dans *Jolis Deuils*, puis du même emploi, dans certains romans, du fantastique conjugué à celui du carnavalesque, comme nous le verrons ensemble par la suite, avec toutes les distinctions qui s'imposent, évidemment. Nous verrons même comment des romans comme *L'homme dans le placard* et *Fin* peuvent s'inscrire dans cette démarche par une sorte de dérogation et de désordre par rapport à la réalité.

Définir le fantastique

Dans une interview qu'il accordait à la revue *Nord*, Roch Carrier donnait une définition du fantastique qui se rapproche beaucoup de celles que proposent bien des critiques : « L'absurde est une donnée de ce qu'on vit. Et le fantastique est une façon pour moi de traduire cette absurdité avec laquelle il faut compter[1]. » À Jean Basile qui lui demandait pourquoi il avait écrit *Jolis Deuils*, il avait répondu : « On me répète que le monde moderne éclate de toutes parts. Moi, j'ai voulu regarder par les fissures. Et je raconte ce que j'ai vu[2]. » Gil Courtemanche reviendra sur ces « fissures » : « Merveilleux, curieux, bizarres, surprenants, décevants quelquefois, les contes de Carrier sont les grandes tragédies de ceux qui croyaient comme Baudelaire que la réalité a des fissures et qu'il se cache quelque chose au-delà[3]. »

Sans nécessairement se contredire, les spécialistes de la question émettent des points de vue divers sur le genre fantastique. Tzvetan Todorov soutient que la première condition du fantastique réside dans « l'existence d'un événement étrange, qui provoque une hésitation chez le lecteur et le héros[4] ». Selon Irène Bessière, « [a]mbivalent, contradictoire, ambigu, le récit fantastique est essentiellement paradoxal[5] ». Elle en souligne la « déraison », la « déconstruction et l'inversion », la « large place [accordée] à l'insoluble et à l'insolite », « l'étrange et le surréel », et enfin l'absurde. De son côté, Louis Vax propose la définition suivante : « Le fantastique apparaît quand, en présence d'une donnée — sensorielle, logique, axiologique — qui serait absurde, impossible, monstrueuse, le mécanisme rectificatif ne peut jouer[6]. » Michel Lord propose une définition un peu plus circonstanciée :

> Mon hypothèse de base veut que le récit fantastique se définisse ultimement autour d'une problématique du questionnement, instauré dans le texte narratif fictif, à propos de l'avènement de l'étrangeté, surnaturelle ou non, ou de différentes formes d'apparition de l'improbable, affirmé autant que contesté avec force par des marques textuelles dans le récit[7].

Je retiendrai surtout, aux fins de l'analyse de ces « petites tragédies » de Carrier, la pénétrante étude de Lise Morin qui, ayant marché « [s]ur la trace des inquisiteurs », offre la définition suivante, fondée sur une démarche à la fois discursive, narratologique et sémiotique, autrement dit l'étude de l'écriture, de la structure et du sens du récit :

> [L]e récit fantastique consiste en une mosaïque de discours (ou de fragments discursifs) conflictuels, émis ou non par la même instance énonciative, dont les uns tendent à accréditer l'existence de faits qui heurtent la raison commune (la gamme s'étend de l'impossible au surnaturel en passant par l'improbable), tandis que les autres, qui se rattachent au réalisme le plus étroit, proposent des explications naturelles de l'événement[8].

Quels que soient le point de vue où ils se placent et la démarche qu'ils adoptent, les théoriciens retiennent des données presque semblables : inquiétude, étrange, absurde, insolite, surnaturel, réunies en amalgame dans les récits fantastiques.

Les thèmes principaux

Il convient de s'arrêter sur les thèmes développés pour détecter les avenues possibles qui nous achemineront vers le sens que Carrier a pu donner à ses contes. Passons tout d'abord par le verbal ou le textuel. Les nombreuses récurrences dont le conteur les assaisonne sont très révélatrices : relevons les répétitions de mots tendres ou considérés comme poétiques, tels « bonheur », « fleurs », « oiseau », « jeune fille », « cœur », qui sont loin de donner dans la tonalité fleur bleue, ou violents, tels « sang », « rouge », « explosion », « détonation », « prison », « exécutions », « guerres ». Repérons les déterminations verbales d'espaces : la ville avec ses quartiers, ses rues, ses édifices et leurs briques, qui nous ramènent automatiquement aux recueils de poésies, ses maisons, leurs chambres et leurs fenêtres, immeubles, hôtel, bureaux, magasin (vitrine), cirque, cage, métro, usine, prison, tous lieux clos, renfermés, suggérant le bien-être ou la captivité, puis la terre et ses grands espaces, la neige, que nous apercevrons souvent dans les romans ultérieurs, à commencer par *La guerre, yes sir !*, le ciel et ses nuages, les arcs-en-ciel. Cela suffit déjà pour nous engager sur une piste importante : Carrier semble obsédé par la quête du bonheur de vivre, de la paix et de la sérénité. Or, ces états sont bouleversés par des faits insolites conduisant à leur renversement ou à leur disparition, à leur négation inexplicable ou inacceptable par la simple raison commune. Souvent, la violence éclate, une violence déjà en germe dans les poésies de l'auteur au seuil de l'âge adulte, de même que la mort qui s'ensuit fréquemment et que nous retrouverons dans plusieurs de ses romans.

L'architecture des nouvelles

Arrêtons-nous sur la situation initiale de chacun des vingt-cinq contes du recueil : une hirondelle arrive pour faire le printemps, paraphrase du proverbe connu; un homme assiste à un bal, déguisé en guillotine; une jeune fille sort dans la rue; un empereur commande une statue de lui; un marchand ambulant vend des pommes; un général signe un traité de paix; un spectacle de cirque est annulé; Victorine a peine à s'endormir, tandis que son mari Victor dort « à poumons heureux »; un tueur à gages doit tuer une femme; un bonhomme creuse un trou à l'angle d'un édifice; un serin demande à boire; un homme rentre chez lui, le soir; un pompier tombe amoureux d'une jeune fille; un homme achète un réveille-matin; monsieur Dupont repose paisiblement dans son fauteuil; un savant annonce l'invention d'un moteur révolutionnaire; Ouke cherche sa voie dans la science; un employé est préposé à l'entretien de la plaque de cuivre portant le nom de son patron; un homme trouve de l'or à l'emplacement de sa ville; un ancien soldat habite une rue tranquille; le téléphoniste répond inlassablement que son patron est absent; depuis toujours, le patron refuse l'accès de son hôtel aux personnes de couleur; un monsieur, à l'allure jeune, va prendre le métro; une jeune fille convoite une robe de mariée exposée dans une vitrine; un ouvrier étranger est commis au balayage des rues de la ville. Presque toutes ces situations, sauf exceptions, font partie de la vie de tous les jours. Rien d'anormal ou d'insolite là-dedans. En fait, seul le déroulement du récit atteste le fantastique, c'est-à-dire l'écart séparant le réel et l'irréel, le naturel et le surnaturel, l'acceptable et l'absurde.

Au lieu du printemps espéré, c'est un froid inusité et extraordinaire qui s'impose, avec des conséquences incalculables :

tout, hommes et choses, s'effrite et s'émiette, il ne reste qu'une fleur rouge qui palpite au milieu de la place publique. Le fêtard a oublié sa tête au vestiaire, puis est condamné à la prison pour coups et blessures par le Juge qui porte sa tête. La jeune fille, qui se promène par la ville, est nue. Tous l'imitent, jusqu'au moment où, prenant la forme d'un oiseau, elle s'envole dans les airs. Survient le gendarme, qui abat d'un coup de revolver l'oiseau qui a repris la forme de la jeune fille nue. Funérailles et guillotinage se succèdent. De la tête du gendarme assassin s'échappe un oiseau qui chante, mais plus personne n'est là pour l'entendre. Un oiseau laisse tomber sa fiente sur la statue de l'empereur. Malgré tous les soins des ouvriers, l'oiseau récidive chaque jour. Les exécutions se succèdent jusqu'à ce que la population se soulève et tue l'empereur. Un monument est élevé à la gloire de l'oiseau, qui revient jeter sa fiente sur sa propre image. Une pomme explose et anéantit un quartier, mais le marchand continue d'exercer son métier dans un autre quartier. L'encre qui a fait un pâté s'étend sur toute la surface de la terre. Le dompteur dévore le lion. La femme se noie dans l'eau qui a envahi sa chambre. La victime choisie se suicide, suivie du tueur à gages. Le bonhomme, Dieu en l'occurrence, arrêté, jeté en prison, est libéré et continue à creuser des trous. Le serin impose ses volontés à l'homme, qui vit en cage. La neige a effacé les pas de la femme ainsi que toute trace de sa ville. Le remède à l'insomnie étant la fumée, un pompier intervient pour sauver une jeune fille, dont il tombe amoureux. Le réveille-matin devenu capricieux et autoritaire est jeté au fleuve, mais la femme n'est pas revenue. Un célibataire apprend sa propre mort à la radio. Le moteur révolutionnaire est détruit, mais dans ses ruines on trouve le cœur de l'inventeur. L'ouvrier consciencieux a usé son corps à la tâche et sera congédié. L'or a tout envahi, de telle sorte que les habitants de

Golden City supplient tout venant de le prendre. Le militaire tue la vieille femme qui déambule dans sa rue et subit à son tour le guet d'une autre vieillarde. Le téléphoniste mort est remplacé par sa femme, qui meurt à son tour. Tous les clients blancs de l'hôtel sont devenus noirs, ainsi que le concierge et le patron. Monté tout jeune dans le métro, un homme en ressort vieillard. La jeune fille, après avoir franchi la vitrine et enfilé la robe, revient sur terre sur un nuage, prend la place de la robe dans la vitrine : la robe de mariée porte un trou sanglant à la hauteur du cœur. Le balayeur, arrêté pour sabotage, soit pour avoir détruit un quartier entier de la ville, et remis en liberté des années plus tard, reprend sa tâche. Cette énumération met en évidence les tensions de vie et de mort qui s'exercent dans ces contes et qui marquent jusqu'à un certain point les tiraillements de l'auteur-narrateur lui-même à l'aube de l'âge adulte. Violence, mort, suicide se succèdent et semblent la conséquence obligée des situations présentées par le narrateur.

Procédés narratifs

Il est facile de constater le retour cyclique des lieux, la ville et tous ses attributs, les finales improbables ou absurdes, qui laissent une impression indéfinissable de malaise ou d'incrédulité, et la répétition voulue du procédé. À ce propos, il convient de mentionner la remarque judicieuse de Gilles Marcotte : « Ce genre de petits contes absurdes exige la précision d'un mécanisme d'horlogerie. Un mauvais agencement, une pièce défectueuse, un mot de trop ou même pas tout à fait juste, et l'horloge ne fonctionne pas. Si l'auteur était sans talent, la question serait vite réglée. Mais il en a, et du meilleur[9]. » Par ailleurs, on aura noté des récurrences de situations comme la disparition ou l'inexistence d'une ville ou d'un pays, ce qui confine le lecteur et les personnages dans l'imaginaire ou le surnaturel, des disparitions de quartiers, l'expansion d'une tache d'encre ainsi que des coups de feu assassins ou suicidaires, qui laissent des traces de sang identifiables à leur couleur rouge.

Le sens de ces nouvelles

Quel sens appliquer à ces récits ? Nul doute qu'on y trouvera une forme exacerbée de violence, ce qui me fait croire que l'écrivain considérait sans doute que la violence faite à la raison se reflétait dans les situations imaginées et dans les événements racontés. Dans son ouvrage consacré à la nouvelle fantastique québécoise, Lise Morin analyse en détail « La fin », qu'elle classe, comme tout le recueil de Carrier, dans la catégorie du néo-fantastique : « Quant aux récits néo-fantastiques, ils mettent en scène des personnages qui voient se fracturer leur quotidien de façon plus ou moins marquée. Ces personnages reconnaissent que les transformations qui s'opèrent sous leurs yeux dérogent aux règles normales [...] mais ne s'en formalisent pas outre mesure. En règle générale, l'issue ne leur est pas néfaste[10]. » Dans « La fin », en effet, monsieur Dupont *constate* sa mort sans émotion apparente, mais peut-être avec une certaine incrédulité. Il en est ainsi dans la plupart des nouvelles : les personnages ne semblent pas se formaliser des transformations survenues, même dans les nouvelles racontées au « je » protagoniste, telles « Le réveille-matin » et « Le métro ». « La robe » fait exception : le « je » témoin reste dans l'incrédulité totale. Ce qui nous fait croire qu'il n'existe pas de différence significative, dans ce recueil, entre les divers narrateurs, « je » protagoniste, « je » témoin et « il » extradiégétique : la subjectivité semble la règle générale.

L'ironie

C'est au plan de l'ironie que nous pouvons déceler les traces les plus évidentes de subjectivité. L'ironie narrative, où le narrateur s'interroge sur son activité d'écriture, apparaît une seule fois, soit au début de l'avant-dernière nouvelle, d'ailleurs écrite au « je » témoin, « La robe » : « Les seules belles histoires d'amour sont les vraies et les histoires vraies sont banales. J'ai refusé toujours de parler de ce sentiment sans surprise. Sans doute n'aurais-je jamais abordé ce sujet si je n'avais été témoin d'un fait exceptionnel[11]. » L'ironie textuelle est à peine plus apparente : dans quelques interpellations signifiées par le « vous » (p. 17, 67 et 121), dans l'emploi du « on » de connivence (p. 31, 74), ainsi que par l'usage fréquent des points de suspension dans « La fin ». C'est vraiment au plan de l'ironie idéologique que se démarquent une dizaine des nouvelles du recueil. En plus de l'ironie, souvent informulée, propre à la situation équivoque engendrée par toute nouvelle fantastique, on remarque fréquemment que le protagoniste ou le narrateur juge ou analyse la situation résultant des événements qu'il vit ou raconte, telles les nouvelles 2, 3, 4, 5, 13, 15, 17, 20, 21 et 24. La plupart du temps, cette ironie se retrouve dans les intrusions du narrateur. À titre d'exemples : « Une jeune fille ouvre la porte et pose le pied sur le trottoir. *À proprement parler, ce n'est pas là un geste extraordinaire* » (3- « La jeune fille », p. 23, je souligne). « [Les jésuites, apercevant la jeune fille nue], rendent grâce à Dieu de *leur immense bonheur* » (*ibid.*, p. 24, je souligne). « De tout temps, les empereurs ont admiré leurs portraits, *s'ils étaient grands* » (4- « Le destin », p. 29, je souligne). Ici, comme en d'autres endroits, il s'agit de la formulation d'une vérité d'ordre général. Ainsi de la nouvelle « La science », qui débute par ces deux phrases : « Ouke n'a d'autre ambition que de trouver sa voie. *À cinquante-sept ans, la plupart des hommes se font croire qu'ils l'ont trouvée* » (p. 107, je souligne). « *La science invisible aime s'incarner dans les plus inimaginables déguisements* », ajoute le narrateur un peu plus loin (p. 108, je souligne). Ou bien, suivant en cela une problématique déjà observée dans les recueils de poésies et que nous retrouverons surtout dans *Il est par là, le soleil* : « Vivre n'est pas en soi un bonheur ; pourquoi une existence malheureuse est-elle en plus infligée à des hommes ? » (21- « Le téléphone », p. 131), ce qui nous ramène infailliblement aux thèmes généraux développés par Carrier.

À propos des thèmes que nous avons abordés, Claude Dansereau livre un commentaire intéressant, qui vaut la peine d'être souligné : « Roch Carrier, on l'aura deviné, présente un combat : celui, renouvelé, concernant un monde moderne et technique. La lutte avec l'Ange : cet éternel problème d'une raison face à un imaginaire... [12] » Comment ne pas y voir un rapprochement avec les thèmes soulevés dans les recueils de poésies, ce qu'il fait d'ailleurs fort pertinemment. Pierre Châtillon abonde à peu près dans le même sens : « Refus de la société, angoisse de la mort, amour impossible, désolation, désir d'évasion, autant de thèmes profondément canadiens-français[13]. » Paul-Émile Roy observe quant à lui « [u]ne espèce de sourire amer, profondément blessé par la vie[14] ». René Dionne en remet, en appliquant à son article deux intertitres révélateurs : « Amour, bêtise et méchanceté » et « Humour et cruauté » [15]. C'est Michèle A. Mailhot qui a le mieux cerné l'essence de ces contes : « Des contes, bien sûr, d'invraisemblables aventures mais qui s'élancent à partir de faits divers et gonflent leur malaise interne jusqu'à les faire éclater dans un monde fantastique où tout devient possible. L'absurde total absorbe les petites absurdités de la vie et ces deuils deviennent jolis qui n'ont plus de frontières et se jouent dans le merveilleux[16] ». Voilà donc une certaine définition d'un genre que Carrier développera ailleurs, dans ses romans en particulier, comme le pressent Mariane Favreau : « Ces courts récits, à la fois fantasques, loufoques, surréalisants et poétiques, donnent un avant-goût de ce que pourra le talent de ce jeune écrivain[17]. » « *Jolis Deuils* [...] d'après sa propre évaluation [celle de Carrier] contient en germe tout ce qu'il devait écrire par la suite », rapporte Martial Dassylva[18] à l'occasion de la production d'une partie du recueil par Le Théâtre Sans Fil en 1982.

Le Théâtre Sans Fil

Le directeur artistique de la troupe de marionnettes et de marionnettistes, André Viens, répondant aux questions d'Agnès Gruda, résume la conception du spectacle : « Notre adaptation de *Jolis Deuils* est très fidèle à l'esprit qui anime le recueil de nouvelles [...]. Nous y avons puisé les éléments les plus frappants, les plus visuels aussi, pour créer un spectacle dont le style est très proche du cinéma muet[19]. » Agnès Gruda de commenter : « [C]es contes fantastiques sont empreints d'humour noir, parfois carrément surréalistes ; leur point de départ se situe le plus souvent dans des scènes de la vie quotidienne, des gestes que l'on pose sans réfléchir et auxquels Roch Carrier a injecté une nouvelle dimension[20]. »

Carrier a continué à s'exercer dans ce qu'il est convenu d'appeler des récits brefs, soit des contes, soit des nouvelles, qu'il a fait paraître dans des périodiques ou dans des recueils. Dans la continuité de son recueil de contes fantastiques, *Jolis Deuils*, ont paru des nouvelles et contes disséminés dans *Le Devoir* au cours de la décennie 1960, ou rassemblés dans la revue *Écrits du Canada français* en 1969, dans des versions légèrement modifiées, sous le titre de « Contes pour mille oreilles ». Ces derniers se situent donc dans la veine fantastique que cultivait Carrier à l'époque. Quatre de ces six contes, soit « La plage », « La main », « Les cartes postales » et « Les lunettes », auraient pu naturellement faire partie de son recueil, tant ils s'inscrivent dans le « deuil », tandis que le premier, « L'escarboucle », et le dernier, « La chambre 38 », auraient pu aussi y figurer en raison des faits inexpliqués ou inexplicables, ou insolites, qui s'y déroulent et qui contrarient la vie.

Notes

1. *Nord*, n° 6, automne 1976, p. 17.
2. Jean Basile, « Un jeune auteur chez Jacques Hébert. Roch Carrier : "Voltaire et St-François [*sic*] réunis" », *Le Devoir*, 1er octobre 1964, p. 6.
3. Gil Courtemanche, « *Jolis Deuils* de Roch Carrier », *La Presse libre*, 5 octobre 1964, p. 4.
4. Tzvetan Todorov, *Introduction à la littérature fantastique*, p. 29.
5. Irène Bessière, *Le récit fantastique, la poétique de l'incertain*, p. 23.
6. Louis Vax, *La séduction de l'étrange*, p. 171.
7. Michel Lord, *La logique de l'impossible*, p. 51.
8. Lise Morin, *La nouvelle fantastique québécoise de 1960 à 1985. Entre le hasard et la fatalité*, p. 72.
9. Gilles Marcotte, « Littérature. Contes et nouvelles d'ici : Jacques Ferron, Jacques Renaud, Jean Simard, Roch Carrier », *La Presse*, 16 janvier 1965, p. 6.
10. L. Morin, *op. cit.*, p. 22.
11. Roch Carrier, *Jolis Deuils*, p. 150.
12. Claude Dansereau, « Les lettres canadiennes-françaises. *Jolis Deuils* de Roch Carrier », *Le Devoir*, 24 octobre 1964, p. 13.

13. Pierre Châtillon, « *Jolis Deuils* de Roch Carrier », *Livres et Auteurs canadiens*, 1964, p. 39.

14. Paul-Émile Roy, « Littérature. Carrier (Roch). *Jolis Deuils* [...] », *Lectures*, février 1965, p. 159.

15. René Dionne, « Littérature canadienne. *Jolis Deuils* », *Relations*, novembre 1965, p. 323-324.

16. Michèle A. Mailhot, « [...] Contes réussis et voyages manqués », *Châtelaine*, décembre 1964, p. 56.

17. Mariane Favreau, « Un lauréat de notre province. Un écrivain nommé Roch Carrier... », *Le Petit Journal*, semaine du 17 avril 1966, p. 46.

18. Martial Dassylva, « *Jolis Deuils* au Théâtre Sans Fil. Faire appel à l'émotion », *La Presse*, 6 novembre 1982, p. C-1.

19. Agnès Gruda, « Les *Jolis deuils* par le Sans Fil : courtepointe d'absurde et de poésie », *Le Soleil*, 9 octobre 1982, p. C-11.

20. *Loc. cit.*

CHAPITRE 3

« LA TRILOGIE DE L'ÂGE SOMBRE »

Dans le plan général de l'œuvre de Roch Carrier, il est évident que la production romanesque occupe la plus grande place, qui est considérable : treize romans depuis *La guerre, yes sir!* jusqu'à *Une chaise,* exclusion faite des œuvres pour la jeunesse. Et ce n'est sans doute pas fini. Aussi leur analyse prendra-t-elle la part du lion dans cette étude et s'étendra sur plusieurs chapitres. Tous ces romans n'ont pas nécessairement connu la même faveur du public, soit francophone, soit anglophone. Il convient, en effet, de souligner ici que presque tous les romans de Carrier, sauf *Les fleurs vivent-elles sur la terre?*, ont été traduits en anglais par sa traductrice attitrée, Sheila Fischman, et publiés par House of Anansi, à Toronto. Plusieurs ont d'ailleurs connu des traductions en différentes langues. Comme Pierre Hébert, qui a consacré deux articles importants à la réception de l'œuvre romanesque de Carrier[1], je ne compte pas à titre de romans *L'ours et le kangourou* ni d'ailleurs *Un chameau en Jordanie,* que je considère plutôt comme des récits de voyage, adressés à un public jeune, et que je traiterai comme tels.

Classement préliminaire

Un premier classement, thématique, s'impose. « La trilogie de l'âge sombre », qui regroupe *La guerre, yes sir!* (1968), *Floralie, où es-tu?* (1969) et *Il est par là, le soleil* (1970), se présente comme la période irrévérencieuse de l'écriture et de la vie de Roch Carrier, ainsi que l'annonçaient ses œuvres poétiques, dans lesquelles l'auteur semblait vouloir se délivrer des « démons » de ses années d'apprentissage de la vie. Le roman suivant, *Le deux-millième étage* (1973), peut être qualifié de roman « social », car il dénonce la démolition d'un quartier de Montréal en vue de la construction d'une autoroute, en mettant l'accent sur les transformations radicales qu'elle apporte à la vie des personnages. *Le jardin des délices* (1975), sur fond campagnard et presque sous forme de contes, développe le mythe éternel de l'or, auquel les humains, souvent déshérités, aspirent pour mener une vie facile. Quant à *Il n'y a pas de pays sans grand-père* (1977), il s'attache au problème du nationalisme lié à la visite de la « reine d'Angleterre », qui bouleverse complètement la vie des personnages Jean-Thomas et son grand-père, Vieux-Thomas.

Hybridation des genres

Par la suite, avec *Les fleurs vivent-elles ailleurs que sur la terre?* (1980) et *La dame qui avait des chaînes aux chevilles* (1981), nous sommes en plein romans métaphysiques, bien que le dernier traite du thème du pays à bâtir, de la vie en terre de colonisation. *De l'amour dans la ferraille* (1984) ressuscite le favoritisme politique, à la Duplessis, petit dictateur qui intervenait de toutes les façons dans la vie quotidienne de l'époque, tandis que ce qui s'apparente à une intrigue policière aux portes du fantastique fait l'objet de *L'homme dans le placard* (1991). Un suicide bien préparé, mais raté, tel pourrait être le résumé superficiel de *Fin* (1992) qui, malgré les apparences, pose la question de la vie et de la mort et nous ramène ainsi aux problèmes existentiels évoqués par l'auteur depuis les débuts de sa carrière d'écrivain. *Petit Homme Tornade* (1996) aborde de front la question du métissage des mythes et des cultures dans l'immense creuset nord-américain, en confrontant Amérindiens et Blancs tentant de vivre sur les mêmes territoires et qui, dans leur cohabitation forcée, sont confrontés à d'incessantes tensions entre la vie et la mort. Quant à *Une chaise* (1999), il nous ramène indubitablement à *Il n'y a pas de pays sans grand-père* et complète en quelque sorte les souvenirs d'enfance de l'auteur.

« La trilogie de l'âge sombre »

Rassemblés sous le titre tardif mais juste de « La trilogie de l'âge sombre » lors de leur première réédition chez Stanké en 1981, les trois premiers romans de Carrier forment un triptyque narratif. Je leur consacrerai le plus long développement, vu l'importance capitale que *La guerre, yes sir!* occupe dans toute l'œuvre de Carrier et les innombrables articles et études qu'il a suscités. Trois volets s'ordonnant autour des mêmes personnages principaux se déroulent devant nos yeux, dans le désordre chronologique, faut-il le souligner.

Le premier volet, *La guerre, yes sir!*, met en scène Anthyme Corriveau et sa femme Floralie, les parents déjà très âgés d'un soldat ramené de la guerre dans son cercueil, de même que Philibert et son père Arsène, ainsi qu'une foule de figurants. Or, ces parents d'un fils mort à la guerre, nous les retrouvons dans le deuxième volet, *Floralie, où es-tu?*, qui raconte la nuit de noces du couple dans la forêt, plus de cinquante ans auparavant[2]. Quant au troisième volet, il reprend un personnage en apparence secondaire, le boucher et fossoyeur du village, Arsène, ainsi que son fils aîné Philibert. Celui-ci, excédé par les coups de pied au derrière qu'il reçoit de son père en guise d'« éducation », s'exile à la ville à la recherche d'un emploi qui lui permettra de vivre libre. « Il est par là, le soleil... », croit-il entendre lors de son retour au village natal, d'où le titre du roman.

La guerre, yes sir!

L'intrigue, assez mince, de *La guerre, yes sir!* s'ordonne à la fois autour d'un des enfants d'Anthyme Corriveau et de sa femme Floralie, dont le nom n'est jamais prononcé, et de la Guerre, sorte de personnage symbolique et mythique qui cause aux uns de la peur, à d'autres un sentiment de profonde injustice, à d'autres encore une haine irraisonnée et viscérale. Répartie en trente-huit unités narratives fort inégales en étendue, elle s'ouvre sur une scène dramatique : un villageois prénommé Joseph préfère se mutiler en se tranchant la main gauche plutôt que d'aller à la guerre. Le sang versé représente déjà le sens de cette guerre que se livrent les « gros » aux dépens des « petits », en les envoyant à la boucherie pour ils ne savent quelle raison inexpliquée et nébuleuse. Déjà pointe la manière carnavalesque avec laquelle le romancier traite son matériau romanesque, même tragique, à la Mikhaïl Bakhtine, que j'entends suivre librement : en effet, d'entrée de jeu, le lecteur assiste à une scène de ce que le critique russe nomme le « dépeçage du corps[3] », sa mutilation, prétexte ou préliminaire à la fête de la veillée au corps qui s'annonce. D'autres villageois ont déserté, comme Arthur, un célibataire qui, poursuivi par les « chiens de la police militaire » (p. 12), court se réfugier sous et dans les jupes d'Amélie, une villageoise au grand cœur restée seule sur sa ferme abandonnée. Lorsque, profitant d'une permission, son mari Henri se présente à la maison, il est réduit au rôle de cocu, son tour au lit conjugal alternant avec celui d'Arthur qui a déjà eu l'occasion et le temps de faire à Amélie deux couples de jumeaux, sans compter le ou les enfants qui grossissent encore le ventre de la femme. Arthur a même remis la ferme en état et les enfants d'Amélie n'hésitent pas à l'appeler « papa », lui qui a déjà, comme naturellement, endossé « le veston d'Henri » (p. 13). Pendant ce temps, les préparatifs s'ordonnent : le fils qui revient aura droit non pas au veau gras de la parabole biblique de l'enfant prodigue, mais à un cochon qu'Anthyme a eu la précaution de commander au boucher du village, Arsène. Celui-ci profite de l'écorchage de la bête, un autre dépeçage, pour parfaire l'éducation de l'aîné de ses quatorze enfants, Philibert, en lui bottant le derrière, car celui-ci aurait blasphémé en comparant « le cochon déshabillé de sa peau » au « Christ sur le Calvaire » (p. 20). Il lui compare plutôt les femmes crucifiées sur leur lit et violées par les Allemands. Soulignons ici le caractère de dérision appliqué à la religion et au viol, une forme de rabaissement grotesque que le peuple se permet librement dans sa vie de fête. Tandis que se déroulent ces péripéties, les villageois assistent à l'arrivée du train en gare de Bralington, qui laboure une neige si épaisse qu'on n'en a pas mémoire d'homme. Le cortège, formé de six soldats anglais et de leur sergent, accompagnés des gamins du village qui brandissent en forme de haie d'honneur les bâtons de hockey avec lesquels ils jouaient en se servant de la main coupée de Joseph, se rend péniblement jusqu'à la maison des Corriveau, où on installe le cercueil sur la table de la cuisine, puis au salon. Voilà donc les préliminaires d'une fête au village, soit une veillée au corps dans la plus pure tradition d'autrefois, où s'affrontent, dans un mouvement populaire spontané, les pulsions de vie et de mort des participants.

Jusqu'ici se sont manifestés quelques-uns des éléments de ce que Bakhtine a nommé le « carnavalesque » : l'alliance du tragique et du comique, ainsi que le déguisement. Joseph se coupe-t-il la main ? Il entend une respiration derrière lui : c'est sa propre respiration ! Instant tragique et humour noir. Par la suite, madame Joseph traite son mari d'*impuissant* en quelque sorte : « Un homme qui n'a pas le courage d'aller faire la guerre pour protéger son pays, c'est pas un homme » (p. 34). Et elle jette au chien la main coupée avec laquelle les gamins s'amusent à jouer au hockey. Double renversement tragi-comique de la situation : le chien grogne de satisfaction en recevant ce « cadeau ». L'alliance du tragique et du comique se vérifie encore par le cortège plutôt grotesque formé par les porteurs du cercueil, à savoir les six soldats anglais précédés de leur sergent, et par les gamins du village qui se substituent en quelque sorte à une haie d'honneur habituellement composée d'autres soldats. Le principe de la mascarade joue à plein ici, cette substitution improvisée ressemblant fort à un emprunt d'identité, en un mot à un déguisement provisoire. Toutefois, ajoute le narrateur, les gamins « marchaient avec solennité » (p. 44). Que cette solennité soit vraie ou feinte n'altère en rien la mascarade à laquelle ils se livrent. D'ailleurs, savent-ils seulement que c'est le corps de Corriveau qui est transporté dans le cercueil ? Ne pourrions-nous pas ajouter que le cercueil le masque aux yeux de la population du village ? Plus loin, le sergent refusera qu'on l'ouvre parce que le soldat a été déchiqueté par l'explosion de la mine qui l'a tué (p. 121), et qu'il a subi, selon la formule de Bakhtine, le « dépeçage du corps », prélude à la veillée mortuaire qui suivra et deviendra prétexte à une fête villageoise.

D'autres éléments s'ajoutent au tragi-comique de la situation : d'abord la neige, qui ralentit considérablement la marche des soldats depuis la gare jusqu'au village. À la vérité, le lecteur s'amuse à voir peiner les soldats dans la neige jusqu'à la ceinture. De plus, la remarque que se permet un des soldats rapproche, par un phénomène de renversement courant, que, en figure de rhétorique, on nomme paronomase, *le* mort/*la* mort que l'on transporte : « I'm dead hungry » (p. 35), je suis mort de faim. Le narrateur joue à plein sur le sentiment d'hostilité, du moins à l'état latent, qui existe chez certains Canadiens français à l'égard des Canadiens anglais : de voir les soldats anglais porter le corps de Corriveau en peinant dans la neige amène un sourire sur le visage de lecteurs francophones.

Le modèle bakhtinien continue d'inspirer le narrateur, dont le principal point d'appui se trouve à être le cercueil de Corriveau qui « trônera » dans le salon. Toute la narration qui débute à la scène de la gare et se poursuit jusqu'à la fin du roman s'ordonne autour du cercueil, à quelques passages près : l'arrivée en gare de Bralington, la recherche de « Corrrrllivouuw » (p. 28), le cercueil enfin retrouvé parmi des bagages hétéroclites, dont des caisses de whisky, de « beans » et de spaghetti (p. 26), cercueil « sur lequel [les soldats] étaient assis pour fumer une cigarette » (p. 28). « Corriveau : c'est un cercueil » avaient répondu les manutentionnaires au chef de gare (p. 27). Le renversement de situation se poursuit donc, ainsi que le déguisement, soit le masque formé par le cercueil, en plus d'un phénomène évident de rabaissement.

Le cortège se met enfin en branle et arrive finalement à la porte de la maison des Corriveau avec le cercueil. Pour l'y faire entrer, il faudra le placer « presque sur le cant » (p. 45). Quand il s'agit de déposer le cercueil sur la table de la cuisine, le père Anthyme doit s'interposer en jurant (« Vieux pape de Christ! », p. 46), lorsqu'il constate que les Anglais n'ont pas compris le français. Désormais, tous les éléments du carnavalesque sont mis en œuvre : après le cortège grotesque et le déguisement, la cérémonie de la veillée au corps, qui tourne à la fête paysanne, ponctuée de jurons et de blasphèmes, d'excès alimentaires et de cidre, de propos grivois et de prières, d'obscénités et d'émotion, de fraternisation et de violence, toutes manifestations de la vie qui tente de conjurer la mort par ses excès.

La cérémonie de la veillée au corps

Un coup le cercueil installé sur la table (« Et mettez-lui la tête ici, à ce bout-ci de la table. C'est sa place. Comme cela, il se sentira moins dépaysé », avait naïvement commenté sa mère, p. 45), la cuisine, espace éminemment trivial, devient le lieu cérémoniel de la veillée au corps, ainsi que cela se pratiquait dans les campagnes autrefois, mais, dès qu'il s'agit de manger, on déplace le cercueil au salon, pour que se continue la cérémonie. On assiste alors à une gigantesque fête carnavalesque où le burlesque et l'irrévérence le disputent à la foi fruste des paysans qui prient entre deux bouchées de tourtière et deux bolées de cidre pour le repos de l'âme du défunt devant le regard médusé des soldats anglais pas du tout habitués à pareil spectacle. Les réflexions intimes du sergent traduisent tout le mépris qu'ils éprouvent pour ces *porcs.* Les tourtières en sont remplies, de la viande du porc que le boucher Arsène a dépecé pour la circonstance! On se raconte des histoires crues entre deux *Ave* écorchés, on s'empiffre, on picole, on se taquine ou on s'injurie, on se chamaille et on se bat comme plâtre, ce que Bakhtine encore nomme un « contact corporel brutal[4] ». Mais, surtout, on prie : « Les villageois prient pour se souvenir qu'ils n'étaient pas avec Corriveau, que leur vie n'était pas terminée et tout en croyant prier pour le salut de Corriveau, c'était *leur joie de vivre* qu'ils proclamaient en de tristes prières » (p. 55, je souligne). Faut-il rappeler que Bakhtine insiste à de multiples reprises sur la « renaissance » que laissent entrevoir ainsi les prières populaires, sur un espoir de vie et de survie, de régénération.

On ne saurait mieux rapprocher les extrêmes. Excédés, dégoûtés même par des comportements aussi peu « civilisés », les Anglais, sur un ordre du sergent, jettent les villageois dehors. Ceux-ci, un moment désemparés, tentent de réintégrer la maison et livrent une furieuse bataille rangée aux soldats anglais. C'est la guerre ! La bataille fait partie intégrante des fêtes populaires, souligne Bakhtine à plusieurs reprises. Soudain, deux coups de feu retentissent : troublé par un effrayant cauchemar, Henri le déserteur vient de tuer accidentellement un soldat anglais, puis la chatte des Corriveau. Tous rentrent dans la maison et se remettent à prier, chacun dans sa langue, pour les deux défunts. Comique et tragique se confondent à nouveau, vie et mort se côtoient dramatiquement.

Entre-temps, un soldat en permission, Bérubé, sans prénom lui non plus, arrive avec sa femme Molly, une putain terre-neuvienne qu'il a épousée par nécessité, et s'installe dans la chambre et le lit de Corriveau pour faire l'amour. Dérangé par des rires, il donne une brutale leçon militaire à Arsène en le rouant de coups, en procédant à son dépeçage, à son écorchage : celui-ci s'était moqué d'une coupure à la joue d'Arthur et du flot de sang qui en jaillissait. Il s'y connaissait en sang, lui, le boucher, écorcheur de cochons. Pire, il s'était moqué de la guerre. Faute impardonnable : c'est sérieux, la guerre, c'est grave, la guerre, on n'en rit pas ! Voilà que c'est Bérubé, faisant fonction d'« agélaste[5] », qui n'accepte pas le renversement du tragique au comique, qui ne trouve pas matière à rire. Il oblige ensuite Arsène à parader, à danser même, dans la cuisine avec Molly, installée « comme une reine » sur ses épaules, à demi nue, vêtue d'une robe de nuit transparente. Cet épisode rappelle l'arrivée de Bérubé transportant lui aussi sur ses épaules sa femme en robe de mariée. Celle-ci, cependant, ne s'était pas laissée faire quand Bérubé s'était jeté brutalement sur elle dans la neige pour lui faire l'amour. Elle l'avait giflé, à tel point que le sang avait jailli à la commissure de ses lèvres et maculé même la robe de mariée dont elle était revêtue. Dépeçage du corps. Faut-il signaler que Bérubé se fige soudain dans la position rigide du soldat obéissant aux ordres du sergent lorsque celui-ci estime que la leçon prodiguée à Arsène a assez duré. Rabaissement subit, détrônement cruel et humiliant de celui qui s'était pris pour un temps le régulateur, sinon le roi, de la fête.

Après cet épisode brutal, la veillée au corps terminée, les villageois assistent à la cérémonie funèbre à l'église. On a droit à une démonstration éloquente de la bêtise du curé dans un sermon qui menace des peines de l'enfer tous les paroissiens réunis. Irrévérencieux, le narrateur commente par dérision, dans un processus coutumier de rabaissement, et même de détrônement : « Le curé parlait. Sa langue ressemblait, lorsqu'il ouvrait la bouche, à un crapaud qui n'osait sauter » (p. 115). Puis Arsène remplit son devoir de fossoyeur, se livre à un véritable concours de jurons et de blasphèmes avec son fils qui, soudain, quitte la fosse qu'il était en train de creuser et y laisse son père désarmé. Phénomène de rabaissement.

> Rabaisser, selon Bakhtine, cela veut dire faire communier avec la vie de la partie inférieure du corps, celle du ventre

> et des organes génitaux, par conséquent avec des actes comme l'accouplement, la conception, la grossesse, l'accouchement, l'absorption de nourriture, la satisfaction des besoins naturels. Le rabaissement creuse la tombe corporelle pour une nouvelle naissance[6].

On dirait presque une synthèse des éléments carnavalesques du roman. De son côté, Bérubé est requis pour porter le cercueil du soldat anglais tué par Henri. Renversement de situation : Bérubé, qui semblait tenir une position dominante, est ravalé au simple rang de soldat. Enfin, ajoute le narrateur à la dernière ligne : « La guerre avait sali la neige » (p. 124), évoquant le sang répandu à maintes occasions, les dépeçages et mutilations causés par la guerre, bref la mort.

Il vaut la peine de résumer les différents déguisements/travestissements qui s'échelonnent tout au cours du récit : Arthur revêt le veston d'Henri (p. 13), qui se pointe à la maison dans l'uniforme militaire dont il avait été costumé (p. 17), les gamins sont « tous armés d'un bâton recourbé selon le jeu de hockey » (p. 30), le cercueil est recouvert du drapeau britannique, que Floralie prend pour une « couverture » (p. 46), Molly arrive chez les Corriveau vêtue d'une robe de mariée (p. 38), dans laquelle elle apparaît dans une quasi-nudité lors de la veillée au corps, ayant oublié de revêtir ses jupons (p. 81), le fils Corriveau « avait revêtu la robe immaculée des élus » (p. 50), pensait sa mère, la tête d'Esmalda coiffée d'une cornette apparaît dans la fenêtre givrée du « salon mortuaire », son « visage chiffonné par la lumière des lampions » (p. 73), les prières et l'incantation des *Ave* sont écorchées, transformées, travesties (p. 49, 65), Arsène, après avoir été recouvert de multiples manteaux, en sera dépouillé après le rituel de la danse, puis « mis tout à fait à nu » (p. 89), Henri, à la suite de son cauchemar,

« enfila les bottes d'Arthur, il passa son veston de laine, son bonnet de fourrure » (p. 99), dans une sorte de renversement de situation qu'il avait subi malgré lui en restant chez lui comme déserteur. Que l'on soit dépouillé partiellement ou totalement de ses vêtements fait partie de la fête populaire, ainsi que Bakhtine le souligne avec insistance[7]. La plupart des scènes se déroulent en présence des villageois, « les sots » du récit, parmi lesquels figurent quelques bouffons, tels Joseph, Arsène et Henri, tandis que les « rois » et « reines » se succèdent dans les personnes d'Amélie, la reine du foyer déserté, Corriveau, le point de mire de la fête villageoise, qui avait été pourvu de l'uniforme militaire, Molly, qui descend l'escalier, demi-nue en se « tena[n]t royale, sous sa longue robe transparente » (p. 81), la religieuse Esmalda, qui évoque « le royaume du Père » (p. 74), le soldat Bérubé, qui vole la vedette, vite supplanté comme « soldat sans grade » (p. 108) par le sergent anglais, détenteur de l'autorité, le curé du haut de sa chaire.

Quant au phénomène de rabaissement abondamment développé par Bakhtine, il se manifeste tant au physique qu'au moral, comme je l'ai fait remarquer à l'occasion. Ses occurrences sont si nombreuses qu'il convient de seulement les énumérer ici. La plupart s'ordonnent, si je puis dire, autour du sexe, des parties basses du corps et de ses diverses fonctions de vie et de mort. Joseph est diminué physiquement car il s'est automutilé, de sorte que sa femme ne le considère plus comme un homme (p. 33) ; Arthur est traité d'« impuissant » (p. 10), par Amélie, qui pense tout le contraire, ambivalence, selon Bakhtine ; vaches et femmes sont volontiers confondues (p. 14), surtout au niveau du « cul » (p. 78), Philibert reçoit des coups de pied au « cul » (p. 20) ou aux « fesses » (p. 21), à la gare, les soldats sont *assis* sur le cercueil de Corriveau (p. 28), madame Joseph traite les gamins de tous les noms, dont celui d'« enfants de cochons » (p. 31), Bérubé fait l'amour avec une fille à soldats, une putain (p. 36-38), quand il arrive au village, il se livre à une brutale agression sexuelle contre cette dernière, qu'il fait tomber dans la neige (p. 40), ce qui fait dire à Molly que les Canadiens français sont de « véritables animaux » (*ibid.*), Bérubé était chargé de nettoyer les toilettes à la caserne militaire (p. 36), il fait l'amour avec sa femme dans le lit de Corriveau (p. 54), la sueur d'Amélie dégouline dans la pâte (p. 55), les villageois se racontent des histoires et anecdotes tournant autour du sexe, comme celle des « hommes sessuels » (p. 57), ou relatifs à la traite d'une vache par une citadine (p. 62-63), on évoque « les belles fesses » (p. 59) des femmes qu'on aime « grimper » (p. 61), Molly remarque que l'haleine de son mari « sentait le scotch et la saucisse pourrie » (p. 69), les dents de la religieuse Esmalda sont « aiguës » (p. 73) et « cariées » (p. 75), Zeldina, qui dit avoir « pissé par terre », se fait répondre par Bérubé : « Ferme ta gueule ou je te fais lécher le plancher! » (p. 78), Arsène se fait traiter de « grosse merde » (p. 78), de « gros tas de merde » (p. 80) par Bérubé qui le force à s'humilier en déclarant devant le miroir : « Je vois un tas de merde » (*ibid.*), et qui en remet en le qualifiant d'épithètes dégradantes comme « puante vermine » et « pourriture plus pourrie que Corriveau au dégel du printemps » (p. 86), la langue du curé est comparée à un « crapaud » (p. 115), Corriveau est mort déculotté car il venait de « défai[re] la ceinture de son pantalon » pour aller aux toilettes, déchiqueté par une mine, « dépecé », selon le terme de Bakhtine, puisqu'il en « restait quelques lambeaux de chair et quelques miettes de vêtements sanglants » (p. 121). Faut-il rappeler les multiples occurrences où gicle le sang : la main coupée de Joseph, l'écorchage du cochon, la gifle au visage de Bérubé, la coupure d'Arsène et ses vêtements tachés par le sang, les coups qu'il reçoit au visage par Bérubé, le coup de poing que celui-ci flanque au visage d'un intervenant, la gifle qu'il donne à Molly et qui tache sa robe de mariée, et la phrase, déjà citée, qui clôt le roman : « La guerre avait sali la neige » (p. 124).

Les réflexions des « Anglais », qu'il s'agisse de Molly ou des soldats, à l'égard des Canadiens français, participent elles aussi au phénomène de rabaissement que nous avons observé. Alors que Molly, agressée physiquement par Bérubé, se débat et flanque une gifle à Bérubé, elle ne peut s'empêcher de penser en généralisant : « De véritables animaux, ces French Canadians indeed » (p. 40). Les soldats n'en penseront pas moins. D'abord traités d'« ignorants » par le sergent parce qu'ils « ne connaissaient même pas le drapeau de leur pays » (p. 47), qui était en fait le drapeau britannique (p. 46), les Canadiens français sont qualifiés de « sauvages » (p. 67) et de « porcs » (p. 90-92), dans un passage fréquemment évoqué, différemment certes, par les analystes et critiques canadiens tant francophones qu'anglophones, alors que le narrateur se lance dans une violente charge, dont on n'a pas noté l'ambivalence, contre eux.

Quant aux rires qui déploient les gorges des participants à la fête, ils épousent l'ambivalence fréquemment invoquée par Bakhtine, qui insiste pour décrire le « rire carnavalesque » : « C'est avant tout un rire *de fête*. Ce n'est donc pas une réaction individuelle devant tel ou tel fait "drôle" isolé. Le rire carnavalesque est premièrement le bien de *l'ensemble du peuple* [...], tout le monde rit, c'est le rire général. » Il poursuit en le qualifiant d'« *universel* », enfin, d'« *ambivalent* : il est joyeux, débordant d'allégresse, mais en même temps il est railleur, sarcastique, il nie et affirme à la fois, ensevelit et ressuscite à la fois[8] ». Par exemple, le rire de Joseph qui vient de se couper la main manifeste une ambivalence « exemplaire » : « Joseph éclata d'un grand rire qu'il entendit monter très haut [...] Des villageois entendirent sa voix. Il appelait au secours » (p. 10). Lors de la veillée au corps, les prières alternent avec les périodes de laisser-aller des réjouissances campagnardes : « Pendant que, dans le salon, la marée des prières s'apaisait, l'on parlait, l'on riait, l'on discutait dans la cuisine; l'on mangeait, l'on buvait, l'on était heureux, sous l'œil attendri de la mère Corriveau qui, de temps en temps, essuyait une larme [...] » (p. 56). Ce résumé du narrateur vaut toutes les explications possibles. Le rire des villageois se manifeste allègrement à propos des passages déjà cités concernant les « hommes sessuels » (p. 57), les « belles fesses » de femmes (p. 59), les histoires salaces qu'on se raconte et qui font dire à Anthyme : « Vous me faites mourir », ou quand Bérubé force Arsène à rire tandis qu'il le roue de coups (p. 79)[9].

La Guerre et ses visages

Justement, l'autre personnage omniprésent, par procuration, pourrait-on dire, c'est la Guerre, qui se déroule en pays lointain : « C'est au bout du monde, l'Angleterre. C'est loin. On ne peut même pas aller là en train » (p. 11). Elle revêt ainsi un caractère presque mythique, et en même temps mystérieux. Dire qu'elle dérange les villageois et que tous lui sont opposés et hostiles, c'est affirmer une évidence. Certains en ont peur, comme Joseph, qui préfère se couper une main plutôt que de participer à la boucherie. Quel euphémisme! Il se fait boucher en se charcutant, avant même l'écorchage du cochon par Arsène. Qu'il le veuille ou non, qu'il y ait pensé ou non, il verse son sang à cause de la Guerre, son sang qui dégouline dans la neige et la salit déjà : « la main [...] bondit dans la neige et se noya lentement dans son sang » (p. 9). Il mesure alors « la peur qui l'avait torturé durant de longs mois. — Leurs Christ d'obus auraient fait de la confiture avec moi. [...] Avec leur maudite guerre, ils ont fait de la confiture avec Corriveau... Ils ne m'auront pas... » (p. 9-10).

C'est la même argumentation que soutient Arthur : « Je ne veux pas me faire déchirer la figure dans leur maudite guerre. [...] Moi, je ne veux pas perdre un seul cheveu à leur maudite guerre » (p. 13). Floralie n'avait-elle pas souvent recommandé à son fils de se protéger le visage, à la guerre? (p. 47), elle qui n'aura même pas la consolation de voir le visage de son fils dans son cercueil. Comme à l'occasion des guerres qui ont déchiré l'Europe, Arthur refuse le service militaire et à ce titre se pose en objecteur de conscience, au nom de considérations morales et philosophiques. Il est vrai toutefois que sa philosophie reste un peu courte si l'on se fie à ses propos sur les « gros » et les « petits » (p. 13). Cet argument, en apparence un peu limité, n'en est pas moins rempli de sagesse populaire.

La Guerre adopte donc, tout au cours du roman, des visages divers : madame Joseph se fraie un chemin à coups de bâtons à travers la bande de gamins qui jouent au hockey en pourchassant la main coupée de son mari; Bérubé essuie au visage une puissante gifle de Molly quand il se rue sur elle comme une brute pour lui faire l'amour dans la neige; Pit et Jos se livrent « une Vierge de belle bataille » (p. 69) quand le premier laisse supposer que Corriveau a couché avec plusieurs femmes du village, dont celle de Pit; Bérubé en colère contre Arsène, qui avait plaisanté sur la guerre, le roue de coups; les soldats anglais jettent dehors les villageois pour mettre fin à l'orgie qui se déroule sous leurs yeux. La bagarre éclate alors dans toute sa fureur entre les deux groupes : « Let's kill 'em ! », répète le sergent à ses soldats (p. 107-108) ; ce sont les coups de feu tirés par Henri qui mettent fin à « la petite guerre » (p. 109). Euphémisme et paradoxe à la fois.

Curieusement, par une rare économie de mots et grâce à des traits incisifs, le romancier anime des personnages fortement typés, ne serait-ce que par un geste, une parole, une attitude, un comportement saisi sur le vif, qui apportent tour à tour leur pierre aux portraits et descriptions, mais également à l'intrigue carnavalesque du roman. Le personnage principal, je le répète, est le soldat Corriveau, sans prénom, comme il est souvent d'usage dans l'armée anonyme, où l'on appelle simplement le militaire par son patronyme, ou même dans la vie courante, par une sorte d'habitude un peu paradoxale, qu'en stylistique on associe au procédé hypocoristique. Le narrateur fait donc *revivre*, au moyen d'évocations fugitives du passé, de ce que l'on appelle des analepses narratives, le personnage vivant, en quelque sorte hors champ, de Corriveau : mal engueulé, jureur, blasphémateur, ivrogne, paillard, coureur de jupons, batailleur, conteur d'histoires grivoises, mais aussi pieux, étonnamment mal dans sa peau, « qui criait *sa douleur de vivre* » (p. 105, je souligne). Tous ces traits, fortement caricaturés, très brièvement rapportés, composent un portrait haut en couleur, dont certains éléments se trouvaient déjà dans les recueils de poésies de l'auteur et qui semblent relever de quelque parenté autobiographique, tout romancier pouvant librement composer un personnage à partir de tranches de vie, de celles des autres, puis de la sienne.

Corriveau revit à ce point qu'on le revoit agir dans certaines circonstances de sa vie (p. 18-19, 47, 50, 59, 61-62, 63, 64, 87, 104, 120-121). On l'entend même prendre la parole huit fois : Arthur évoque la dernière parole, d'un terrible paradoxe, de Corriveau le jour de son départ pour la guerre : « Enfin je vais avoir la paix! » (p. 19) ; dans une des lettres adressées à sa mère, il lui affirmait : « je me protège bien le visage » (p. 47) ; « ses soirs d'ivrognerie où il se promenait dans le village en jetant ses vêtements dans la neige, ces soirs où, torse nu et ivre, son fils levait le poing vers le ciel en criant : “Dieu, la preuve que tu n’existes pas, c’est que tu ne m’écrases pas ici, immédiatement” » (p. 50) ; si l’on se raconte une histoire grivoise, le raconteur prétend que « cette histoire m’a été racontée par votre fils » (p. 63) ; la mère Corriveau lit une lettre trouvée dans la poche d’uniforme de son fils, donc « [c]e n’était *pas vrai qu’il était mort*, puisqu’il écrivait. Cette lettre *corrigeait la vie* » (p. 64, je souligne) ; « la mère Corriveau [...] se taisait comme lorsque son fils [...] entrait soûl, et injuriait Anthyme » (p. 87) ; devant le cercueil, les vieux parents se demandent : « À quoi servaient les prières de cet enfant pieux qui avait la pâleur des Saints sur les images ? À quoi servaient les blasphèmes de l’enfant devenu homme ? » (p. 104) ; enfin, le récit de la mort de Corriveau (p. 120-121) rapporte une brève conversation entre lui et le soldat Harami. Il est bon d’ajouter que, dans l’adaptation théâtrale du roman, à la scène IX, le soldat mort, Corriveau, semble reprendre vie en apparaissant devant son père, avec lequel il essaie de dialoguer, en pure perte comme d’habitude. « Cette scène accorde au dramaturge l’occasion de montrer le fossé qui existe entre les deux générations et les problèmes que cette division provoque », soutient Louise Fleming dans son intéressante étude comparative[10].

Les figurants carnavalesques

La plupart des figurants mériteraient qu’on s’arrête un moment sur leurs traits distinctifs qui concourent au carnavalesque. Voyons les principaux dans l’ordre d’apparition. Joseph se mutile par crainte de la guerre (p. 9-10), puis se renfrogne dans un quasi-silence, pendant que sa femme l’invective (p. 32-33), il assiste à l’ébouillantage du cochon que vient d'écorcher Arsène : « T'es-tu égratigné, mon bon Joseph ? », lui demande-t-il en remarquant le linge taché de sang qui entoure son moignon (p. 24). On le retrouve tout de même lors de la veillée funèbre, qui brandit son moignon et crie plus fort que les autres : « Les maudits Anglais nous ont tout pris mais ils n'auront pas notre Corriveau. Ils n'auront pas la dernière nuit de Corriveau » (p. 101). Lorsque la bagarre éclate entre les villageois et les Anglais, « Joseph-la-main-coupée se rua le premier » (p. 106).

Amélie représente le type de la femme libérée, obligeante pour le déserteur Henri car elle aime les plaisirs de la chair, de la vie. Elle ne manque pas cependant de satisfaire son mari quand vient son tour et interprète à sa façon ses lettres venant des vieux pays : « Mais elle savait, par son intuition de femme, qu'Henri passait son temps à boire et à caresser les fesses des femmes d'Angleterre » (p. 12). Aussi ne se prive-t-elle pas, par vengeance peut-être, de coucher avec le premier venu, auquel elle demande, par compensation (!), de s'occuper de la ferme. « Les vaches étaient contentes de voir un homme, je t'assure », dit Arthur. « Et moi, réplique Amélie, penses-tu que je n'étais pas contente de voir un homme ? » (p. 14). Rapprochement hautement risible… Bref, c'est une femme forte, qui mène les hommes à la baguette et ne craint pas de leur donner des ordres et de leur dire sa façon de penser. Il reste que, quand elle a un urgent besoin d'eux, elle a « des ronrons dans la gorge » (p. 17). Le narrateur atténue le portrait plutôt autoritaire et charnel d'Amélie en commentant son attitude pieuse devant le cercueil de Corriveau : « Malgré sa vie impure, Amélie était bonne » (p. 66). Selon Pit, cependant, elle aurait couché avec Corriveau, ce que ne conteste pas l'intéressée (p. 68).

Difficile de séparer les compères Arthur et Henri : deux objecteurs de conscience à leur manière, l'un refusant d'aller à la guerre, l'autre refusant d'y retourner après sa permission, par crainte de la mort. C'est pourquoi ils se retrouvent tous deux sous les jupes d'Amélie. Arthur se permet le plus sérieusement du monde de faire la leçon à Henri en lui rappelant ses devoirs de soldat : « protéger les fermiers pères de famille [ce qu'il est en effet devenu], les enfants, le bétail, la patrie » (p. 17). Henri, devant les affronts répétés d'Amélie et d'Arthur qui se présentent comme un couple à la maison des Corriveau, devient comme fou et, à la suite d'un cauchemar effrayant, tue un soldat anglais et la chatte des Corriveau.

Anthyme et Floralie sont le modèle du couple « canadien-français » des années 1940, du Moyen Âge québécois : elle, accoucheuse de plus de onze enfants, pourvoyeuse de vie, autoritaire, car elle donne des ordres à son mari, aux Anglais, réprimande Bérubé, ordonne la veillée, pieuse avec un brin de superstition, hospitalière, excellente cuisinière, amoureuse de ses enfants ; lui, qui a jadis chassé son fils de la maison, manque maintenant d'esprit de décision, grogne, pleure, jure et blasphème, se défile devant ses responsabilités. Les deux, après une vie bien remplie, ont considérablement vieilli : lui ne peut plus tenir sa pipe entre ses dents pourries (p. 47), elle est désormais « engloutie dans sa graisse » (p. 52), comme je l'ai déjà noté. Quel contraste avec les mêmes personnages que nous reverrons dans *Floralie, où es-tu ?* dans toute leur jeunesse ardente ! « Toute une vie leur avait appris qu'ils ne pouvaient rien faire » (p. 48), pensent-ils dans leur for intérieur. Toutefois, même âgé, Anthyme n'est pas insensible à la beauté des femmes, dont Molly, comme tous les autres villageois, d'ailleurs.

Molly et Bérubé. Voici l'exemple du couple hors norme formé par les besoins de la nécessité. Un couple d'abord uni par la chair « hors des liens sacrés du mariage », comme l'on disait à l'époque, mais que la conjoncture de la guerre autorisait en quelque sorte grâce à la bénédiction après coup d'un aumônier compréhensif. Hors norme aussi, car il représente le mélange des races, considéré alors comme un danger pour le bon peuple canadien-français. Aussi les villageois sont-ils étonnés de la voir s'agenouiller devant le cercueil de Corriveau et prier dans sa langue. De plus, Molly, avec son corps jeune et beau, vu dans la transparence de sa robe de nuit, provoque des réactions naturelles chez les mâles, dont les pulsions libidinales s'éveillent devant les femmes pincées par l'envie de lui ressembler et par la jalousie de voir leurs hommes en contemplation béate devant tant de beauté.

Arsène est à la fois le boucher et le fossoyeur du village : il fournit le cochon qui servira aux pâtés que la mère Corriveau distribuera aux villageois au cours de la veillée au corps, puis enterrera Corriveau avec l'aide de son fils. Violent et tendre en même temps, il rosse son fils pour l'« éduquer », puis il est rossé à son tour par Bérubé. Il écorche le cochon, et le sang coule, ensuite c'est son sang qui dégouline sur le plancher lorsque Bérubé s'acharne contre lui. Il est boucher, alors qu'on envoie les gens du pays à la boucherie de la guerre qui défigure et qui tue. C'est d'ailleurs au visage qu'Arsène reçoit les coups les plus rudes. Enfin, Philibert est sans conteste l'exemple le plus frappant des jeunes qui tentent de s'émanciper de l'autorité paternelle. Si Corriveau, chassé de la maison, a décidé d'aller faire la guerre pour avoir la paix, Philibert, lui, s'exile volontairement à la ville pour se trouver un emploi et devenir « indépendant » (p. 119), selon les mots mêmes de son père. C'est ce que nous verrons dans *Il est par là, le soleil.*

L'entrée en scène d'Esmalda, la petite religieuse de la famille, tient du théâtre : pendant que les villageois font la fête autour du cercueil de Corriveau, elle frappe « [t]rois petits coups soudains » (p. 70) à la fenêtre, pour signaler sa présence.

Elle doit répéter son geste, vu que tous restent figés dans la peur. C'est son père Anthyme qui lui intime l'ordre de passer par la porte, ce qu'elle refuse, puisque la sainte règle de sa communauté lui interdit d'entrer dans la maison paternelle. Elle se conforme donc à la règle en restant, comme dans le cloître, derrière l'écran givré de la fenêtre. Puis, à la manière du curé, dans la pièce tirée du roman, elle déclare, faisant ainsi valoir l'ascendant de la religion sur les villageois rassemblés : « Tous les hommes vivent ensemble, mais ils suivent des chemins différents. Or, il n'y a qu'un seul chemin : celui qui mène vers Dieu » (p. 75). Cette brève apparition suffit pour que sa mère la déclare sainte.

On pourrait épiloguer longuement sur la période irrévérencieuse de Carrier, dont l'écriture carnavalesque est la manifestation la plus nette : à partir surtout de la Guerre, pour laquelle les hommes doivent se costumer (p. 11), porter l'uniforme (p. 89), se déguiser, en somme, puis au cours de la veillée au corps, sorte de soirée de prières qui tourne à la fête devant un cercueil qui masque Corriveau aux yeux de ses concitoyens, couvert en plus de la « couverture », à savoir le drapeau britannique, en présence de Molly vêtue de sa robe de mariée, puis dévêtue, tout marque la dérision, une dérision qui camoufle mal la peur de mourir opposée ou associée à la joie de vivre des petites gens, sorte de renversement de l'ordre établi, de carnavalisation de l'ordre social, entre autres la désacralisation ou le rabaissement de la religion.

Floralie, où es-tu ?

Ce roman reprend essentiellement, par le procédé narratif courant de l'analepse, les personnages d'Anthyme Corriveau et de sa femme Floralie, non pas en train de prier sur la dépouille de leur fils revenu de la guerre dans son cercueil au cours d'une nuit carnavalesque qui a vite tourné en fête sauvage, mais en train de vivre leur journée de noces, en particulier leur nuit de noces. S'échappant de la foule des invités, les nouveaux mariés gagnent en buggy la forêt prochaine pour y consacrer leur union avant d'atteindre le village d'Anthyme perché dans la montagne. Leur étrange voyage de noces se transforme bientôt en épreuve de vérité car Anthyme a la désagréable impression d'avoir été floué : il n'y a pas eu de sang lors de l'acte, ce qui prouve hors de tout doute qu'un autre homme est passé avant lui, mais il se refuse à y croire. Sitôt uni, le couple se sépare, lui gonflé de rage et de violence, elle prise par la peur du châtiment de Dieu et de son homme. Les nouveaux mariés errent toute la nuit dans la forêt hostile, à leur propre recherche. Trois rencontres ponctuent leur errance dans une nuit à laquelle le narrateur attribue toutes sortes de pouvoirs : un « Sauvage » guérisseur, une troupe de comédiens ambulants, enfin une foule de pèlerins rassemblés devant une minuscule chapelle pour la fête de la Sainte Épine. Ce roman s'inscrit bel et bien dans la foulée du précédent, avec ses allures de fête carnavalesque : la nuit de noces, qui devrait être à elle seule une fête des sens; la rencontre inopinée du charlatan guérisseur qui tente de tromper les braves gens par des promesses fallacieuses bien enveloppées; la comédie des Sept péchés capitaux, dans laquelle les comédiens veulent donner un rôle à la Sainte Vierge Floralie, puis la foule des pèlerins venus prier à la fête de la Sainte Épine.

Le retour du carnavalesque

Les mêmes ingrédients du carnavalesque se retrouvent ici : la mascarade des déguisements et des masques; le défilé

« forestier » de la caravane de la troupe de comédiens ; le renversement de l'ordre établi dans l'effet produit par la robe noire de la mariée, à laquelle on tente de substituer le costume immaculé de la Vierge ; l'intervention grotesque et caricaturale du père Nombrillet, au nom symbolique, qui essaie, après le personnage représentant la Luxure, de séduire Floralie tout en l'incitant à confesser ses péchés ; finalement l'incendie purificateur (?) de la petite chapelle. N'oublions pas les signes de joie des acolytes de Néron le charlatan, qui dansent autour du buggy qu'ils ont « emprunté » à Anthyme et qui reprennent en chœur les louanges de leur chef. Celui-ci compte sur les naïves superstitions populaires pour vendre sa camelote[11]. Rappelons-nous également les multiples marques de violence qui parsèment le récit : Anthyme frappe au visage sa femme lorsqu'il se rend compte qu'elle n'était pas vierge (p. 47), fouette son cheval comme un dément (p. 31-32), blasphème contre Dieu en le provoquant (p. 122), à la manière de son fils qu'il répudiera, dans *La guerre, yes sir!*; le comédien personnifiant la Luxure fait un essai infructueux pour séduire Floralie, donc la violer, ne sachant pas qu'elle a déjà été déflorée par un Italien, un peu comme le père Nombrillet peu après ; enfin un incendie destructeur ravage la chapelle. Même Néron se permet, pour restaurer un peu de discipline, de fouetter les enfants, dont la réaction spontanée est de se tordre... de rire ! L'intervention finale du père Nombrillet, qui chasse les comédiens, évoque très certainement Jésus chassant les vendeurs du temple[12]. Cette intervention ne contribue-t-elle pas à sa façon à un renversement certain des valeurs ? N'avait-il pas été attiré comme homme par la chair fraîche de Floralie ? Peu après, il reprend son rôle de censeur ecclésiastique, oubliant du coup sa dégradation personnelle pour se hisser au rang de Dieu, pour sublimer dans un geste hautement théâtral sa pauvre personne humaine. Remarquons l'effet de désacralisation, de rabaissement qui accompagne les gestes des personnages et qui met en cause le mariage et la religion.

Sous le signe de la nuit

Tous ces événements se déroulent sous le manteau, parfois menaçant, parfois rassurant, de la nuit, à laquelle on doit prêter un anthropomorphisme certain, à la manière de Gilbert Durand[13]. Celui-ci soutient que « l'image [...] est en elle-même porteuse d'un sens qui n'a pas à être recherché en dehors de la signification imaginaire. C'est finalement le sens figuré qui seul est significatif[14]. » Le texte, en effet, est parsemé de mots et de termes évoquant les faits et gestes des hommes ou des bêtes : par exemple « Comme un gros pied d'animal, la nuit allait s'abattre sur la forêt et écraser le jour » (p. 62) ; « la nuit poussait sur ses bras, la nuit pesait sur sa nuque, la nuit écrasait son cœur » (p. 83). La nuit est également considérée comme un espace-temps indissociable au sein de laquelle s'effectue la recherche mutuelle des nouveaux époux. Le relevé systématique de toutes les expressions s'y rapportant le confirmerait de toute évidence[15].

Les symboles sexuels

La traversée de la forêt a été planifiée par Anthyme en vue de l'accomplissement de l'acte sexuel qui allait concrétiser le mariage du couple, donc *le renouvellement de la vie.* Aussi les symboles sexuels sont-ils particulièrement nombreux dans le cours du récit : les principaux sont sans nul doute le cheval (p. 57 et 60 surtout), le fouet (p. 10, 76-77, 86-87), les épinettes (p. 16, 23, 63, 121), la couleuvre (p. 29-30) et même la Sainte

Épine (p. 164), donc tout objet pointu ou oblong, selon les critères énoncés dans Durand et autres. Je rappelle brièvement ici les propos de Durand concernant chacun de ces symboles : « Le cheval est isomorphe des ténèbres et de l'enfer[16] », soutient-il, les dites ténèbres signifiant en l'espèce la nuit, et l'enfer, la culpabilité de Floralie, ainsi que l'avait proféré Anthyme dans sa colère d'homme floué : « Fille damnée! » (p. 49). Aussi l'image de l'enfer continue-t-elle à se profiler dans son esprit (p. 49-50). Quant au fouet qui flagelle rudement le cheval, il symboliserait une forme de mutilation sexuelle, selon Durand[17]. L'arbre lui fournit plusieurs pistes d'interprétations, dont les principales sont la verticalité, qui « oriente d'une manière irréversible le devenir et l'humanise en quelque sorte en le rapprochant de la station verticale significative de l'espèce humaine[18] ». Il ajoute plus bas : « L'arbre se trouve associé aux eaux fertilisantes, il est arbre de vie », ce qui conforte par le fait même l'interprétation que je donne de la situation dans laquelle se trouve le nouveau couple. « Une couleuvre, c'est un serpent, et un serpent, c'est le diable », s'écrie Floralie en apercevant l'animal dans les racines, près de leur couche nuptiale improvisée (p. 30). L'interprétation superstitieuse de Floralie vaut bien celle de Durand, qui affirme : « On reconnaît là le monstre dévorant ou simplement avalant [19] ». Quant à la Sainte Épine, comme tout objet pointu, elle représente le pénis, organe de la pénétration, mais à la sublimation répond la désacralisation opérée instinctivement, ou d'une façon hormonale, dirait-on aujourd'hui, par le père Nombrillet. Le dramaturge Carrier a senti le besoin de préciser le sens de la quête de Floralie en réponse aux avances du prêtre. Dans la pièce adaptée du roman, celui-ci lui fait-il la morale qu'elle se récrie en forme de protestation : « *Le chemin que j'veux vivre, c'est le chemin de la vie* » (p. 108, je souligne).

Il est par là, le soleil

Placé sous le signe de « la fascination de l'échec », selon la formule heureuse du romancier (p. 86), reprise par Pierre Laberge[20], le roman est réparti en trois temps : les souvenirs d'enfance de Philibert, qui me paraissent un résumé de certains éléments familiaux évoqués dans les œuvres antérieures de l'écrivain, comme ses recueils de poésies, les deux premiers romans de la trilogie, *La guerre, yes sir!*, et *Floralie, où es-tu?* et repris plus tard dans ses recueils autobiographiques; la recherche d'emplois, qui le contraint à accepter les plus basses besognes jusqu'à ce qu'il devienne le manager de la « Neuvième Merrrveille du monde » (p. 101), Boris Rataploffsky[21], dont l'héritage un peu dérisoire, une « vieille Chevrolet '37 » (p. 129), permettra à Philibert de réaliser son rêve : devenir épicier dans son petit village; le troisième moment décrit le rêve éveillé du jeune homme qui, malheureusement distrait au volant, sur le chemin du retour, percute une croix de chemin. Analysons chacune de ces étapes en ce qu'elles comportent les principaux éléments de la création de Roch Carrier, soit l'évocation de souvenirs qui placent l'enfant et l'adolescent devant la vie, le recours certain au carnavalesque dans plusieurs scènes, la multiplicité des épisodes animés selon la formule du conte, comme dans *La guerre, yes sir!*, ainsi que l'a signalé la critique.

Les souvenirs d'enfance et d'adolescence

C'est par la voie des souvenirs que débute *Il est par là, le soleil*: « Philibert n'oubliera jamais [...] » (p. 9). Le jeune adulte se souvient du « gros pied de cuir » de son père qui écrase le jouet qu'il a déballé avant la nuit de Noël, de « l'homme en longues bottes, avec un nez rouge qui dégouline, [qui] vient raconter une histoire, toujours la même » (p. 11), celle des canards au cou pris dans la glace et qu'un vieux chasseur sectionne à coups de faux, du lit secoué par ses parents qui font l'amour, de la fosse que creuse son père pour y déposer le cercueil d'un villageois, du cochon que son père égorge et dont la langue profère des mots grossiers et des jurons. « Durant des heures, Philibert écoute la langue déclamer des mots défendus avec l'espoir qu'un jour il sera un homme » (p. 22). Faut-il souligner encore une fois cette récurrence que nous avons trouvée dans les recueils de poésies et dans *La guerre, yes sir!* et qui semble hanter le narrateur ? Celui-ci évoque aussi la vieille maison de bois, dont ont dû se départir ses grands-parents et qui a été transformée en porcherie, et la plainte de Grand-mère « *À quoi ça sert de vivre ?* » (p. 26, je souligne) qui rappelle celle de Corriveau, puis de Philibert dans *La guerre, yes sir!*

Le retour du carnavalesque

Parmi ces souvenirs rappelés en vrac, nous avons déjà décelé des signes du carnavalesque tel que pratiqué par l'auteur, principalement dans la scène de l'égorgement et de l'écorchage du cochon que Philibert et son père avaient dû chevaucher pour l'immobiliser : en une sorte de parade grotesque, « ils trônent comme deux rois fous » (p. 17). Le père, qui estime que, « [d]ans notre pays, il n'y a pas d'avenir » (p. 19), se prend à souhaiter une guerre : « La guerre, il y en a une, mais c'est dans les Vieux Pays. Alors, on a la paix. » N'est-ce pas réitérer le souhait paradoxal de Corriveau partant pour la guerre, dans *La guerre, yes sir!* (p. 19) ? Mais là où le carnavalesque s'étale dans toute sa splendeur, pourrais-je dire, c'est lors de la procession de la Fête-Dieu constituée d'un long cortège de monstres, les vingt et un enfants de Jonas Laliberté, patronyme dont il importe de noter l'ironie noire, et sa femme, transportés dans des brouettes comme des paquets de chair informe (p. 26-28), de bossus, d'estropiés de toutes sortes, suivis des veuves (p. 29), puis des vieux et des vieilles (p. 30). À travers cette énumération morbide, interviennent les réflexions *désacralisantes* du narrateur. À titre d'exemples, je cite deux passages significatifs outre celui où les participants chantent en chœur et qui rappelle, à n'en pas douter, la louange à Néron dans *Floralie, où es-tu ?* (p. 91-92) :

> Seigneur-Jésus, tu es mon Roi
> Seigneur-Jésus, tu es ma loi
> Seigneur-Jésus, tu vois ma foi
> Jésus-u, Jésus-u-u, Jésus-u-u! (bis)
> Aie pitié de moi! (p. 29)

Voici donc ce premier passage : « [...] dans sa grande sagesse divine que les mortels ne peuvent comprendre, Dieu a insufflé une vie tenace à ces petits anges qu'il a créés infirmes afin qu'on les aime mieux. Jonas Laliberté et sa femme marmonnent des ave maria pour dire leur plus totale reconnaissance à Dieu » (p. 28). Le narrateur complète ses réflexions de la façon suivante : « Doucement, le silence du cortège se transmue en une plainte longue, longue comme un vent triste au-dessus de l'avoine » (p. 30). C'en est assez pour Philibert, qui décide de s'enfuir de son village : « Il ne se souvient déjà plus de ce qu'il quitte » (p. 31).

La Neuvième Merrrveille du monde

Dans ce que j'ai appelé le deuxième moment du roman, je ne m'étendrai pas sur ce que l'on appelle familièrement les

« trente-six métiers, trente-six misères » du protagoniste qui, subissant sa période d'apprentissage de la vie, entreprend une sorte de « chemin de croix » qui le conduira d'ailleurs sur une croix de chemin « phosphorescente » (p. 134), sans doute un calvaire, lui qui avait été traité par son père de « petit Calvaire! » (*GYS!*, p. 119). Je m'attarderai seulement sur le personnage énigmatique de « Boris Rataploffsky, la Neuvième Merrrveille du monde » (p. 101), ainsi qu'il se prénomme lui-même en roulant démesurément les « r ». Personnage énorme, géant engoncé dans sa chair, il se montre partout en spectacle en offrant aux spectateurs, moyennant espèces sonnantes, le privilège de le frapper au visage. Chauffeur attitré de « *L'Homme au visage d'acier* », qu'il promène dans une loge en contreplaqué installée sur le chassis d'un camion et trônant sur « deux fauteuils assemblés, cloués et cousus » (p. 102), il en devient bientôt le manager. Désormais drapé d'une cape dorée portant son nom, sorte de Surhomme, le géant s'exhibe partout, les coups pleuvent dru sur son visage jusqu'au jour où, dans un subit accès de démence, il empoigne quatre spectateurs et les écrabouille littéralement, avant d'aller se noyer dans un lac tout proche (p. 111-112). On aura sûrement noté quelques éléments du carnavalesque : la démesure, le grotesque, la mascarade, le déguisement, puis le renversement de situation, le dépeçage des corps, tous éléments qui confirment la manière de Carrier.

Le rêve de Philibert

Au risque d'établir un rapprochement incongru, je rappelle ici les propos d'Octave Crémazie, qui estimait que les Canadiens français formaient une « société d'épiciers[22] » avec ce que ce terme comportait de dédain, sinon de mépris condescendant. Héritier de Boris Rataploffsky, Philibert retourne vers son village dans la vieille Chevrolet qui constitue une partie de son héritage en caressant un nouveau rêve qui le fera estimer de son père : « Le père ! Je vais aller te voir au village et tu seras fier de moi. T'auras plus envie de me botter le derrière. Quand tu me verras arriver, tu me prendras dans tes bras » (p. 130). Nouvel enfant prodigue, comme celui de la parabole biblique que j'ai évoquée plus haut, il compte sur l'accueil chaleureux de son père. Il s'installera dans son village pour devenir épicier, pour y vivre sa « renaissance ». « Philibert sera épicier. Une petite épicerie propre comme une maison privée, avec des boîtes de conserve groupées en pyramides multicolores, époussetées tous les jours. Une épicerie qui sentira bon, avec une grande vitrine » (p. 131). Hélas, son rêve s'évanouira presque aussitôt car sa voiture, conduite à une vitesse folle, emboutit une croix de chemin. À ce moment du récit, l'image du sang revient en force car « la voiture [...] s'enfonce comme une lance dans le côté du Christ et l'orage du sang s'abat dans le pare-brise, [...] imbibe la moquette, [...] coule sur les banquettes, tache le costume de Phil, le sang dégouline dans ses cheveux, sur son front, chaud, le sang coule dans ses sourcils, ses yeux et *la voiture est remplie du sang du Christ* » (p. 135). On croirait à une manière de désacralisation propre au carnavalesque, le sang de Phil étant vu comme celui du Christ. Puis, comme pour Floralie dans le roman précédent, apparaît l'image terrifiante de l'enfer avec sa bouche dévorante (p. 138-142). Un serpent visqueux semble s'enrouler autour de ses membres, s'insinuer dans son corps, saisir son sexe de sa bouche et se refermer sur lui. « Il ne restera de lui qu'une immense souffrance, une douleur qui s'éternisera » (p. 141), ce qui fait dire à Phil : « J'ai jamais demandé à vivre », répétant ainsi les propos déjà tenus dans ses ouvrages précédents. Toute cette scène finale tient à la fois du carnavalesque, mais augmenté d'une immense charge fantastique rappelant le rêve éveillé (?) de Floralie. Comme quoi la manière de Carrier ne semble pas s'être modifiée depuis le premier roman de la trilogie.

Des récurrences significatives

À cet égard, il me paraît éminemment utile de souligner les innombrables redites qui parsèment ses œuvres depuis ses recueils de poésies et qui peuplent son imaginaire. Nous avons vu les souvenirs d'enfance et d'adolescence de Philibert, dont les plus significatifs sont sans nul doute la saignée et l'écorchage du cochon auxquels le narrateur nous fait assister dans *La guerre, yes sir!* ainsi que le métier de fossoyeur qu'exerce son père Arsène. Rappelons aussi deux épisodes qui reprennent à leur façon le « yes sir! » du premier roman de la trilogie. Philibert se cherche-t-il du travail pour survivre dans la grande ville? Il s'empare d'une pelle, déblaie à grands renforts de bras des allées qui conduisent à des maisons cossues d'où il espère recevoir une rétribution pour sa peine. Inutile, toutes les portes restent fermées, sauf une, enfin, où une dame le bourre de brioches (p. 40-46). « La dame rit en disant quelques mots incompréhensibles. Il répond : "yes sir" à tout ce qu'elle dit. Il ne connaît [pas] d'autres mots anglais » (p. 43). C'est pourquoi il ne sera pas difficile à son hôtesse de l'entraîner dans son lit et de l'initier à l'amour. Scène suivante : rencontre-t-il deux soldats en goguette? Ceux-ci lui demandent : « – Qu'est-ce que tu veux, petit Christ? – J'suis pas un petit Christ répond Philibert. Moi, j'suis un petit ciboire » (p. 48). Les deux militaires de s'esclaffer, puis de répéter leur question : « Qu'est-ce que tu veux? hoquette un des soldats. – La guerre, dit Philibert. – Quand on a une face de petite fille jamais torpillée, on cherche pas la guerre ! – La guerre, c'est nous ! Yes sir ! » (p. 49). Le soldat Lavigueur lui montre une photo de Hitler puis tente de lui donner un coup de « sa grosse botte cloutée » (p. 50). Mais, en habitué, Philibert esquive le coup. Lavigueur et Lafortune lui montrent alors « à faire gauche droite », sur l'assentiment du garçon. « Lavigueur [...] se jette dans la rue en marchant comme s'il paradait sur la place d'armes, avec des tiges de métal dans les articulations. » Philibert les imite. « Lavigueur et Lafortune lui font l'accolade, le lèchent, le bourrent de coups : ils ont découvert un frère » (p. 50). Cette scène rappelle évidemment celle où Bérubé en colère avait donné toute une leçon de discipline militaire à Arsène qui s'était moqué de la guerre (*GYS !*, p. 81-90).

Pour faire bon compte, énumérons les récurrences verbales et symboliques que nous avons rencontrées jusqu'ici depuis les recueils de poésies : neige, terre, boue, glace, nuit, sang, cochon, fiente, main, oiseau, fleur rouge, cœur, jeune fille, radio, pain, tourtière, alcool, cendres, ville, fenêtres, cercueil, fosse, serpent, Anglais, guerre, explosion, campagne, lacs et montagnes, forêt, ainsi de suite. Cette énumération parle par elle-même et démontre le combat interminable que se livrent la vie et la mort chez les personnages de Carrier.

Notes

1. « Roch Carrier au Canada anglais », dans *Œuvres et critiques*, XIV, 1 (1989), p. 101-113, et « La réception des romans de Roch Carrier, au Québec et au Canada anglais, ou le syndrome Krieghoff », dans *Le roman contemporain au Québec (1960-1985)*, p. 197-213.
2. « Il était si vieux, Anthyme, que ses fils commençaient à mourir » (p. 47). Il faut donc supposer que, marié à vingt ans (voir

Floralie, où es-tu?), Anthyme reçoit dans son cercueil le plus jeune de ses dix garçons (p. 104), ce qui le place au-delà de 70 ans, si l'on suppose une maternité à tous les deux ans. Quant à « la mère Corriveau », elle est « engloutie dans sa graisse » (p. 52).

3. Mikhaïl Bakhtine, *L'œuvre de François Rabelais et la culture populaire au Moyen Âge et sous la Renaissance*, chapitre II, « Le vocabulaire de la place publique dans l'œuvre de Rabelais », *passim*.

4. Bakhtine, *op. cit.*, p. 264.

5. *Ibid.*, p. 168, note 1, et *passim.*

6. *Ibid.*, p. 30.

7. Bakhtine, *op. cit.*, p. 198 ss., chapitre III, « Les formes et images de la fête populaire dans l'œuvre de Rabelais ».

8. Bakhtine, *op. cit.*, p. 20.

9. On ne manquera pas de lire l'intéressant chapitre-synthèse du mémoire de maîtrise de Suzanne Bienvenue, « Roch Carrier. Du carnavalesque à la parodie », chapitre II, « Le carnavalesque », folios 23-53, où l'auteure décrit les « principaux indicateurs » du carnavalesque : « le rire, la participation générale, la langue, la sexualité, la fécondité, l'enfer, le rêve, le grotesque, le diable, la folie, le rabaissement, le couronnement-découronnement ».

10. Louise Fleming, « Étude comparative entre le roman et la pièce de théâtre *La guerre, yes sir!* de Roch Carrier », M.A., McMaster University, 1977, p. 22.

11. Voir à ce propos Bakhtine, *op. cit.*, p. 161-163, par exemple.

12. *Matth.*, XXI, 12, et *Marc*, XI, 15, *Luc*, XIX, 45-46 et *Jean*, II, 14-16.

13. Voir à cet effet *Les structures anthropologiques de l'imaginaire*, p. 58-60, 97-99, 223-224 et 247-251 particulièrement.

14. Durand, *op. cit.*, p. 24.

15. Voir à ce propos le mémoire de maîtrise de Lise Surprenant, « La nuit dans trois romans de Roch Carrier », chapitre I, p. 16-35. V. p. 19-22.

16. Durand, *op. cit.*, p. 78.

17. Voir le chapitre intitulé « Du denier au bâton », aux pages 352 à 354.

18. *Ibid.*, p. 391.

19. *Ibid.*, p. 427. Voir également Lise Surprenant, *op. cit.*, p. 28-29.

20. Pierre Laberge, « Le dernier roman de Roch Carrier. *Il est par là, le soleil* ou la fascination de l'échec », *L'Action,* 8 mai 1971, p. 21.

21. Je me permets de rapprocher ce patronyme de celui de Ratablavasky créé par Yves Beauchemin dans *Le matou* (1981).

22. Lettres à l'abbé Casgrain. V. *Écrits du Canada français,* n° 17, 1964, p. 224.

CHAPITRE 4

LE DEUX-MILLIÈME ÉTAGE

Le quatrième roman de Roch Carrier s'inscrit dans la même démarche que son premier par les moyens mis en œuvre pour soutenir sa fiction. Le romancier poursuit sur sa lancée en ramenant maintes allusions à des sujets qui lui sont chers et en réutilisant les mêmes procédés de carnavalisation. C'est ce à quoi je vais m'attarder plus particulièrement dans ce chapitre, non sans souligner au passage des éléments secondaires qui ne sont pas, cependant, inutiles au développement de son affabulation.

Un roman social ?

Le deux-millième étage semble donc s'insérer dans un mouvement social de prise de conscience survenu lors des rénovations urbaines qui avaient cours dans quelques grandes villes du Québec, entre autres Montréal et Québec, dans la décennie 1970 et qui permettaient la démolition systématique et plutôt sauvage de quartiers pauvres pour faire place à des gratte-ciel et à des autoroutes urbaines. Dorval, non autrement nommé, comme les soldats Corriveau et Bérubé dans *La guerre, yes sir!*, propriétaire d'un petit immeuble de deux étages réduit à l'état de taudis, s'oppose à sa démolition et, avec l'aide de ses locataires, entreprend une résistance en règle contre les « maudits capitalistes », des Anglais, bien sûr, qui veulent les évincer au nom du Progrès, entendons de l'argent. Le leitmotiv « I' me démoliront pas » deviendra le titre de la version anglaise, *They won't demolish me!* Dans une entrevue accordée à Micheline Lachance, Roch Carrier semble donner la réplique à certains critiques, qui ont mal saisi le sens de l'œuvre et la manière du romancier : « Ce qui m'intéresse, c'est de mettre des personnages en situation. L'humour vient de leur rapport avec la vie. L'humour, c'est aussi la porte qu'il y a au fond de la tragédie. Je tiens à garder cette porte ouverte, une porte de salut. L'humour montre qu'un homme maîtrise sa destinée[1]. »

Carnaval et carnavalisation

La démolition du quartier et particulièrement de la maison de Dorval est présentée comme un « jour de fête » (p. 31) par le propriétaire lui-même qui s'empresse de convier tous et chacun à se régaler de bière gratuite. Cette fête de la démolition, c'est-à-dire de la mort de la maison, nettement apparentée à celle du mort, le soldat Corriveau, dans *La guerre, yes sir!* comporte son « roi », comme dans la fête des fous au Moyen Âge : « [I]l étendit les bras dans la nuit seule de son quartier anéanti. Il résisterait. Dorval était le roi de ce domaine » (p. 54). Le cercueil de Corriveau, ou Corriveau dans son cercueil, constitue le point central du roman, de même que la maison de Dorval, ou Dorval dans sa maison, forme le personnage principal vers lequel convergent tous les regards et toutes les énergies des locataires et des démolisseurs.

Dorval devient le roi de la fête, un peu à la façon de Corriveau qui l'est lors de la veillée au corps, de la veillée de *son* corps. La truculence des situations, la verdeur des personnages et de leur vocabulaire, le rapprochement tragi-comique des faits confirment le processus de carnavalisation.

La fête de la démolition

Pour caractériser nettement la fête de la démolition du quartier dans lequel habite Dorval, le narrateur souligne à plusieurs reprises l'allure de la « cérémonie » qui se déroule sous les yeux des résidents, propriétaire comme locataires. Si j'ai déjà signalé que Dorval se considère comme le roi de cette fête, il convient de ne pas oublier quelques passages où les démolisseurs eux-mêmes estiment que leur travail tourne à la fête.

> Depuis plusieurs heures, l'impatience de moteurs, les crissements du métal, cette symphonie du bonheur de détruire avait une intensité grandissante, un timbre de plus en plus sonore et le chœur des voix d'acier se multipliait; cela ne semblait pas appartenir à la réalité mais à l'écho de quelque rêve (p. 44-45).

Dorval jette-t-il un regard vers *sa* rue (p. 16, 28) dont « les maisons avaient déjà été grugées » (p. 45), il constate avec colère : « Ces rats auraient bientôt tout dévoré. La rue était remplie d'hommes qui semblaient en fête. Dorval n'en connaissait aucun. – Allez au Diable!, cria-t-il » (*ibid.*). Il est bel et bien le roi de son domaine, de son quartier, de sa rue, mais un roi ivrogne et lubrique qui ne cesse d'avaler des quantités incroyables de bière et de courir aux trousses de sa locataire

Mignonne Fleury, putain de métier qui l'entraînera jusqu'au « deux-millième étage » du gratte-ciel érigé près de sa maison, c'est-à-dire au 2551 (p. 162), ce même « deux-millième étage » d'où semblaient tomber les parachutistes à la guerre (p. 59).

La fête présidée par le « roi Dorval » se déroule dans une atmosphère de carnaval. Les locataires forment un « chœur en colère » (p. 9), présenté, devant un inconnu venu faire l'amour avec Hildegarde, comme « le chœur des anges célestes » et qui entonne un « hymne » sur l'air populaire de « On va n'avoir du plaisir/On va n'avoir [d']l'agrément » (p. 33). Cowboy, déguisé en chanteur western, pince les cordes de sa guitare pour accompagner ses chansons (p. 8, 43, 48-49, 79, 87, 103, 164, 165, 166). Nous voici en pleine épopée romantique, dont le héros, Dorval, défenseur des prolétaires (p. 25, 26), leur père en quelque sorte (p. 49), offre la bière (p. 19, 49, 86-87, 124), la boisson des guerriers, des révolutionnaires de taverne, en plus d'héberger la putain Mignonne Fleury qui s'offre à prix d'argent. On boit donc des quantités énormes de bière, une des deux armes véritables du proprio avec le sexe. Pour convaincre ses locataires, Dorval se fait pour ainsi dire leur chef syndical et, empruntant le vocabulaire à la mode, résume d'une façon caricaturale et grotesque l'idéologie marxiste opposant prolétaires et capitalistes (p. 11, 26, 31, etc.), quand il s'adresse aux uns et aux autres. Voilà des thèmes de prédilection chers aux idéologues de la Révolution tranquille, les porte-parole du groupe Parti pris, entre autres, Paul Chamberland, Pierre Maheu, etc.

La lutte, ponctuée de blasphèmes, de jurons et d'obscénités (p. 89, 108, 134, etc.), comme dans *La guerre, yes sir!* n'est-ce pas?, s'engage dans une loufoque chasse aux Anglais (p. 91-106). De leur côté, les Laterreur Brothers, aux mœurs équivoques, sinon déviantes ou homosexuelles, exercent leurs talents de lutteurs à l'Aréna Maurice-Richard où, malgré les termes de leur contrat, ils *démolissent* les Russes Titov et Papov (p. 20-23). Mais, un soir, c'est au tour des Gorgeous Glassgo Brothers de ne pas respecter leur contrat et de démolir les Laterreur Brothers. Devant l'affront, le « chœur des locataires » désigne l'ennemi à attaquer : les Anglais. « La chasse est ouverte. Vous savez que le gouvernement donne des primes aux chasseurs de loups. Il achète les oreilles à la paire. Moi-même, personnellement, j'donnerai une prime spéciale à chacun de vous qui me rapportera une paire d'oreilles d'Anglais », promet Dorval (p. 91). Les gens s'éparpillent dans les rues. Les Laterreur tombent à bras raccourcis sur « un Anglais né en Chine » qui leur baragouine une protestation, tandis qu'une voiture de police les pourchasse. De son côté, la Vieille intercepte un passant qui s'empresse de la violer en retroussant sa jupe. « Vive l'Angleterre ! », s'écrie-t-elle pendant qu'elle entend son violeur réciter le *Confiteor*, puis le *Kyrie eleison.* « C'était un vrai Anglais. I' parlait seulement anglais. I' avait itou des manières anglaises : une douceur... », soutient-elle. Après la satire féroce du prétendu sport de la lutte, nous sommes en pleine dérision du sacré, surtout quand le lecteur, mais pas la Vieille, découvre qu'il s'agissait d'un séminariste en goguette (p. 94).

Cérémonies

De leur côté, les « capitalistes » tiennent une « cérémonie politique » (p. 25) regroupant plusieurs délégués et représentants de délégués, pour inaugurer la construction du nouveau quartier et, devant les insultes bien senties que leur lance Dorval, saluent l'opposition et la démocratie (p. 27). Le soir, tout en scandant les syllabes Ré...sis...tan...ce, il s'endort au rythme de sa chaise berceuse, comme Vieux-Thomas dans *Il n'y a pas de pays sans grand-père.* « À l'extérieur, une nuit épaisse avait déjà démoli le quartier » (p. 27), commente le narrateur omniscient qui reprend ainsi le leitmotiv lancinant de la nuit qui apparaît dans plusieurs romans de l'auteur, et ici en particulier (p. 15-16, 37, etc.).

Devant la résistance armée de Dorval qui pointe une carabine en direction d'un employé en démolition médusé et ahuri par les propos incohérents dans lesquels il lui rappelle des souvenirs de guerre et déclare être communiste, celui-ci amène en renfort un jeune prêtre, goupillon en main, pour l'exorciser. « Que pouvait la carabine contre le goupillon? », nargue le narrateur (p. 69). L'aspersion d'eau bénite suivie de formules latines appropriées insulte Dorval qui, à la fois en colère et plein de moquerie, se livre soudain à une danse frénétique destinée à faire sortir le diable de son corps. Aussitôt pleuvent les coups de feu : « Mon diable est sorti et i' veut vous donner une raclée », menace Dorval (p. 71). L'employé et l'abbé de prendre leurs jambes à leur cou. Voilà une des plus belles scènes carnavalesques du roman.

La grève

Prolétaires contre patrons, c'est ainsi qu'il faut voir tout mouvement de grève dans le domaine ouvrier, semble avancer le narrateur. Au cours de la « fête de la démolition » s'organise spontanément un mouvement de protestation contre les capitalistes qui exploitent la sueur de leurs employés. Aussi peut-on lire sur les pancartes qui accompagnent le défilé : « On veut des piasses pour vivre. Sueurs = $ » (p. 133). Dorval, le profiteur, saisit l'occasion pour se lancer dans une violente diatribe qui utilise le vocabulaire marxiste à la mode : « Résistance!, cria-t-il. Résistez! Le peuple est avec vous. Les maudits capitalistes, i' boivent vos sueurs, i' sucent votre sang.

Résistance ! » (*ibid.*). C'est là le discours qu'il répétera à satiété. Cela ne l'empêche pas de recevoir un œuf qui s'écrabouille dans sa face, les grévistes ne voulant « pas de bave à menteries » (p. 134). Humilié, « Dorval crach[e] le nom de tous les objets sacrés qu'il conna[ît] » (*ibid.*), puis, après avoir bu force bières, se joint « à leur promenade ennuyée, mais résolue » (*ibid.*). Tous les éléments de carnavalisation sont en place : un défilé d'ouvriers avec pancartes, un (des) discours, des jurons. Dorval scande-t-il si bien « Ré...sis...tan...ce ! Ré...sis...tan...ce ! » qu'on le considère « avec respect » (p. 135) comme un chef syndical. Son action est cependant interrompue par le retour inopiné, inespéré de Mignonne Fleury qui, apitoyée par le sort des pauvres ouvriers en grève, s'offre à faire leur bonheur durant cette longue épreuve. « Tu veux que ma maison devienne un bordel ? », lui demande Dorval. « Aimerais-tu mieux que j'sois contre les syndicats ? », lui rétorque-t-elle dans une réplique... sans réplique (p. 137). « [O]n veut de la fesse. Toi Dorval, et moi, on va leur en fournir », décide-t-elle, substituant soudain son autorité de reine des putains à celle du roi Dorval. Sitôt dit, sitôt fait : le défilé des grévistes se transforme en file d'attente devant la maison de Dorval, le tiroir-caisse ne cesse de sonner, c'est la richesse qui afflue. Voilà, paradoxalement, Dorval transformé en capitaliste. Même la Vieille se joint au mouvement jusqu'à ce qu'elle en crève, puis jusqu'à ce qu'on traite Dorval de « gros maudit capitaliste » (p. 146). Ulcéré, celui-ci offre la gratuité aux grévistes. C'est la bousculade, tout le monde fait la queue... Renversement dérisoire de la situation, carnavalisation totale, la fête atteint son paroxysme dans un déchaînement populaire.

Soudain, la fête est suspendue : le maire en personne, escorté d'une voiture de police, vient goûter au fruit défendu. Ici, le narrateur se permet une douce satire du monde politique officiel qui frise la caricature. Cette scène hautement ironique est renforcée par le reportage télévisé auquel se prêtent avec une fierté innocente les ouvriers qui répondent niaisement aux questions des reporters en ponctuant automatiquement leurs « arguments » de jurons. Autant la tension semblait palpable durant la grève, autant la note qui en annonce la fin la relâche-t-elle brusquement. Voilà donc un des épisodes les plus carnavalisés du roman qui s'achève. Comme nous l'avons constaté, les principaux éléments du carnaval ont contribué à mettre en scène une fraction importante de la vie du peuple, comme Bakhtine s'est plu à la représenter.

Les lieux du carnaval

Cette fête populaire se déroule dans un espace hautement caractérisé. La description du décor ambiant ne laisse aucun doute là-dessus. D'abord, le narrateur situe l'action à la ville, contrairement aux deux premiers romans de sa trilogie où, dans le troisième, le protagoniste, Philibert, allait faire une incursion pour se trouver du travail. Ensuite, il place ses personnages en plein quartier ouvrier délabré, voué à la démolition et destiné à recevoir un premier gratte-ciel. Un seul propriétaire résiste au projet et entend continuer à vivre dans sa maison, même si elle est devenue un taudis. Dorval visite-t-il une maison voisine, abandonnée, elle ressemble à la sienne. « Une odeur de pourriture, surgie de la terre profonde, avait imbibé le vieux bois, le vieux plâtre, la brique. Des insectes et des rongeurs moisissaient sans doute le long des soliveaux. C'était une chaleur de brique, de macadam, de goudron. [...] Tout était, dans cette nuit, sur le point de s'écrouler » (p. 36).

Malgré tout, Dorval répète inlassablement : « I' me démoliront pas. » Hélas! l'entreprise de démolition et de déménagement est déjà amorcée et la longue énumération que fait le narrateur décrit les possessions misérables des personnes déplacées qui s'entassent dans des camions. Dorval doit se rendre à l'évidence : le quartier sera entièrement rasé. Donc trois lieux d'occupation successifs : le quartier et ses maisons délabrées, avec ses rues, ses rares arbres et ses gazons anémiques, la maison de Dorval, puis le gratte-ciel en train d'être érigé à côté. Parler d'un quartier d'une ville, c'est revenir aux thèmes chers à Carrier dans ses recueils de poésies dont le vocabulaire décrit quelques éléments typiques propres à la ville : asphalte, murs, brique, suie, etc. Peindre la maison de Dorval, c'est évoquer un immeuble minable : l'escalier, deux étages, la cuisine, la grande table familiale des Marchessault, jonchée de vaisselle sale et des pièces d'un moteur en réparation, le réfrigérateur rempli de bouteilles de bière, la télévision, la chaise berceuse, les chambres diverses occupées par les locataires, en particulier celle de Mignonne Flaury, où se succèdent les clients avides de sexe, le sous-sol occupé par le Nègre toujours nu, tout cela, et bien d'autres détails encore, contribue à décrire le milieu sordide où grouille cette pauvre faune humaine.

À côté, s'élève un « arbre de Ville », un arbre de vie, qui écrase de sa masse imposante tout le quartier et, en particulier, la maison de Dorval. Au trou creusé par les bulldozers succède bientôt un immeuble, un « arbre de Ville qui grandissait avec affolement » (p. 131). Or, ce qui frappe le plus dans cette opposition, c'est le phénomène de la verticalité, que j'oppose à celui de l'horizontalité représentée par les coucheries du bordel improvisé. Ce qui prime ici, c'est bien ce que Gilbert Durand appelle « l'héroïsme de l'ascension[2] », « avant tout échelle dressée contre le temps et la mort[3] », précise-t-il, caractérisé ici d'une façon proprement burlesque, carnavalisé d'une façon loufoque par la quête du sexe. En effet, le bedonnant Dorval se lance à la poursuite essoufflante de Mignonne Fleury qui a installé ses pénates dans le gratte-ciel tout neuf, au 2551, au « deux-millième étage » (p. 162), selon le calcul erroné de Dorval, en réalité le vingtième, pour recevoir ses clients. D'échelle en échelle, d'abord dans le gratte-ciel en construction, il ne parvient pas à mettre la main sur sa proie, puis, quand l'immeuble est terminé, il arrive à l'appartement rutilant de Mignonne qui l'évince dédaigneusement, ce qui le fait même songer au suicide, un moment. Ayant réintégré sa maison sur le point de s'effondrer, il reçoit la visite de Barnabé Marchessault qui, à force de patience, a obtenu finalement son diplôme officiel de démolisseur. « C'est moé qui vas te démolir » (p. 168), jubile son locataire, le bouffon du roi. « Dans chaque culotte de maudit pauvre, cracha Dorval, y a un cul de capitaliste qui se cache ! » (*ibid.*). Quand il veut aviser Cowboy, son « fou », du renversement de la situation, il trouve celui-ci pendu au moyen d'une corde de sa guitare. Si l'on voulait pousser plus loin le côté dérisoire de la carnavalisation de l'espace vertical, on soutiendrait avec Mircea Eliade, cité par Durand, que « l'escalier, l'échelle [et pourquoi pas l'ascenseur ?] figurent plastiquement la rupture de niveau qui rend possible le passage d'un mode d'être à un autre[4] », en l'occurrence ici l'échec de Dorval. Sa maison sera, en fin de compte, démolie pour faire place, comme les maisons environnantes, à un quartier moderne. Voilà donc le roi Dorval détrôné, « réduit à l'impuissance[5] », et qui subit une « défaite amère[6] ». Celui-ci, ajoute Renald Bérubé, « reste seul avec ses propres visions d'avenir[7] ».

Si nous revenons à une déclaration de Dorval, nous pouvons rapprocher le sacré et le profane : « Ma maison, c'est sacré comme moi-même. J'ai pas envie de me décocrisser moi-même os par os » (p. 133). Invoquant encore Eliade[8], nous pourrions continuer d'opposer la maison de Dorval, sa rue, son quartier, cet espace sacré, au gratte-ciel, qui y prendra place dans une sorte de chaos profane, celui de la démolition par les bulldozers qui ne respectent rien, en somme de la désacralisation de l'espace premier. La fin tragi-comique des événements en confirme la carnavalisation à un degré suprême que certains critiques, toutefois, semblent avoir mal saisie.

La hantise de la guerre et de la mort

Quand un petit homme en salopettes, qu'il apostrophe en l'appelant « le Chauve », se présente à sa porte pour lui signifier que sa maison sera démolie, Dorval lui rappelle qu'il est « un héros de la guerre » et évoque les souvenirs qu'il en a conservés. C'est presque essentiellement ce passage qui est repris dans le « micro-théâtre » paru dans *Écrits du Canada français*[9] comme l'indique Carrier dans une note préliminaire : « J'étais occupé à la rédaction de mon roman *Le deux-millième étage* (Éd. du Jour) quand André Major me commanda une pièce pour la radio. J'eus l'idée, alors, de rassembler en un seul monologue plusieurs soliloques du personnage principal qui sont dispersés dans le roman. » Voilà qui nous renseigne sur le sens du terme « micro-théâtre », à la fois petite pièce de théâtre et destinée à être lue au micro de la radio. Dorval rappelle à son « auditeur » la pénible traversée de l'Atlantique en bateau (*DME*, p. 50), son parachutage en territoire français, sa rencontre avec une résistante, qu'il nomme Jeanne-la-Pucelle, avec laquelle il aurait bien voulu faire l'amour, « enfiler cette petite perle parfumée dans la nuit » (*DME*, p. 61), son apprentissage du « vrai français de France » et de la calligraphie française, enfin les menées de la Résistance (*DME*, p. 58-66), qui est à rapprocher évidemment de la petite résistance de Dorval à la démolition de sa maison, qu'il assimile à la guerre : « C'est la guerre ! » (p. 39), s'écrie-t-il. Le mot revient ensuite à plusieurs reprises dans sa bouche. « *Vouloir faire l'amour, c'est un signe de vie* » (*ÉCF*, p. 148, je souligne), proclame-t-il, dans la foulée de *La guerre, yes sir!* L'auteur a ajouté un élément qui ne figurait pas dans le roman. Comme le soldat Dorval ne « voulai[t] pas devenir fou à voir la chevelure de Jeanne se balancer, à voir ses hanches danser devant [lui], à voir la nuit tanguer comme une mer » (*ÉCF*, p. 149) et s'apprêtait à tirer un coup de carabine vers le ciel, la jeune femme agrippe sa main pour l'en empêcher : « Ne trouvez-vous pas qu'il y a trop d'hommes, cette nuit, qui font du bruit sur la terre? » La réplique finale de Dorval reprend ses mots, qui forment le titre du micro-théâtre. Remarquons que Dorval, dans la pièce radiophonique comme dans le roman, évoque ses souvenirs en se berçant. « Dans sa chaise berceuse qu'il avait achetée parce qu'elle ressemblait à celle où sa grand-mère avait bercé les dernières années d'une vieillesse souriante, Dorval scandait les syllabes Ré...sis...tan...ce..., Ré...sis...tan...ce » (*DME*, p. 27). Signes évidents de la vie qui s'écoule sans nécessairement émousser les souvenirs qui forment souvent la trame narrative des œuvres de Carrier. Encore une fois, c'est l'immense appétit de vivre qui caractérise le peuple.

Notes

1. Micheline Lachance, « L'humour montre qu'un homme maîtrise sa destinée », *Québec-Presse*, 30 septembre 1973, p. 25.
2. Gilbert Durand, *Les structures anthropologiques de l'imaginaire*, p. 141.

3. *Loc. cit.*, p. 140.

4. *Ibid.*, p. 141.

5. Ivanhoé Beaulieu, « Roch Carrier démolisseur », *Le Devoir,* 15 septembre 1973, p. 14.

6. Renald Bérubé, « *Le deux-millième étage* », dans *Livres et Auteurs québécois,* 1973, p. 18.

7. *Loc. cit.*

8. Mircea Eliade, *Le sacré et le profane,* chapitre premier, « L'espace sacré et la sacralisation du Monde », *passim.*

9. « Il y a trop de bruit sur la terre. Micro-théâtre », *Écrits du Canada français,* n° 38, p. 135-149.

CHAPITRE 5

LE JARDIN DES DÉLICES

Le cinquième roman de Roch Carrier plonge dans l'hybridation la plus singulière en amalgamant fantastique, carnaval et mythe dans un débridement peu commun des désirs et des passions populaires. Le processus de carnavalisation s'y exerce particulièrement dans les première et troisième parties, à l'Auberge du Bon Boire d'abord, finalement dans l'ensemble de la place publique que constitue le village.

L'Auberge du Bon Boire

Trois volets, en effet, comme le fameux triptyque du « Jardin des délices terrestres » de Jérôme [Hieronymus] Bosch qui illustre la couverture de la première édition du roman et lui donne son titre, en répartissent la matière. En première partie, nous assistons au discours déclencheur de J.J. Bourdage, bonimenteur, fourbe, malhonnête, qui fait miroiter l'appât de l'or aux yeux des paysans peu instruits et pauvres rassemblés à l'Auberge pour boire un coup à la fin de leur dure journée de travail. Voilà le germe semé dans les esprits et les cœurs, à tel point que deux larrons du village, Gros-Douillette et Petit-

Lecourt, s'en vont nuitamment détrousser la tombe du riche notaire Caillouette dont ils ont appris qu'il s'était fait enterrer avec sa fortune. Le viol sacrilège est suivi de la répartition des biens entre les deux compères qui ont cependant oublié, dans leur fuite précipitée causée par l'apparition du prétendu fantôme du défunt, d'éteindre son briquet en or placé près d'un tas de bûches d'érable empilées dans le sous-sol de l'église et destinées au chauffage pendant l'hiver à venir. Retour à la case départ, c'est-à-dire à l'Auberge où, désormais riches, pensent-ils, ils offrent libéralement une tournée générale. Mais l'église flambe, à la suite de quoi madame Gros-Douillette traîne son mari coupable au presbytère : il doit se confesser illico pour éviter le feu de l'enfer. Chose étonnante : Miss Catéchime, la professeure d'enseignement religieux à l'école du village, est étendue, bras en croix, dans le lit du curé, dont on a forcé la porte. Pendant ce temps, la vieille Démeryse, paralysée des jambes depuis nombre d'années, va sauver les Saintes Espèces, puis revient mourir dans son lit, sous lequel le curé retrouve *son* trésor. Double miracle, pense-t-il. Gros-Douillette, quant à lui, était entré dans l'église où, soudain doué d'un pouvoir extraordinaire, il joue à l'orgue son hymne mortuaire. Meurtre ou suicide? Pendant ce temps, la femme de Petit-Lecourt s'est empressée d'attacher son mari à la chaîne et à la place de son chien Arthur.

Le processus de carnavalisation

Déjà est mis en place le processus de carnavalisation : dans cette place publique de l'Auberge se déroule un rassemblement ponctué de plaisirs variés qui manifestent sans conteste la vie du peuple : la boisson, le rire des bonnes blagues, la musique endiablée, la danse, tout cela assaisonné des discours alléchants de J.J. Bourdage qui allume la « maudite soif de l'or », l'« *auri sacra fames* », selon le vers fameux du poète latin Virgile (*Énéide*, III, 57) dans l'esprit des habitants. Quant au viol de la sépulture du notaire, il tombe sous le coup du sacrilège, car il doit être perçu comme une profanation du sacré, une *désacralisation*, pour employer les termes de Bakhtine. Or cette forme de désacralisation se déroule dans le sous-sol d'une autre place publique, l'église, ce qui en accentue le caractère profanateur. Bien plus, une scène suprêmement irrévérencieuse se passe au presbytère même, autre lieu public, mais dans le secret de la chambre du curé, le représentant officiel de Dieu sur la terre, surpris dans le jardin des délices de la chair. Sa nudité s'offre dans toute sa splendeur (!) « sous l'étole sacramentelle » (p. 52) Pour employer encore un terme de Bakhtine, nous assistons, éberlués, au « détrônement » du curé surpris dans ses faiblesses d'homme pécheur. De plus, celui-ci semble fort préoccupé par les richesses terrestres, témoin l'extrême joie qu'il ressent lorsqu'il retrouve *son* trésor caché sous le lit de Démeryse.

Nous avions observé des formes semblables de détrônement dans *La guerre, yes sir!*, lors du sermon du curé, à l'occasion des funérailles du soldat Corriveau, puis dans *Floralie, où es-tu?*, où se révèle encore la faiblesse de la chair du père Nombrillet, qui vient tout près de succomber aux attraits physiques de Floralie. Le portrait serait incomplet si j'oubliais de mentionner que, l'église détruite, les cérémonies dominicales du culte se dérouleront à l'Auberge du Bon Boire, réaménagée pour les circonstances. Rabaissement suprême du temple de Dieu. À la suite de son aveu, Gros-Douillette reçoit une grêle de coups du curé et de Miss Catéchime. C'est le comble de la dérision dans laquelle se complaît le narrateur avec un plaisir appuyé. La scène tourne au loufoque : Miss

Catéchime revêt même une soutane du curé dont elle se déguise pour leurrer le couple Gros-Douillette.

Lorsqu'ils arrivent au cimetière, les deux voleurs d'occasion trouvent le moyen de plaisanter pour essayer de calmer leur peur : « Icitte, les pensionnaires déménagent pas ben ben souvent » (p. 14). Creusent-ils pour atteindre le cercueil, ils souhaitent que le notaire les aide à pelleter. « Cette blague est si drôle : Gros-Douillette pousse un rire comme un cri que les échos du pays se transmettent de cimetière en cimetière » (p. 15). Aperçoivent-ils le cercueil, ils frappent à petits coups de pelle pour en tâter la dureté. « On est polis en maudit, fait Gros-Douillette, on frappe avant d'entrer » (p. 16). Quand la flamme de l'allumette s'éteint, Petit-Lecourt demande : « C'est toé qui a[s] soufflé? — Non, assure Gros-Douillette, j'ai assez peur que j'respire pas. — Notaire r'tenez votre souffle », plaisante le premier (*ibid.*). Puis, lors de la découverte de la cassette rouillée, Petit-Lecourt observe : « Pauvre notaire. Avec sa religion de fous, i' s'est fait fourrer autant que le reste des mortels avec la nôtre » (p. 19). Est-ce bien là un commentaire du personnage ou de l'écrivain-narrateur, est-on en droit de se demander. Enfin, avant de quitter le cimetière, les deux voleurs essaient encore de blaguer : « On a beau essayer de l'aider, dit Gros-Douillette, pelleter la montée, ouvrir la porte, le Notaire veut pas sortir » (*ibid.*). L'alliance du comique et du tragique trouve ici une concrétisation évidente, d'autant que le rire, insiste Bakhtine, est le propre de la fête populaire, du carnaval.

Une multitude de détails secondaires viennent confirmer le caractère carnavalesque de cette première partie, qui se déroule dans une atmosphère populaire rappelant les démonstrations médiévales sur lesquelles Bakhtine appuie sa démonstration : en plus des plaisanteries déjà signalées et des rires qu'elles suscitent, voici les hallucinations (p. 16), la note des embaumeurs, le scotch et ses effets troublants (p. 24-25), la frousse incontrôlée causée par les ombres (p. 27), puis l'incendie de l'église qui apparaît comme « un gros diable » (p. 30) d'où s'échappe… le diable (p. 29) et dont les tisons sont « des oiseaux d'enfer » (p. 32). Quand L'Arrache-clou se présente chez Petit-Lecourt pour obtenir la clef du camion des pompiers remisée dans le coffre-fort, il rencontre un autre « coffre-fort », la poitrine de madame Petit-Lecourt. Malgré les circonstances particulièrement pressantes, ils s'empoignent avec fougue et font l'amour pendant que l'« enfer gronde dans l'église » (p. 32). Puis, lorsque Démeryse, miraculeusement remise sur pieds, « avance dans la caverne de feu creusée dans la nuit » (p. 36), elle profère une longue diatribe contre les « couillons d'hommes », le curé y compris, qui « ont toujours peur de faire mal à leurs petites boules » (*ibid.*). Elle sauve les Saintes Espèces malgré les dénonciations virulentes du curé qui, en chaire, jurait « qu'elle était dans le village le diable en personne » (p. 37). Rappelons-nous le curé qui dénonçait dans des termes semblables les péchés de la chair de ses ouailles, dans *La guerre, yes sir!* Démeryse sauvera en même temps les vases sacrés en or auxquels est si attaché le saint prêtre.

Quand le roman se fait contes

La deuxième partie, qui s'étend sur quatre-vingts pages, met en évidence le procédé du conte si cher à Carrier depuis *Jolis Deuils.* L'hiver est arrivé, la vie se déroule au ralenti. Plusieurs villageoises et villageois réunis autour du poêle qui ronfle « se bercent, tricotent, songent, fument » (p. 66) et se racontent les exploits variés qui ont fait l'histoire du village. L'ombre du notaire décédé plane sur les hauts faits du

Cordonnier qui a conçu ses « souliers d'enterrement » spéciaux « à semelles épaisses avec une petite fosse dedans » (p. 63) destinées à camoufler ses trésors; de la couturière Imelda Boucher qui lui a confectionné « son costume d'enterrement » (p. 65) bien rembourré comme les costumes des joueurs des Canadiens de Montréal, mais avec des dollars, laisse présumer la conteuse (p. 66); d'Aristote Fait-Toute, menuisier charpentier qui a aménagé dans le plafond de la maison du Notaire une cache au trésor; d'Imelda encore qui a confectionné un oreiller bourré d'argent; de l'indiscrète Veuve des Postes qui décachetait à la vapeur les lettres échangées entre le Notaire et sa maîtresse grecque Maryitsa et qui en révèle sans pudeur le contenu aux villageois réunis. Toutes ces révélations se font sous le signe du songe et du rêve et évoquent la richesse du thésauriseur Notaire Caillouette.

Après des pauses marquées par de simples espaces blancs, la deuxième et la troisième lexies s'éloignent de la première et tournent autour des coups pendables, des ruses et des méfaits du paresseux Constantin Généreux commis aux dépens des autres villageois : Chou Racine, Joseph-la-main-coupée, aperçu dans *La guerre, yes sir!*, Tristesse Lachance, Fred Bouffard et Auguste Albert. Remarquer en passant le procédé dérisoire appliqué aux noms des personnages. Si ces évocations ressortissent au comique populaire qui se complaît dans des situations voisines du tragique, elles semblent s'éloigner de l'argumentaire principal du roman. Pourtant…

Une tragi-comédie

L'hiver progresse, les histoires s'accumulent comme dans un roman à tiroirs : « Les hommes négligent leurs travaux et se réunissent dans les cuisines avec les femmes. Avec les mêmes gestes et les mêmes rires, ils reprennent sans cesse la même histoire » (p. 101), celle des « zizis japonais ». Il vaut la peine de s'y arrêter, car le procédé de carnavalisation qui avait marqué les premiers épisodes du roman refait surface dans une situation tragi-comique dont le lien avec le carnaval est tout à fait manifeste. Un jeune professeur bardé de diplômes, probablement un ex-religieux (p. 110), avait été engagé par la Commission scolaire du village au mois de septembre précédent. Un jour du mois de mars (p. 101), il propose à ses élèves de les initier à l'Art. Lui qui était affecté dans son ancienne institution « à la manufacture de saints » (p. 111) et dont le « travail consistait à remplir de plâtre liquide des moules de caoutchouc » (*ibid.*) n'a rien de plus empressé que de mouler les sexes de ceux qui ont accepté sa proposition, « les jeunes, les pâles, les chétifs, les blonds » (p. 112). Par la suite, à l'instigation du Professeur, les petits zizis de plastique sont semés un peu partout dans le village qui, peu à peu, en est littéralement envahi.

D'abord étonnés, les villageois, gagnés au jeu, en font bientôt le commerce, de moins en moins lucratif du jour où ils prolifèrent démesurément. Finalement, un des enfants de chœur victimes du Professeur avoue son secret au Curé. À l'Auberge du Bon Boire transformé en chapelle depuis l'incendie de l'église, le Curé se lance dans un sermon à l'emporte-pièce où il fustige ses paroissiens pour s'être laissés entraîner à la possession et au commerce de ces objets pervers que, n'osant nommer dans le lieu saint, en l'occurrence l'Auberge, il les compare à une nuée de sauterelles qui se seraient abattues sur le village, allusion biblique évidente à l'une des dix plaies d'Égypte (*Exode*, 7, 8). Comme dans *La guerre, yes sir!*, le ton du discours et les arguments invoqués frisent volontairement, sous la plume du narrateur, l'excès et le pathétique, que l'extrait suivant illustre on ne peut mieux avec sa charge insidieuse de sarcasme et d'ironie :

> Vous avez participé mes frères, crie le Curé qui a les deux poings au ciel, vous avez participé au commerce de la chair. Vous avez inscrit un prix sur le sexe de vos enfants, cette partie du corps de vos enfants que Dieu a faite à son image et à sa ressemblance et destinée à *prolonger dans l'histoire la vie de notre valeureux petit peuple* travailleur et pieux, cet instrument de notre survivance, vous l'avez profané. [...] Mes frères, avec de gros rires, vous avez fait le commerce de la chair de vos enfants (p. 115-116, je souligne).

Quand on se rappelle que c'est Miss Cathéchime qui s'est évanouie à l'église en apercevant le premier zizi japonais, les sous-entendus du narrateur, loin de réhabiliter les deux personnages, mettent en exergue leur relation coupable. Quatre paroissiens se précipitent-ils pour porter secours à la jeune femme tombée de son prie-Dieu en extase devant le Curé qui « explique que Dieu, une fois de plus, va mourir » (p. 102), allusion évidente aux Jours Saints pendant lesquels se déroule la célébration liturgique et au « détrônement » du Curé, le narrateur écrit : « Personne n'a le droit de mettre les mains sur Miss Catéchime » (*ibid.*), excepté le Curé, pouvons-nous lire en filigrane. On la transporte dehors pour lui donner de l'air, mais le vent, indiscret, soulève sa jupe « et dévoile aux bienveillants porteurs des secrets auxquels doivent rêver ses élèves les plus éveillés » (*ibid.*). Ici le sexe est une fois de plus convoqué, comme lorsque l'« orgue électrique qui, la veille, a brodé des voiles de musique sur le corps d'une danseuse qui s'épluchait de ses vêtements, essaie d'accompagner d'harmonies pieuses le vol des anges qui tournoient autour de l'autel de Dieu » (*ibid.*). Il l'est surtout dans le bref récit qu'elle fait de sa découverte, où partout affleure le sarcasme irrévérencieux du narrateur qui rapproche Miss Catéchime du Curé et dans la description involontairement comique, dont se gaussent les « quatre chrétiens [qui] s'échangent de discrets coups de coude » (p. 103) que tente maladroitement d'en donner la professeure de religion, pendant que « [l]a bedaine des quatre porteurs gargouille de rires retenus » : « Elle revenait de la sainte table où elle avait reçu le pain de Dieu des mains mêmes du Curé, de ses mains bénies, ses belles mains qui ressemblent à celles des statues, ces belles mains douces habituées aux livres saints et à la prière : "La caresse est aussi une prière", avait-il dit un jour à Miss Catéchime » (p. 103). Toujours revient donc ce rapprochement entre le sacré et le profane, dans un discours désacralisateur et ironique. À ce propos, il convient de souligner le discours aux allures marxisantes de Mimi Gros-Douillette, étudiante à l'université, qui est venue à l'Auberge du Bon Boire pour danser et dont les oreilles sont ornées de zizis japonais :

> – Calvaire, faut démystifier le sexe!

Ou bien :

> – C'est l'argent qui a amené la lutte des classes; c'est par la lutte des classes, Calvaire, qu'on va désexualiser l'argent.
>
> Les bûcherons, sortis de la forêt pour le week-end la regardent avec plaisir, mais ils n'osent l'écouter :
>
> – Cet' p'tite Christ-là nous scandalise, Viarge! (p. 105)

Une montagne de zizis se forme sur la table des bûcherons occupés par le commerce de tous ceux qu'ils ont pu trouver dans le village, pendant que la fille de Gros-Douillette tient ce langage. Puis la fête se déchaîne : les zizis pleuvent sur la piste de danse occupée par des couples enlacés, c'est « la mitraille », « un bombardement », un « champ de bataille ». « Les couples, retranchés, crient de peur et de plaisir » (p. 107). Ces mots en disent long sur l'ambiance qui prévaut lors de la fête populaire avec ses excès et ses débordements et sur l'attraction viscérale (!) qu'exerce toujours le sexe sur le peuple.

Au petit matin, l'Aubergiste débarrasse la place, car le Curé va s'amener pour célébrer la messe. « On prend pas un coup pendant qu'i dit sa messe, lui ; pourquoi c'est qu'i vient dire sa messe pendant qu'on prend un coup ? », s'insurge un client (p. 107). Le comportement des fêtards et leurs réflexions reproduisent en raccourci la fête médiévale à laquelle fait référence Bakhtine. À comparaison égale, célébration égale : le Moyen Âge québécois d'après-guerre en fait foi. De plus, le discours marxiste de Mimi se double de propos féministes : « L'Église catholique, tranche Mimi Gros-Douillette, ç'a toujours été une banque capitaliste dirigée par des mâles qui aimaient mieux l'or que les femmes » (p. 107).

Le retour de J.J. Bourdage

Ce n'est finalement qu'à la cinquième lexie de la deuxième partie que refait surface J.J. Bourdage, toujours retenu en prison et en train de ne convaincre nul autre que le Gouverneur de s'associer avec lui dans sa recherche obsessionnelle de l'or. J.J. obtient enfin une libération conditionnelle « sous réserve de bonne conduite » (p. 139). Il rapplique dans le village, dont il se rappelle avoir tenté de détrousser la maison d'un notaire rencontré quelques années auparavant à bord d'un avion rentrant d'Europe. Or ce notaire s'était vanté imprudemment de posséder deux trésors : l'amour de Maryitsa et celui de l'or.

Le déchaînement de la fête

Troisième partie. C'est le printemps et les villageois s'apprêtent à en fêter le retour tant attendu et surtout la fin de leur hibernation/hivernement, *à renaître à la vie.* J.J. arrive au village après sa libération, fait une tentative de vol à la maison du Notaire, puis expose la « Grande Affaire » aux habitants réunis à l'Auberge du Bon Boire : il s'agit d'explorer leurs terres et leur sous-sol susceptibles de contenir de l'or. À cet effet, il leur extorque un « investissement » de cinquante dollars chacun et tente de s'enfuir avec l'argent ainsi accumulé pendant que la fête se déchaîne dans l'orgie la plus complète. Tous les éléments de la fête populaire sont au rendez-vous : d'abord le boniment mensonger de J.J. et son argument assommoir : « Aujourd'hui, avec la libération de la femme, comme i' disent, un homme qui veut être à la mode est pus maître de signer un chèque sans demander la permission à sa femme » (p. 161) : « Les fermiers ont tous apposé leurs signatures sur les formules et les chèques », précise le narrateur. La célébration peut désormais commencer : « Les fermiers ont oublié veaux vaches cochons, [comme dans "La laitière et le pot au lait" de Jean de la Fontaine]. Dans un nuage de fumée plus épais que la nuit, *ça chante, ça rit, ça crie et les bouteilles dansent et pirouettent* » (p. 171, je souligne). D'autres fermiers se sentant lésés par le choix des terres qui seront éventuellement explorées se présentent en foule à la chambre de J.J. Bourdage en brandissant leurs chèques. Celui-ci, qui n'en demandait pas tant, n'a maintenant qu'une idée en tête : s'enfuir pendant qu'il en est encore temps et que la fête bat son plein. Mais, pour étouffer les soupçons, il « doit descendre au rez-de-chaussée dans *la fête grandissante* » (p. 173). Tout à coup, il entend qu'on l'interpelle « [à] travers le brouhaha des rires et des paris sur l'avenir des mines d'or dans le pays[1] » (p. 174). Nouveau discours d'inspiration marxiste de la part d'une « touffe de poil » :

> – Bourdage ! Écoute-moé ! T'es un agent de l'impérialisme américain. Tu viens acheter not' patrimoine, terre par terre, pour le restituer au grand capitalisme tentaculaire et multinational. Bourdage, t'es un traître à la nation québécoise. Bourdage, tu vis grassement de ton aliénation et tu profites de notre aliénation collective (*ibid.*).

On fait taire celui qui a proféré ces insultes et les villageois replongent aussitôt dans le vacarme et la fumée de la fête. Bourdage, piégé, « pénètre dans le nuage de la fête » (p. 175), se sent assiégé de tous côtés car on lui demande des précisions sur la recherche de l'or, tandis que lui, « il doit, une autre fois, inventer, mentir, jouer, improviser » (*ibid.*). Questions et réponses disparates fusent, parmi « des chutes de rires où l'odeur du tabac se dissout dans celle de la bière » (p. 176). L'Auberge « est devenue un immense drum sur lequel les musiciens en transes frappent au rythme des battements de leurs cœurs fous » (p. 178). Toutes les bouches proclament en chœur qu'il y a « DE L'OR » (p. 179) sous leurs pieds. À partir de ce moment, la cadence de la fête s'accélère, le rythme devient de plus en plus trépidant, c'est le « délire » (p. 180, 183) total, sans retenue, surtout quand les villageois se rendent compte qu'on parle d'eux à la télévision et de la découverte de l'or dans leur coin de pays. « Autour de lui [Bourdage], on frappe des mains, on sautille, on verse la bière, les bouches hurlent et boivent, les yeux pleurent » (p. 180).

Comme on le voit, c'est le débridement le plus complet. Les villageois, au comble du bonheur, portent J.J. en triomphe, « il est sacré empereur. Il est Dieu par-dessus de [*sic*] ses nuages. Et ça hurle là-dedans, ça applaudit, ça ovationne. Les guitares criaillent et les drummers tapent comme s'ils accompagnaient un tremblement de terre » (*ibid.*). Voilà, semble-t-il, le paroxysme de la fête, la consécration suprême de la vie populaire. Eh ! bien non. Le déchaînement final survient quand les habitants se mettent à creuser fébrilement des fosses dans les champs, que des villageois s'emparent de voitures neuves qu'un vendeur d'automobiles astucieux leur propose de payer plus tard, que les fermiers éparpillent leurs vaches dans les champs et brûlent leurs étables, enfin que s'organise une course automobile suicidaire où périssent un taureau et deux conducteurs fous.

Le réveil brutal du lendemain matin trouve les habitants dégrisés, honteux et pleins de remords. Le rêve s'est enfui, la fête est terminée. C'est que J.J., en fuite, trébuchant soudain dans une tranchée profonde creusée par Petit-Lecourt et le Cordonnier, heurte une pelle de fer et une pierre. À demi inconscient, il croit entendre le Notaire qui s'adresse à Maryitsa, sa bien-aimée. Quand il se réveille, il constate sa triste position de roi déchu. Bientôt entouré par des hommes équipés de pelles qui s'acharnent encore à piocher ici et là à la recherche de l'or, il voit sa duperie démasquée : « I' paraîtrait que de l'or, y enna pas! » (p. 212). Frappé, lapidé à mort, dégoulinant de sang, il se retrouve crucifié comme un chevreuil ou un orignal sur le toit de la Cadillac blanche qu'il avait volée. Triste fin pour celui qu'on avait considéré comme un empereur, bien plus, comme un Dieu. Le détrônement est total. Lui mort, la vie peut reprendre son cours normal dans le petit village.

Note

1. Allusion historique au village de Saint-Simon-les-Mines où l'on a exploité pendant quelques années un filon d'or qui s'est bientôt révélé insuffisant.

CHAPITRE 6

LA PÉRIODE « PHILOSOPHIQUE »

Avec *Il n'y a pas de pays sans grand-père,* Roch Carrier modifie sa trajectoire romanesque, sans nécessairement abandonner le cycle terrien, car sa veine carnavalesque semble épuisée, ce qui n'est pas tout à fait le cas, comme nous le verrons par la suite. Il faut dire qu'il l'a exploitée à fond dans *La guerre, yes sir!, Le deux-millième étage* et *Le jardin des délices.* Ne nous y trompons pas cependant, car il y fera un retour en force dans *De l'amour dans la ferraille.* Dans une interview accordée à Conrad Bernier, le romancier nie que son sixième roman représente une rupture avec ses ouvrages précédents et affirme, sans s'étendre sur le sujet, qu'« *[i]l n'y a pas de pays sans grand-père* est une suite logique à tout ce qu['il a] écrit et publié[1] ». Les trois romans qui suivent, soit celui déjà nommé, puis *Les fleurs vivent-elles ailleurs que sur la terre?* et *La dame qui avait des chaînes aux chevilles,* s'inscrivent plutôt dans la veine « philosophique », soit celle de la place de l'homme dans l'univers, la réflexion sur la vie et la mort, puis sur le pays et la femme. Deux d'entre eux reprennent chacun à sa façon le discours nationaliste québécois, dont je vais définir certains paramètres, déjà présents par ailleurs dans *La guerre, yes sir!* et

Il est par là, le soleil, puis le traitement différent qu'il subit. Quant au deuxième, il se situe plus spécifiquement dans le domaine du questionnement existentiel et, à cet égard, le protagoniste quitte pour un moment la planète terre pour se questionner sur l'au-delà.

Il n'y a pas de pays sans grand-père

« Le sujet [de l'identification collective] n'est pas à l'abri des redondances et des clichés qu'entraîne la reprise du discours nationaliste », soutient Yannick Resch, qui ajoute :

> La critique n'a pas manqué de signaler les écueils rencontrés dans un roman qui peut être lu comme une œuvre à thèse : l'embourbement idéologique du personnage de Vieux-Thomas, la simplification symbolique du petit-fils, Jean-Thomas, jeune révolutionnaire, le réquisitoire connu contre les Anglais, *le plaidoyer lyrique pour la vie d'autrefois*[2], (je souligne).

C'est précisément sur ce dernier point que je m'attarderai davantage. Pour reprendre textuellement les mots du narrateur, Vieux-Thomas, soixante-treize ans, « cloué dans sa chaise berceuse comme Jésus sur sa croix » (p. 12), image récurrente dans l'œuvre de Carrier, « crucifié à sa chaise berceuse » (p. 13), « prisonnier dans sa chaise berceuse » (p. 20), « n'a plus rien à faire que de penser » (p. 21). À quoi pense-t-il donc ? À la vie du temps jadis où tout était beau et bon, où les hommes avaient la force et le courage de travailler. Les souvenirs désordonnés et les réflexions disparates se pressent en foule dans son cerveau un peu confus : la pêche défendue, sur le lac des Anglais et sur la rivière Famine, la chasse au chevreuil, avec comme seules armes son couteau et ses bras vigoureux, activités qui reviennent à plusieurs reprises dans des descriptions et des récits d'un lyrisme émouvant, la construction de sa maison, faite de ses mains, qu'habitent désormais ses enfants et petits-enfants qui le cantonnent mesquinement, et peureusement, à l'espace étroit de sa berceuse qu'il a encore bâtie de ses mains, l'attitude humiliante de sa bru et de ses petits-enfants qui se moquent sans cesse de lui et le ridiculisent à chaque mot qu'il prononce, à chaque geste qu'il pose ou tente de poser, à chacun de ses soupirs ou grognements, qui, par crainte, le privent de sa pipe et de son tabac ainsi que de ses objets familiers, tels ses lunettes, son couteau de chasse, sa hache et ses allumettes. Il se rappelle également la vie rude dans les chantiers forestiers, la folie de son fils Dieudonné qui, refusant de continuer à travailler pour des patrons anglais, avait déversé dans la piscine du « boss » un plein chargement de bois, son expérience éprouvante comme homme des machines à bord d'un bateau, lors de la Crise, la fête de Noël chez Arsène où le mari anglais de Justine, humilié, doit décamper et céder la place à un rival. En plus de passer son temps à ruminer ses pensées et souvenirs dans un interminable mouvement de va-et-vient qui se résume à du sur-place, il lit les gros titres des journaux, souvent défraîchis, et regarde la télévision tout en continuant ses rêves éveillés. Y apprenant que son petit-fils Jean-Thomas a été arrêté lors d'une manifestation contre la reine d'Angleterre, allusion au célèbre et sombre « samedi de la matraque » du 10 octobre 1964, à Québec, puis emprisonné, Vieux-Thomas, sous prétexte de se rendre à la messe comme à tous les matins, prend l'autobus pour Québec dans l'intention d'aller délivrer son petit-fils de la prison où il est détenu. Il menace le conducteur de son couteau de chasse qu'il avait réussi à récupérer en trompant la vigilance de ses « gardiens », à la façon des pirates de l'air dont il a appris les exploits dans les journaux et à la télévision. Bientôt arrêté et ligoté dans une camisole de force, il est placé en institution psychiatrique. Son amour de la vie et son obsession de la liberté l'ont de nouveau piégé.

L'héritage de la vie passée

À vrai dire, plusieurs thèmes s'entrecroisent dans ce roman au titre plus qu'explicite comme dans plusieurs des romans de l'auteur où le titre forme une phrase : la double continuité de l'héritage des modes de vie et du pays des ancêtres qui implique, cela va sans dire, une interrogation inquiète et lyrique du vieillard sur les traditions qui semblent se perdre et sur la relève d'une jeunesse qui manque à ses devoirs essentiels. Ce questionnement incessant, qui forme la trame narrative du discours, est donc directement relié à l'évolution inexorable du temps, marquée par le mouvement oscillatoire de la chaise berceuse d'arrière en avant, du passé à l'avenir, mais qui franchit inévitablement le présent. « Les Autres lui accordent au moins la permission de se parler, de se raconter le présent, le passé ou bien l'avenir » (p. 23). Le passé est maintes fois évoqué d'une façon nostalgique, teintée d'une légère amertume et souvent d'une certaine résignation :

> Attendre… « Cher bon Dieu, combien de temps ? Aller et venir, au même endroit, toujours, dans la même chaise berceuse, et regarder les jours tomber autour de soi comme les feuilles d'automne, de fin d'automne… Se bercer et attendre la fin… Oh ! elle viendra. Par derrière ou par devant. » (p. 7)

C'est ainsi que débute le roman, montrant en un tableau presque d'un autre âge Vieux-Thomas qui entreprend une conversation toute familière avec Dieu.

Le conflit des générations

Le passé se conjugue mal au présent et les évocations du vieillard tournent vite au conflit des générations. Soulignons parmi les nombreux exemples possibles quelques-uns des plus significatifs, qui tournent à l'obsession : « La jeunesse s'ennuie comme si la vie était une punition » (p. 7), phrase presque analogue que nous avons lue dans *Il est par là, le soleil.* Les « à cette heure » et « Dans ce temps-là » jalonnent le texte en formant un leitmotiv riche de signification : son habit de noces, qu'il continue à porter dans les grandes occasions, le bon pain de ménage d'autrefois, la construction de sa maison de ses propres mains, la vie rude dans les chantiers forestiers, la punition du ciel qui s'abat sur un blasphémateur, les réjouissances familiales du temps des fêtes, ainsi de suite, toutes tranches de vie qui lui rappellent le « bon vieux temps », selon la formule consacrée que prononcent souvent les vieillards. « Les hommes étaient des hommes : un homme était dur comme la pierre, fort comme un bœuf, bon comme le pain que les femmes savaient encore cuire » (p. 9). Aujourd'hui, la jeunesse est « incapable » (p. 10), les jeunes « i' savent pas » (*ibid.*). « Les Autres ont assez de poison dans la bouche pour infecter une vipère venimeuse » (p. 25). Vieux-Thomas subit patiemment les railleries et les impertinences de ses petits-enfants : « Vieux-Thomas s'est habitué à ces impolitesses [...]. La jeunesse a besoin d'impolitesse comme les oiseaux ont besoin de gazouiller » (p. 45). Seul Jean-Thomas, son préféré, son petit-fils qui porte le même prénom que lui, maintient le lien entre les anciens et les jeunes, entre la vie passée et à venir :

> Jean-Thomas a besoin de la mémoire des hommes anciens. Dans la bouche de Jean-Thomas, la mémoire des hommes anciens devient le rêve des hommes jeunes. Sa voix unit le passé des vieux livres au passé de Vieux-Thomas; Jean-Thomas promet avec ce passé de faire l'avenir (p. 98).

Le grand-père l'écoute avec tendresse et ferveur car il compte sur lui pour continuer à bâtir le pays : « De ma berceuse, je veux regarder mon petit-fils bâtir son chemin d'homme dans le pays » (p. 99). Quand il pirate un autobus pour tenter de le délivrer de la prison, il espère encore en lui : « Vous avez créé les jeunes, cher bon Dieu, pour qu'i continuent la vie de ceux qui aimeraient bien continuer, mais qui peuvent p'us parce qu'i sont au bout de leur temps » (p. 115). Son rêve sera brisé puisqu'on l'enfermera dans une institution psychiatrique, le privant ainsi encore une fois de sa liberté et mettant un terme, à toutes fins utiles, à sa vie d'homme. Son rêve était peut-être un rêve (de) fou, il se berçait littéralement d'illusions.

Nationalisme et vie

Retenons, aux fins de l'explication de ce que la critique a qualifié de « nationalisme », les passages les plus significatifs du roman en ce qui a trait à la vie tant publique que privée, du pays du Québec : la guerre de Sept Ans et ses conséquences, l'exploitation des habitants et du territoire par les conquérants, le choc inévitable de deux langues, le français et l'anglais. Il ne fait aucun doute que c'est la principale blessure historique que retiennent les Québécois quand ils se remémorent les derniers épisodes de la guerre de Sept Ans, dont la Nouvelle-France de leurs ancêtres a été le théâtre : la cruelle dévastation des villages de la Gaspésie et de la Côte-du-Sud par les troupes anglaises, qui pratiquaient la politique de la « terre brûlée », puis l'humiliante bataille des Plaines d'Abraham perdue en raison des erreurs tactiques et des divergences des généraux français et canadiens. À ce propos, il est intéressant de relire les passages de *La guerre, yes sir!* qui s'y rapportent (*GYS!*, p. 90-92), de même que l'évocation qui en sera faite de nouveau dans *Petit Homme Tornade* (*PHT*, p. 207). Ce qui importe, c'est ici la manière dont est rapporté le discours par les divers personnages du roman. L'arrestation de Jean-Thomas imprime une nouvelle tangente aux pensées de son grand-père qui venait de se plaindre de l'attitude de la jeune génération à l'égard des anciens et du temps passé. « Ça fait mille ans que les Anglais et les Français se font la guerre en Europe. J'vois pas pourquoi ils feraient une trêve en apercevant notre Jean-Thomas » (p. 46), s'écrie un des Enfants réunis autour de la table familiale. Un autre ajoute : « En Amérique, les Français et les Anglais ont commencé dès les débuts de l'histoire à se disputer les forêts et les terres, les rivières et les lacs » (p. 47). Vieux-Thomas réagit vivement à ces propos en se rappelant comment les Anglais avaient tiré sur sa chaloupe et l'avaient coulée un jour qu'il était en train de pêcher sur un lac privé : « Vieux-Thomas comprend ce que disent les Enfants quand ils parlent des Anglais qui volent les rivières et les lacs » (*ibid.*). Or une pancarte bilingue (!) en interdisait l'accès : « PRIVATE PROPERTY — PROPRIÉTÉ PRIVER — NO TRESPASSING — NO PASSER » (p. 49). Pourtant, pense-t-il, « [c]e lac-là appartient à notre pays de Québec… » Les Enfants en remettent alors et se vident le cœur contre les Anglais, qu'ils accusent de tous les maux, tous leurs griefs anciens refont surface pendant que le vieillard les écoute qui jacassent. « Ils parlent comme s'ils se chicanaient. En même temps, ils ont l'air d'être d'accord » (p. 50). Pendant ce temps, les pensées du grand-père « s'agitent à la façon des animaux dans l'étable à l'approche de la tempête » (*ibid.*). Lorsque la discussion tourne autour de la défaite des Plaines d'Abraham, Vieux-Thomas se souvient que son Fils l'y avait amené dans sa Cadillac noire. Le commentaire du Fils qui jette un coup d'œil sur les lieux devient incriminant : « C'est icitte, juste en dessous de vos pieds, que les Anglais sont venus nous enlever notre pays » (p. 52). Depuis ce temps, ajoute-t-il, les Canadiens français sont pauvres. Pourtant, la Cadillac qu'il conduisait, comme celle de J.J. Bourdage dans *Le jardin des délices*, était signe de richesse, du moins apparente. Mais l'une était noire, l'autre était blanche…

La conversation dérive ensuite sur la question de la langue anglaise que les Anglais considéraient comme menacée même dans leur île : « Devant la langue française, l'anglais reculait tellement que les Anglais ont dû passer une loi spéciale pour rendre leur langue obligatoire dans l'île et sur les bateaux » (p. 54), précise le Fils. L'allusion à la Charte de la langue française ou Loi 101, promulguée en 1977, déclarant la langue française langue officielle du Québec, est évidente. Puis nouvelle dérive : l'épisode de son fils Dieudonné qui, se révoltant contre la Compagnie du Prêt Généreux qui a financé son camion et contre la compagnie anglaise qui exploite la forêt québécoise, déverse une remorque pleine de grumes dans la piscine du Grand Patron. Commentant cet acte de folie ainsi que l'arrestation de Jean-Thomas, l'un des Enfants déclare, en empruntant au discours marxisant, comme dans *Le jardin des délices* (*JD*, p. 105-107) : « Toute cette affaire est une autre agression du pouvoir dominant » (p. 63). Le mot liberté est censuré : « Si on analyse l'histoire, les aspirations des gens du pays de Québec ont toujours été censurées par le pouvoir dominant » (p. 64). Vieux-Thomas voudrait bien rouspéter lui aussi car les Enfants eux-mêmes briment sa liberté en le clouant à sa berceuse. Cette réflexion réveille d'autres souvenirs, surtout celui du Village des Anglais et de la « peur mêlée à son sang » (p. 73) qu'il éprouvait à le traverser soit pour fréquenter sa fiancée, soit pour retourner à son village situé au-delà, vu que les Anglais lâchaient leurs chiens après eux (p. 74-77). Aujourd'hui, « dans sa berceuse, il tremble [encore] de peur » (p. 77).

Se rappelle-t-il avoir cherché un emploi à Québec? Le seul qu'il ait déniché l'enferme dans la cale d'un bateau en partance pour des pays lointains. Ses seuls contacts avec des êtres humains : un Patron qui hurle des ordres en anglais et un Noir qui travaille à ses côtés en usant de la même langue anglaise. Un jour, le choc des corps qui s'empoignent et se battent comme des bêtes fauves traduit éloquemment le choc des langues. « Le langage de l'Anglais n'a pas l'air d'être humain, il a le son d'un cri de bête » (p. 84). Vieux-Thomas renchérit : « Pour apprendre cette langue, faut être un damné de Protestant, un maudit Anglais ou bien un Noir » (p. 87). Les hurlements et les cris déchaînés de l'un et de l'autre se confondent dans la bataille. Puis survient la paix, mais l'un et l'autre se sentent en prison. À cette évocation, Vieux-Thomas crie à son tour, et les Enfants lui intiment l'ordre de se taire.

Un épisode carnavalesque

Enfin, l'épisode qui m'apparaît comme l'un des plus significatifs raconte la visite de « Justine, l'une des dix-sept enfants d'Arsène » (p. 103), le boucher et fossoyeur de *La guerre, yes sir!* et d'*Il est par là, le soleil,* qui, comme plusieurs filles du village, avait émigré en ville pour travailler comme bonne dans une famille anglaise. Venue fêter Noël avec son mari anglais, elle assiste plus qu'elle ne participe à la Fête : « Après la messe de minuit, c'était la Fête » (p. 103), avec une majuscule, sorte de réplique inversée de la fête campagnarde de la veillée au corps de *La guerre, yes sir!* Tout d'abord, « Justine [...] était arrivée [...] tout enveloppée de fourrure comme une dame riche » (p. 103). Premier « déguisement », selon la terminologie bakhtinienne. Puis « elle avait caché son air de famille sous un maquillage épais comme sa honte » (*ibid.*). Deuxième déguisement, facial, celui-là. À l'église, c'est la fête religieuse de Noël, accompagnée de « chants et de musique d'orgue », à laquelle participe le peuple, tandis qu'elle et son mari étranger, c'est-à-dire anglais et protestant, paradaient par ostentation, elle surtout, « en faisant le paon ». Les déguisements se multiplient, comme on peut le voir, et, faute de procession, Justine parade au bras de son mari en descendant l'allée « de l'arrière de l'église à l'avant ».

Suit la Fête populaire. Pendant que les gens du village s'en donnent à cœur joie en chantant et en dansant sur la musique du violon et de l'accordéon, les « corps ivres de bière et du *plaisir d'être,* femmes et hommes enlacés » (p. 104, je souligne), Justine et son mari, toujours innommé, restent à l'écart et conversent en « chuchotant dans la langue étrangère comme deux étrangers d'une [*sic*] autre pays » (*ibid.*), ce qui leur confère un « masque » aux yeux, et aux oreilles, des villageois. Pour mieux masquer ce caractère étranger, un vieux raconte une légende « où un étranger à la moustache luisante et aux vêtements chics n'était que le Diable déguisé » (*ibid.*). On aura reconnu encore une fois la légende de Rose Latulipe. Le portrait est complet. Le narrateur met l'accent sur ce qui sépare le couple étranger des villageois qui, eux, ne s'interrogent pas sur leur raison de vivre, sur l'être et le paraître. Comme dans *La guerre, yes sir!*, les tourtières, les cris de joie, conjugués ici à la musique entraînante, manifestent la joie de vivre des paysans, qui « entendent la vie crépiter en eux » (p. 105).

Il ne manque plus à la Fête que la violence, qui éclate souvent dans ces rassemblements populaires. Comme il arrivait la plupart du temps à ces occasions, les femmes restent ensemble à bavarder ou à prier tandis que les hommes se réunissent à l'étable pour s'affronter dans des compétitions de force qui doivent couronner un champion. L'un des fils d'Aristote, cet Aristote aperçu dans *Le jardin des délices* (*JD*, p. 72), tout nu, donc sans déguisement, lance un défi à l'Anglais, qui tente de se défiler et lui répond par des insultes dans sa langue. Le villageois réplique violemment en le rouant de coups, le sang coule, comme dans *La guerre, yes sir!*, l'Anglais est étendu la face dans la neige, vaincu. Cette fois, c'est le Canadien français qui a gagné. Ensuite, revirement soudain de la situation : ramené à la maison, « son manteau déchiré », l'Anglais voit « sa femme qui lave le corps du jeune fils d'Aristote » (p. 107), puis qui danse avec lui, le champion, au son de la musique qui a repris. Il n'a plus qu'à quitter la place le lendemain, « dans son manteau de fourrures en pièces » (*ibid.*), pendant que Justine, restée au village, épousera le champion. Avec la combinaison de tous ces éléments : déguisements (manteaux de fourrure), masques (maquillage, langue étrangère, parade), cérémonie religieuse (cantiques, chants sacrés, orgue), puis populaire (chants, danse, musique, cris, bière, tourtières) accompagnée de combats et de violence, de coups et de sang, de déguisements arrachés (nudité) ou abîmés (manteau), on a assisté à la Fête telle que la décrit Bakhtine.

Quelques procédés stylistiques signifiants

On ne peut quitter ce roman sans s'arrêter brièvement sur quelques procédés de style tels l'anaphore et la répétition, les analepses et les prolepses, car tous traduisent le rythme de l'œuvre en même temps que le sens que le romancier lui a imprimé. L'anaphore marque l'insistance sur le questionnement du vieillard arrivé au terme de sa vie et qui voudrait bien enfin recevoir des réponses satisfaisantes. Les « pourquoi? » des pages 79-80, par exemple, soulignent ses inquiétudes et son désarroi. Il suffit de repérer les nombreuses autres anaphores, pour constater qu'elles ne constituent pas seulement des ornements de style, mais qu'elles *signifient*. Aux anaphores qui rappellent les souvenirs de la vie d'antan se greffent tout naturellement les retours en arrière, que l'on désigne habituellement sous le nom d'analepses. Plusieurs de ces analepses occupent une part considérable du roman, fondé principalement sur les souvenirs de Vieux-Thomas, marginalisé par la vie présente. Enfin, le discours du récit est ponctué d'un certain nombre de projections en avant, dites prolepses, dont quelques-unes marquent bien les velléités du vieillard qui voudrait retrouver la vigueur de sa jeunesse pour refaire les choses de la vie. Ces prolepses restent dans le domaine du virtuel, par exemple quand il pense qu'il pourrait aller au bordel (p. 8), que ses Enfants voudront le chasser de la maison (p. 10), qu'une nouvelle âme prendra possession de sa chaise berceuse (p. 15), qu'il pourra retourner pêcher (p. 21-22). Vu qu'il est, somme toute, réduit à l'impuissance, les prolepses sont plus rares que les analepses et plus brèves aussi, comme l'éclair d'une truite qui file dans l'eau de la rivière.

Les fleurs vivent-elles ailleurs que sur la terre ?

Le septième roman de Roch Carrier s'apparente à un essai car il forme un long et répétitif questionnement métaphysique et l'action y est réduite au minimum, la pensée de Prudent B[oniface] Pépin occupant presque toute la place, comme dans le roman précédent, d'ailleurs. Il comporte au-delà de deux cents questions qui reviennent comme une rengaine et trahissent le désarroi, le désemparement d'un simple employé d'une compagnie d'assurance subitement confronté au monde de l'au-delà, de « l'autre côté de la nuit », expression répétée au moins seize fois au cours du roman. Prudent voit sa vie complètement bouleversée car un rayon céleste, venu d'un autre monde, l'a frappé à la poitrine et y a imprimé un visage qui prend forme peu à peu et semble lui transmettre un message extraterrestre. Nous voici donc en plein fantastique. Les nombreuses tentatives que fait Pépin pour expliquer son aventure incroyable tournent à l'échec et le ramènent sur le plancher des vaches. Personne ne veut croire à une histoire aussi abracadabrante, sinon une fille de vie qui, découvrant de ses yeux le visage imprimé sur sa poitrine, s'enfuit de la maison close, estimant que la grâce de Dieu l'a frappée et convertie. À qui se confier, s'écrie le narrateur au nom de Prudent B., dans un sursaut de désespoir ? Au lecteur, bien sûr, qui essaiera d'y croire.

Ce récit de portée métaphysique, aux frontières du fantastique, reprend à sa façon quelques contes de *Jolis Deuils* et s'inscrivait de plus dans *La céleste bicyclette*, dont le personnage, un peu fou, lève le regard vers le ciel et enfourche sa bécane, en route vers l'espace intersidéral, vers l'infini. Les progrès réalisés par l'homme pour la conquête de l'espace ne sont pas étrangers à cette quête de l'écrivain et de ses personnages :

existerait-il des galaxies lointaines peuplées d'autres êtres, où pousseraient des fleurs, et où se manifesteraient des éléments indispensables à la vie?

Un questionnement existentiel

Le questionnement lancinant du personnage devient en quelque sorte hallucinant, à tel point qu'il conduit Prudent jusqu'au vertige et à l'épuisement. Le « flot de ses pensées » (p. 26) est marqué d'innombrables recommencements, de redites incessantes, de piétinements même qui traduisent l'incertitude du doute qui s'est emparé de son esprit. Au lieu d'une fête des sens comme dans quelques-uns des romans précédents, le narrateur propose une « fête des idées [qui] semblait avoir lieu en dehors de sa tête, ailleurs, au-dessus de lui, loin » (p. 67). Prudent « pensait à tous ces mystères cachés derrière la nuit » (p. 7), ce qui marque une rupture avec le cycle terrien, où grouillait la vie d'ici-bas, puisque le personnage lève les yeux vers le ciel, vers l'inconnu, tâchant de percer le mystère de la vie de l'au-delà. Toutefois, les centaines de questions qu'il se pose demeurent sans réponse malgré les nombreux *signes* qui devraient lui permettre d'interpréter l'énigme. Prudent admet explicitement le caractère fantastique de l'aventure, même s'il veut y croire : « Cette aventure réelle, vraie, était moins croyable qu'une légende de mythologie » (p. 81), « Un rayon lumineux abattu [...] sur la tête d'un Terrien : cela aurait été possible dans un rêve. Dans la réalité, c'était impossible » (p. 11), nous avait prévenus le narrateur. Aussi, le thème du rêve revient-il tout au long du récit, puisque le pauvre petit employé ne sait plus démêler celui-ci de la réalité.

Les évocations de son enfance

Par cet intertitre volontairement ambigu, je soutiens, sans oublier que nous nous trouvons en pleine fiction, que l'auteur se confond jusqu'à un certain point avec le narrateur, donc avec son personnage. Les innombrables évocations de l'enfance de Prudent B. correspondent à divers événements et situations de la vie de Carrier lui-même. À plusieurs occasions, intervient notamment la référence automatique au comté de Bellechasse, dont une partie était autrefois nommée Dorchester, où se sont déroulées l'enfance et l'adolescence de l'auteur. Cette reconstitution autobiographique s'attache à trois groupes d'éléments principaux, à savoir l'enseignement, la poésie et la religion, ainsi qu'à un certain nombre d'anecdotes secondaires que je leur accole par association d'idées et de mots. Les « conjugaisons à mémoriser sur le tableau noir » sont rapprochées du « tableau noir de la nuit » (p. 9). Quand il était enfant, il aimait les fleurs, les regardait s'épanouir. « Où ailleurs que sur la Terre aurait-il pu voir des fleurs [...]? » (p. 14), se demande-t-il, d'où le titre du roman. La marque laissée sur sa poitrine comme « un cœur de bœuf » lui rappelle « les carnages rouges des tueries d'animaux de son enfance » (p. 19). « Il avait découvert la poésie au petit séminaire » et trouvé, en retournant à la maison, que « tout avait une âme » (p. 23). Chaque fois que survient un événement hors du commun, Prudent manifeste l'intention d'en faire un poème. Se retrouve-t-il, enfant, penché au-dessus d'un puits? Il se demande si le « puits de la nuit perçait [...] l'espace jusqu'à son extrémité » (p. 24).

La lumière et la nuit

Tout au long du roman interviennent des mots et des expressions rattachés soit à la lumière, soit à la nuit. « Ce qu'il y a de fabuleux dans la nuit, c'est la lumière. Mais la nuit est encore plus fabuleuse que la lumière parce qu'elle contient toute la lumière » (p. 10), note-t-il dans une des trente-sept « pensées » écrites en italique, insérées ici et là. Cette étroite alliance de la nuit et de la lumière est symptomatique de la pensée de l'auteur et de son personnage. La nuit est à la fois temps et espace, c'est-à-dire un chronotope, dont il importe de dégager les significations, compte tenu du fait que le mot est répété une cinquantaine de fois dans le premier chapitre seulement, et, au total, cent vingt-deux fois dans tout le roman. La signification la plus explicite est formulée de la façon suivante : « La nuit est le rêve de la Terre » (p. 45). « Fabuleuse », « insondable » (p. 24), « vertigineuse » (p. 51), « essentielle » (p. 78), elle symbolise le mystère à élucider, le temps propice au rêve. Espace englobant, la nuit revêt des appellations diverses : « tableau noir » (p. 9), « tunnel étoilé » (p. 11), « puits » (p. 24), « grand trou » (p. 70) qui doit être traversé. Tout, êtres et choses, est contenu dans la nuit. L'homme, pour éclaircir ses mystères et ceux de l'au-delà, doit aller « au fond de la nuit » (p. 9, 10, 114, 126), « derrière la nuit » (p. 7, 8, 110), « de l'autre côté de la nuit » (répété seize fois), pour en découvrir l'envers, une autre vie peut-être. Dans le cas de Prudent, « [c]omme le rêve s'était mêlé à ses idées, la nuit imbibait son corps : peu à peu il sentait sa chair et ses os devenir nuit, et la nuit, qu'il était, marchait comme un homme dans la ville » (p. 8). Ce procès d'identification, remarquable et explicite, contient tout le sens du roman.

La dame qui avait des chaînes aux chevilles

La parenté est évidente encore une fois entre ce roman et le précédent car nous avons affaire à ce que Gérard Genette appelle un « récit de parole » doublé d'« un récit de pensées ou discours intérieur narrativisé[3] », où l'instance narrative cède presque toute la place aux personnages. Nous assistons ici au long monologue de Victor, car sa femme Virginie se cloître dans le silence et prépare sa vengeance. Le couple, récemment marié, décide de s'établir en pays de colonisation à proximité d'un monastère, peu après la naissance de son premier enfant, en février 1862. Fin mars, les époux s'enfoncent dans la forêt, bien qu'une terrible tempête de neige printanière s'élève. Forcé de se reposer quelques minutes, Victor oublie de reprendre le jeune bébé dont il avait la garde. La tempête, qui fait rage avec une violence inouïe, efface les traces, sépare le couple à la recherche désespérée de l'enfant, qui aura sans doute été dévoré par les bêtes sauvages dont on entend les hurlements à travers le déchaînement des éléments. À partir de ce moment, Virginie mûrit sa vengeance, tandis que son mari, qui a décidé malgré ce drame de vivre en ce pays, travaille avec acharnement à vaincre la forêt hostile et à bâtir une méchante cabane en bois rond tout en raisonnant sa femme. Au cours de l'été, Virginie empoisonne avec des champignons vénéneux le café que Victor emporte avec lui dans un voyage qui lui permettra de renouveler les provisions. Sans nouvelles, tenaillée par le remords, elle court se confesser au monastère. Le moine, violant le secret de la confession, la livre aux autorités policières et judiciaires. Condamnée à mort, elle ne doit sa libération qu'à l'arrivée soudaine et inespérée de son mari et au nouvel enfant qu'elle porte dans son ventre. Pas de meurtre, pas de coupable. La naissance de l'enfant permettra au couple reformé de réaliser son rêve de vie dans le « nouveau monde ».

Contrepoint et identification

Le récit de l'aventure tragique de Virginie se déroule sur fond d'histoire ancienne survenue à une dame qui, les chaînes aux chevilles, avait été déportée de France vers la Nouvelle-France pour avoir empoisonné l'aubergiste qui l'employait et abusait d'elle. La situation de Virginie enchaînée est présentée comme identique à celle de la Dame :

> Cette Dame venue des lointains pays du temps passé a empoisonné cet homme. La Dame s'est insinuée en Virginie, comme une histoire s'insinue dans la mémoire, et a pris possession d'elle. (p. 125)

Ce processus explicite d'identification avec la Dame et l'histoire en train de s'écrire sera repris avec insistance plus loin. Se soumettant à la « justice des hommes », Virginie « sait ce qui va lui arriver. Il lui semble qu'elle a déjà vécu ce moment » (p. 138). En route vers le cachot, elle semble se rappeler le bruit des chaînes : « Ce bruit des chaînes est aussi l'écho lointain d'un bruit ancien » (p. 141), précise le narrateur. Le procédé forme donc ce qu'il est convenu d'appeler une « mise en abyme », en ce qu'il constitue l'insertion d'un récit dans un autre, ici par le mode du rappel d'un événement passé, c'est-à-dire d'une analepse qui nourrit et féconde le discours.

Le procès d'identification se renforce au cours du récit : les deux dames ont froid dans leur prison respective, il y fait obscur, elles passent leur temps à songer et à broyer du noir. L'ombre des deux femmes se confond, la Dame accompagne

Virginie, à tel point que le narrateur pose la question à savoir laquelle des deux dames donnera la mort à cet homme qui a causé la mort de l'enfant, car « serait-elle une ancêtre qui déjà a donné son sang à son corps » (p. 88). « La Dame des temps anciens [...] l'assistera dans la besogne de punir cet homme » (p. 110), répète le narrateur. La répétition renforce l'identification : au dédoublement initial se substitue en cours de route une unification complète.

La mort à venir

Il ne fait pas de doute qu'un des procédés le plus fréquemment employé par le narrateur réside encore dans l'anaphore, avec ses redites successives qui marquent soit la gradation de la vengeance que rumine Virginie, soit l'insistance qui confère certes au texte une impression de ralenti dans l'action, mais qui renforce le dessein fortement mûri de la femme de venger la perte de son enfant en donnant la mort à « cet homme ». Les exemples surabondent. « Cette mort réclame une autre mort » (p. 26), s'acharne-t-elle à se répéter mentalement tout au cours du récit. Ces anaphores se retrouvent, dans des termes semblables, toutes les fois que Virginie entretient sa rancune et prémédite sa vengeance, par prolepse, ou que Victor ou Virginie s'appesantissent sur le malheur qui les a frappés, par analepse, ce qui augmente l'efficacité du procédé et accentue la bipolarité vie/mort.

À cet effet, rappelons l'opposition qui forme la trame narrative : l'avant, soit l'histoire de la Dame qui est exilée en Nouvelle-France pour avoir donné la mort, et l'après, soit le récit de la vengeance de Virginie qui veut tuer cet homme qui est la cause de la mort de son enfant. De plus, l'homme, Victor, dont le nom signifie « vainqueur », se trouve opposé à sa femme Virginie, dont le nom signifie « vierge », destinée à procréer, à renouveler la vie, ce qui laisse présager le manichéisme dominant/dominé, cependant démenti par les événements. Quant à la justice divine représentée par l'Église et ses moines avec leur caractère asexué, leur bigoterie, leurs superstitions, leur pusillanimité, la violation du secret de la confession, elle est confrontée à la justice des hommes, traitée avec ironie et dérision, qui a droit de vie et de mort. Nous pouvons ajouter à ces éléments d'opposition l'oubli du malheur que tente d'instiller Victor dans l'esprit de Virginie et la rancune tenace qui confirme celle-ci dans son projet de mort, tandis que son mari continue à caresser le rêve d'établir sa famille sur un vaste domaine où il fera bon de vivre.

Les questionnements existentiels et métaphysiques continueront à s'exercer dans le reste de l'œuvre de Carrier et sont symptomatiques de l'inquiétude de l'Homme devant la vie et la mort, de même sans doute de celle de l'auteur lui-même.

Notes

1 Conrad Bernier, « Roch Carrier : "J'ai écrit une histoire d'amour" », *La Presse*, 28 mai 1977, p. D-3, D-4.

2 Yannick Resch, « *Il n'y a pas de pays sans grand-père*, roman de Roch Carrier », dans Gilles Dorion *et al.*, *Dictionnaire des œuvres littéraires du Québec*, t. 6, p. 410.

3. Gérard Genette, *Figures III*, p. 186 ss.

CHAPITRE 7

UN RETOUR AUX SOURCES

Présenté en quatrième de couverture comme « une inépuisable fantaisie », le neuvième roman de Roch Carrier, *De l'amour dans la ferraille*, attire l'attention, en effet, par son étendue d'abord : il s'agit à ce jour (2003) du plus long ouvrage de l'auteur : cinq cent quarante-quatre pages en quarante-sept chapitres. Il est inépuisable parce que le romancier multiplie à plaisir les péripéties et les anecdotes. À cet égard, il retourne au conte, qui semble sa manière préférée, témoins, par exemple, *Jolis Deuils* et *Le jardin des délices*. Évite-t-il le piège du roman à tiroirs? Ce n'est pas sûr. D'ailleurs certaines anecdotes et péripéties pourraient facilement sauter sans affecter l'économie de l'ensemble, car elles comportent des longueurs plutôt appuyées, des étirements forcés, un peu lassants.

Que raconte cette fantaisie, où se côtoient la vie, l'amour, le sexe et la mort, que signifie cette fable politique? Il ne s'agit ni plus ni moins que de la construction d'un chemin neuf dans un petit village reculé, d'où le nom symbolique et populaire de Saint-Toussaint-des-Saints, sis en pleine montagne. Peu importe son nom véritable même si Carrier commet un lapsus en faisant allusion à Sainte-Justine de Dorchester : « Devait-on le miracle à la sainte Vierge ou à *la sainte patronne du village*, cuite comme un poulet sur les charbons païens? » (p. 44, je souligne). Les élections provinciales sont déclenchées et le Bon Parti mise sur les faveurs qu'il répand à pleines mains pour recueillir le plus de votes possibles. Tout Québécois qui a vécu à cette époque de l'après-guerre ou qui connaît son histoire ne peut s'empêcher d'évoquer spontanément la figure du premier ministre Maurice Duplessis, même si son nom n'est jamais mentionné au cours du roman sinon par l'appellation connue, « le Cheuf », prononcée à la québécoise. Carrier lui-même remet les pendules à l'heure à ce sujet : « Certaines personnes sont tentées d'y lire un roman du duplessisme [...] On parle du Chef dans le roman mais pour moi le Chef c'est beaucoup le pouvoir, qui essaie finalement de tout annexer et la meilleure façon de tout annexer c'est probablement de tout corrompre », affirme-t-il dans une interview qu'il accordait à Jean Royer[1]. Toute la machine électorale du Bon Parti est donc mise en œuvre dans son conseil des ministres, son journal *La Province ensoleillée*, allusion au journal *Le Soleil*, de Québec, son contracteur préféré, Nino Verrochio, sa machinerie lourde et sa ferraille, ses sbires, ses agents d'élection, bref toutes les machinations d'un parti politique véreux, aux mœurs électorales douteuses. « Douteuses » est un bien faible mot, un euphémisme, si l'on tient compte des manœuvres de favoritisme, de corruption, d'intimidation, de chantage destinées à asseoir l'autorité incontestable du Cheuf et à assurer la réélection du Bon Parti. Tout le village de Saint-Toussaint-des-Saints est mis à contribution, même les gens de l'Opposition, car le « chemin neu' » fournit des *jobs*. Les récalcitrants doivent céder sous les pressions exercées contre eux par les représentants du parti qui usent de tous les moyens, parfois proches de l'illégalité, pour permettre l'aboutissement de leur projet politique. Quand je dis que tous sont impliqués, cela comprend également le clergé en la personne du complaisant curé Fourré, qui y voit son intérêt matériel… Tous et tout doivent concourir à la réélection du Bon Parti. Mais le chemin aboutit à un cul-de-sac : il faudra le « débâtir », mais, peu importe, le succès du Bon Parti est assuré, même si, pour cela, les villageois s'engagent dans une course vers la mort. Le titre du dernier chapitre est éloquent à cet égard : « Une course au bonheur : beaucoup d'amour et beaucoup de ferraille », et ressemble à s'y méprendre à un des passages du *Jardin des délices* (p. 205-207) où la folie de l'or se termine par une course meurtrière.

L'organisation de la matière

Le discours du récit se déroule d'une façon quasi linéaire, exception faite surtout de l'histoire personnelle de l'entrepreneur d'origine italienne Nino Verrochio, — comme l'Italien, ouvrier employé à la construction de la voie ferrée, un autre chemin, qui avait relié le village à la civilisation dans *Floralie, où es-tu ?* et qui avait *défloré* la jeune fille —, dont on apprend en analepse répétée la jeunesse difficile en Sardaigne. Toutefois la faute de Verrochio est d'avoir contribué à la caisse de l'Opposition, car il voulait assurer ses arrières au cas où… Sa femme perdra son *onore* en couchant avec le ministre des Chemins et des Ponts pour arracher le contrat du chemin neuf en faveur de son mari. « Que d'événements, que de personnages ! », s'écrie-t-on en quatrième de couverture. Il reste que, si le fil conducteur semble le chemin à construire avec toute la ferraille qu'on voudra, ce sont les différentes formes que prend l'amour qui unissent ou séparent les personnages, presque tous des villageois de Saint-Toussaint-des-Saints, de même que tous les mobiles qui les… mobilisent.

L'amour ou le sexe sous toutes leurs formes

Dans son analyse du roman, Réginald Martel souligne « l'immense appétit de vivre des humains[2] », qui se traduit ici, tout naturellement, par la recherche de l'argent et de l'amour. Le chroniqueur parle aussi d'« un agréable dosage d'érotisme[3] », « du sexe et de la violence [...] et de la tendresse comme dans vos rêves[4] », avait avancé François Hébert. Du sexe, il y en a à profusion, en effet, et sous des formes diverses. Aussitôt qu'on entre dans une maison du village, on surprend une femme en train de reboutonner sa robe (p. 31-32) ou de brandir, comme chez Aristophane[5], la menace de la privation : « Aussi longtemps que t'auras pas accepté officiellement de travailler, je me déclare, Mozusse Chabottte, territoire interdit » (p. 34). Ou bien on assiste à une longue scène carnavalesque au cours de laquelle Pommette Rossignol tente de raisonner son mari Origène qui veut lui faire un dix-huitième enfant prétextant que sa « freudinousse » est en bon état de fonctionnement : « Ma belle grosse Pommette, cette freudinousse-là, c'est comme un p'tit animal, c'est sauteux, frétilleux, grimpeux, gigoteux, nerveux, ambitieux, aventureux, curieux, généreux, joyeux, jaloux, capricieux, dépenseux, mal poli, turbulent, soupireux, flamboyeux, fabri-queux, galopeux, remueux, danseux... » (p. 341). La réaction ne se fait pas attendre et traduit l'ambivalence du désir amoureux. La colère de Pommette « se transforma en un rire gras où se mêlaient les échos des appels amoureux des bêtes » (p. 342). À la suite de quoi on aperçoit la femme munie d'un couteau de boucher qui poursuit comiquement Origène en jurant : « Origène! C'est moé qui va [*sic*] te la couper, ta freudinousse! » (*ibid.*). Une menace de dépeçage non tenue, faut-il le préciser.

D'autres situations se révèlent plus sérieuses : l'initiation d'Innocent Loiseau, à « la *vraie vie* » (p. 19 et 22, je souligne), après son humiliant renvoi du collège (chapitre 3). Le jeune puceau a-t-il été victime d'un rêve éveillé ou a-t-il vraiment été initié par la prétendue veuve d'Hercule Ponton? Le lecteur reste dans le doute... et Innocent aussi. Cependant, il résoudra l'énigme de l'amour avec Gracieuse Cerisier qui, lasse d'attendre sans cesse son mari conducteur de niveleuse toujours parti pour le village lointain de Saint-Toussaint-des-Saints, se jette dans les bras de tous les hommes pour satisfaire sa soif d'amour. L'adolescent apprend en fin de compte qu'il avait cédé aux charmes de la femme, dont il n'apprendra le nom que plus tard, pour être dupé : celle-ci ne voulait tout simplement pas que les retards de son mari soient inscrits dans le cahier noir d'Innocent, gardien du chantier. « Désormais, Innocent Loiseau était condamné à la vie réelle » (p. 420), lui qui passait son temps à téléphoner à une amante imaginaire. Amer envers cette femme et envers son ami, le poète Jeannot Tremblay, qui a lui aussi succombé à l'invitation de Gracieuse, il se permet de séduire Lucia, la femme de Verrochio, malgré les interdits formulés par l'entrepreneur. Le voilà devenu un homme.

D'autres situations se déroulent sous le signe du sexe. Par exemple, la secrétaire Mélanie Binette est obligée de subir une forme de harcèlement sexuel, quand l'« Honorable ministre » lui demande de lui révéler les charmes secrets de son corps. Cela fait, Joseph-Amédée Lasouche ne peut que répéter à quatre reprises : « Quel gaspillage! » Dans une autre scène, Philémon Bouleau, condamné à ne pouvoir plus travailler, sa force légendaire l'ayant subitement quitté, est désigné « conseiller spécial » du chantier de construction. Tout ce qu'il a à faire, c'est de passer ses journées assis dans sa voiture, à l'ombre, tout en lisant *La Province ensoleillée*, truffée, à la suggestion d'Oscar Marteau, de photos aguichantes de beautés américaines révélant leurs seins et dont il fait collection en les découpant du journal. Quand explose la voiture de Verrochio, les vitres de son auto sont soufflées et il se lance à la poursuite des photos éparpillées un peu partout. Une crise cardiaque le terrasse aussitôt. Il est mort par amour des beaux nichons.

Beaucoup plus tragiques sont les situations qui compromettent la femme de Nino Verrochio et la mère de Jeannot Tremblay. L'entrepreneur en construction de routes, ayant commis l'imprudence de vouloir protéger ses arrières en contribuant à la caisse de l'Opposition, se voit congédié purement et simplement, malgré ses objurgations et ses supplications déchirantes et ses promesses réitérées de verser un pourcentage de plus en plus élevé de ses revenus au Bon Parti. Ce qu'apprenant sa femme Lucia va « donner son corps » (p. 173), « vendre son corps » (p. 231) au ministre des Chemins et des Ponts pour conserver le contrat obtenu précédemment par son mari. Cet épisode dramatique, qui souligne la corruption généralisée qui existe dans le parti nommé par euphémisme le Bon Parti, est raconté sous la plume naïve et ardente du jeune journaliste Achille Bédard (p. 104-105) qui la dénonce. Toutefois, les sbires du Bon Parti veillent au grain et l'article incriminé et incriminant meurt pour ainsi dire sur le bureau du rédacteur en chef, une de leurs âmes damnées, à la suite de menaces et de chantage. Plus tard, la seule solution qui s'offrira au journaliste, devenu rédacteur en chef à son tour, sera le suicide.

Quant à Jeannot Tremblay, le poète, employé comme garçon d'étage au Château Frontenac de Québec, il découvre au cours de son service que sa mère se prostitue auprès de plusieurs membres du Bon Parti. La stupéfaction de cette révélation jointe à la colère l'entraîne à maudire sa mère et à la traiter de putain. Celle-ci, après une scène macabre et d'un goût douteux au cours de laquelle elle frappe son fils avec le poulet qu'elle était en train de préparer pour le repas et qui le couvre de sang, explique l'obligation où elle se trouvait d'agir comme elle l'avait fait pour pouvoir payer ses études et le faire vivre, puisque le père était décédé tragiquement. Le jeune homme, désillusionné, ira se réfugier au bord de la mer pour méditer et écrire, non sans avoir fait lui aussi la rencontre de Gracieuse et avoir connu l'amour avec elle.

Mais la situation la plus tragique se trouve racontée lors du viol de la jeune Homélie Plante par son père Dénommé, qui « était viré fou » (p. 308) lorsqu'il avait constaté que sa femme « se donn[ait] à tous ces hommes qui venaient travailler au chemin neuf avec l'idée constante de s'accoupler » (p. 309) et ne voulait plus de lui. « Ma petite fille, tous ces hommes-là sont bourrés d'idées sales. I' veulent te prendre ; i' ont pas le droit. Ma petite fille, tu es rien que pour ton papa » (p. 310). Après la relation incestueuse, il disparaît, mais est livré à la police par Innocent.

On le voit, l'amour prend dans ce roman plusieurs visages, allant de l'amour normal au sexe, à la prostitution, puis à l'inceste, dans un climat général de corruption et de violence engendré par le Bon Parti, que le romancier tente de camoufler parfois sous les airs paternalistes des politiciens, parfois sous la gouaille carnavalesque. Les mobiles des personnages varient donc selon leurs besoins financiers ou affectifs. « C'est cela l'amour : donner du bonheur et des souffrances ; tout partager » (p. 27), avait dit sentencieusement Procule Ponton à Innocent Loiseau récemment chassé du collège et croyant avoir été initié par sa « veuve ».

Et la ferraille ?

L'intitulé du quarante-septième et dernier chapitre, « Une course au bonheur : beaucoup d'amour et beaucoup de ferraille », résume pleinement le sens du roman, en liant amour et ferraille, comme dans son titre. L'amour, nous l'avons vu, adoptait des formes et des activités diverses allant de la tendresse au sexe. Il en est de même pour la ferraille. Retenons à ce propos les principales occasions où elle se manifeste. Verrochio, congédié et « rouiné » (p. 89), se rappelle les années où il était riche. Du haut d'une colline, il contemplait une de ses routes en construction et « admirait ses machines qui grugeaient la forêt et les marécages, il écoutait la musique de ses bulldozers, de ses tracteurs, de ses camions, de ses pelles mécaniques, de ses niveleuses dont la rude voix grondait au-dessus des collines » (*ibid.*). Puis, ayant pris la décision d'en finir avec la vie, il amène sa femme « visiter le chantier », pense-t-elle (p. 445-446). Verrochio s'approche d'un bulldozer et se met à caresser « la bête de fer » tout en lui parlant : « Tou as été une bonne bête, tou as bien travaillé pour moi; tou ne sais pas qué tou ne vas plous travailler pour moi. Tou as aidé à faire la fortoune de Verrochio, mais tou ne peux pas aider à le tirer de la faillite » (p. 456). Cette machine n'est pas sans rappeler *La bête humaine* d'Émile Zola, la locomotive « Lison » de Jacques Lantier, pour ainsi dire animée. C'est vraiment autour des machines de fer du chantier que se polarise l'ensemble des événements : les bêtes de fer font partie de la procession organisée par le curé Fourré, que Verrochio appelle « une procession d'abrutis » (p. 171), avec leur rugissement et leur grondement sauvage : « Les puissantes bêtes de fer grondaient de plaisir » (p. 169). L'entrepreneur accompagne le défilé au volant de sa « longue voiture Cadillac » (p. 171), rappel évident de la Cadillac blanche de J.J. Bourdage dans *Le jardin des délices*. Puis le narrateur décrit un peu rapidement le travail des machines en train d'ouvrir le chemin neuf et celui des hommes assaillis par des nuées de moustiques (p. 296-297). Ce passage des machines rugissantes évoque à notre esprit la démolition d'un pâté de maisons dans *Le deux-millième étage*, destinée à faire place à un gigantesque édifice. Mais c'est surtout la « course de la mort » (p. 525-526 et 533-537) qui retient notre attention. Les travailleurs et les villageois se livrent à cette folle équipée, chacun avec le désir d'arriver le premier au bout du chemin neuf. Tous se pressent en foule, qui avec des voitures rutilantes, des camions repeints à neuf, qui avec des chevaux enrubannés, des tracteurs, des bicyclettes... Après la bénédiction du curé, le ministre annonce la démolition du chemin neuf, à la surprise générale. Mais, sur la promesse d'emplois nécessaires, tous applaudissent, et le ministre coupe le ruban. « Les moteurs rugirent tous ensemble, remplis de fureur et de puissance. Ils étaient le cœur des bêtes de fer assemblées en un troupeau disparate et fébrile » (p. 525). Les voitures s'entrechoquent, c'est un emmêlement indescriptible, une véritable boucherie, un formidable « dépeçage » des machines et des hommes. Pire : la famille des Tarte, qui vit dans une sorte de commune inaccessible, bloque le chemin avec ses propres machines. La course se termine sur une véritable hécatombe de métal et d'hommes. « Fumantes, des ruines de voitures toutes chiffonnées, métal froissé, renversées, empilées, mêlées les unes aux autres, étaient grimpées les unes sur les autres comme des insectes hideux qui auraient eu le désir de se manger. Cela puait la chair brûlée » (p. 534-535). N'est-ce pas là une autre résurgence du carnavalesque, qui, depuis des temps immémoriaux, lors des fêtes populaires, unit le comique et le tragique, la vie et la mort, les débordements de la joie de fêter ? Deux « vautours », l'un Gornouille Pesant, le ferrailleur, voit sa fortune assurée par la récupération des carcasses tordues, tandis que l'autre, le thanatologue Guédine Lacroix, se réjouit de la manne qui lui arrive grâce à la cueillette des cadavres. N'oublions pas enfin la folie soudaine d'Évariste-Cytriste Tanguay et de sa femme Amandine qui, furieux de voir la terre ancestrale traversée par le chemin neuf, démolissent le tracé effectué par les arpenteurs en enfourchant une vieille faucheuse rouillée qui, devenue hors de contrôle, les précipite vers une mort horrible (p. 270 ss.). Non seulement leurs corps sont « dépecés » par la faucheuse, mais même le cheval, « empêtré dans une clôture de barbelés », est « vidé de son sang » (p. 274).

Les personnages et leurs mobiles

Parmi les personnages émergent Innocent Loiseau, promu surveillant du chantier routier, jeune étudiant naïf en mal de vivre, un avatar évident de l'auteur-narrateur, chassé du collège, qui finira par se suicider après avoir connu l'amour dans les bras d'une femme de passage ; le journaliste Sautereau, condamné au silence, empêché de révéler les malversations du parti, acculé au suicide en raison du chantage que les « hommes noirs » du Bon Parti exercent à son endroit, vu que des photos compromettantes le montrent nu dans les bras d'une prostituée ; Verrochio, l'entrepreneur véreux, ex-millionnaire en perdition, qui finira par entraîner dans la mort sa femme déshonorée en se suicidant lui aussi ; Jeannot Tremblay, le poète, qui trouvera la paix et la sérénité au bord de la mer après avoir connu les faveurs de la femme en jaune, conjointe d'un des travailleurs du chantier toujours absent ; le « bâtisseur de chemins » Charlemagne Saint-Ours et ses effroyables récits de guerre (la guerre, une véritable obsession de l'auteur, comme dans *La guerre, yes sir!*, évidemment) dans les forêts de Birmanie ; Téton Lachapelle, incapable d'aimer sa femme Blandine qui trompe son ennui en s'empiffrant de chocolat (*cf. Salut Galarneau!*, de Jacques Godbout, où la mère engouffre des boîtes de chocolat *Black Magic*) et qui se suicidera à son tour ; Achille Bédard, le journaliste de la relève qui, désespéré de ne pouvoir « changer la vie », suivra le même chemin en se suicidant ; enfin, le Cheuf lui-même qui, mené par l'ambition du Pouvoir, exerce une autorité incontestable sur son entourage politique, mais dont je trouve la figure un peu pâle en comparaison des autres ; le curé Fourré, qui s'attache aux basques des ministres pour la rénovation de son église, ses statues surtout, et qui compromet sa personne ecclésiastique et ses ouailles dans la construction d'un chemin qui deviendra finalement le chemin de la mort. Si j'ai évoqué ces différentes figures comme exemples — on peut compter environ cent personnages clairement identifiés ou identifiables par leur nom, en plus, bien sûr, de nombreux figurants, ce qui ne porte pas le chiffre à mille ou deux mille, comme l'ont imprudemment avancé quelques critiques pressés, à moins qu'on ne retienne le chiffre des « 1987 âmes catholiques » du village fourni par le curé Fourré (p. 163) et dont la majorité prennent part à la procession —, c'est pour montrer que l'histoire de tout un chacun, prétexte à une galerie de portraits savoureux et à une succession de tableaux vivants représentant le quotidien ancré dans la terre, contribue à former une mosaïque de contes articulés plus ou moins étroitement au projet collectif qui constitue le fond du roman.

La réémergence du carnavalesque

Après l'épisode comique rapporté plus haut, qui met en scène Germaine et Mozusse Chabotte, c'est un jeune garçon du village, Opportun Lachance, au nom prédestiné, qui fournit l'occasion au carnavalesque de s'exercer, un domaine où excelle le romancier, comme nous l'avons vu précédemment. Heurté violemment par la voiture de Domitius Vacher quatre ans auparavant, Opportun était demeuré bossu et presque muet. C'est ce que Bakhtine appelle « le dépeçage du corps », faut-il le répéter. À chaque élection l'infirme clame partout dans le village « en pépiant » les seuls mots qu'il peut prononcer : « Des élections! Des élections! » en se tenant au beau milieu de la rue. Surgit la voiture de Vacher qui le heurte de nouveau et le projette en l'air. Opportun retombe comme par hasard dans la charrette à foin de Malice Blanchette, comme la fois précédente. Privilège du romancier, coïncidence de la fiction! Toujours est-il que le petit Opportun Lachance, qui a eu vraiment de la chance (!), sort de l'accident miraculeusement guéri : sa bosse est disparue et il a recouvré le plein usage de la parole. Alliance du tragique et du comique. Le lecteur gobe l'histoire en souriant.

Le curé prend prétexte de ce miracle pour organiser une gigantesque procession en son honneur. Se trouvent soudain réunis tous les éléments d'une fête religieuse à laquelle est convié tout le bon peuple du village : défilé, chants, musique d'orgue, hymnes sacrés, marcheurs et spectateurs, description détaillée de chacun des « corps » qui composent la procession et qui ont revêtu des vêtements/déguisements appropriés, farces grivoises et plaisanteries légères, rires d'accompagnement, sermon. Mais, au moment où le défilé va se mettre en marche, survient un accident tragique : le petit Opportun, ennuyé de se voir l'objet du culte/célébration, s'échappe en douce pour aller comme plusieurs villageois se régaler de frites, car la fête religieuse s'est vite transformée en fête populaire, en kermesse rurale où affluent dans le plus grand désordre populaire roulottes offrant boissons, hot-dogs et autres mets rapides, marchands ambulants, vendeurs de pacotille, amuseurs publics, kiosques de toutes sortes, bariolés d'inscriptions loufoques, « Championnat national des œufs dans le vinaigre » (p. 124-127), stand de patates frites. Soulevé de terre, porté par les bras de spectateurs en liesse, Opportun glisse et plonge dans le récipient d'huile bouillante et meurt frit « comme s'il avait été une pomme de terre » (p. 176). Second dépeçage. La procession fêtera donc par avance la canonisation du nouveau petit saint. Le curé Fourré récupère l'événement tragique à son avantage et fait l'éloge des desseins de la Providence, de saint Opportun, du ministre, du Bon Parti... Chacun y trouve son compte.

Le hasard et l'absurde se côtoient, la dérision fait bon ménage avec le sacré. La désacralisation devient entière quand le cortège tombe dans une embuscade de l'Opposition qui, à l'instigation de Cytriste Tanguay, le bombarde d'œufs pourris, tandis que Cytriste se tient prêt à défendre sa terre, carabine en main, pour empêcher le chemin neuf de traverser sa propriété. Phénomène de rabaissement évident, toujours à la façon bakhtinienne, qui évoque souvent urine, déjections et excréments qui accompagnent ce genre de manifestations au Moyen Âge et dans les siècles suivants. Mais le ciel se met de la partie : un violent orage s'abat soudainement sur la foule et la foudre décapite les peupliers qui bornent la terre du paysan. « L'on vit apparaître les renégats de l'Opposition qui avaient bombardé d'œufs pourris le pacifique cortège. Les corps des infidèles tombèrent des arbres comme des fruits mûrs, qui hurlaient » (p. 197). La pluie lave tout et restaure la propreté des ornements sacrés et des « déguisements » des participants, comme si l'oraison du prêtre et sa bénédiction avaient obtenu un succès immédiat grâce à son messager céleste, saint Opportun. « *De l'amour dans la ferraille,* c'est [...] tous nos romans de la terre et quelques-uns de la ville, adaptés, augmentés et corrigés, synthétisés et fondus dans un curieux moule, celui de l'épico-comique pourrait-on dire », commente François Hébert[6], qui ajoute : « [L]'épique fait la lutte au comique », confirmant l'aspect carnavalesque de la fête.

Procédés stylistiques

Le tableau ne serait pas complet si je ne signalais pas les procédés stylistiques les plus fréquemment employés par l'auteur dans ce roman : l'anaphore, les comparaisons, les énumérations, l'intertextualité, les métaphores sémantiques servant à désigner les noms des personnages, qui se rapprochent évidemment du phénomène carnavalesque évoqué plus haut, quelques intrusions significatives du narrateur et l'emploi d'aphorismes. L'anaphore, que Carrier avait largement exploitée dans les romans que j'ai placés dans la « veine philosophique », revient en force dans *De l'amour dans la ferraille,* l'auteur n'hésitant pas à y glisser une amorce d'explication : « Et il [Charlemagne Saint-Ours] redisait l'histoire tant de fois racontée. Même si elle était purement jaillie de l'imagination d'un homme seul, elle serait devenue vraie, car la vérité n'est pas dans les faits mais dans *l'insistance avec laquelle ils sont racontés* » (p. 362, je souligne). Plus qu'une simple figure de construction, l'anaphore devient nettement une figure de pensée. Sans les analyser toutes, insistons quand même sur quelques-unes des plus significatives. Le jeune journaliste Achille Bédard, fraîchement embauché par le rédacteur en chef Sautereau au journal du Bon Parti, *La Province ensoleillée*, voudrait bien faire partager sa haute conception de la Politique, avec un grand P, mais son chef le désillusionne, rature presque toutes les lignes de son article, puis le jette à la poubelle. Achille devra suivre la ligne du Bon Parti sans se soucier de la vérité (p. 48 ss.). « La vérité? Qu'est-ce que la vérité? », lui martèle-t-il en prêchant : salir des réputations, rapporter des scandales, écrire tout ce qui lui passe par la tête? Pourtant, c'est Sautereau lui-même qui va sauter, selon le « trait historique » (p. 48) du Cheuf à son endroit, car, prenant au fur et à mesure conscience de la corruption du Bon Parti et de sa propre indignité, il avait tenté de publier un éditorial incendiaire dans *La Province ensoleillée*, en reprenant le titre d'Émile Zola, « J'accuse », ponctué une dizaine de fois, dont le dernier se lisait sous forme d'énumération : « J'accuse le Bon Parti de gouverner par le tripotage, le chantage, le rapt, le mensonge, le favoritisme, les menaces, la calomnie, le commerce d'influences, le marchandage de la chair humaine » (p. 278). L'acte d'accusation était tellement clair que les sbires du Bon Parti avaient pris les moyens pour l'éliminer en lui faisant voir des photos compromettantes le montrant dans les bras d'une prostituée. Son honneur entaché, le rédacteur en chef n'aura plus qu'à se suicider. Paradoxalement, le Cheuf le remplacera par Achille Bédard (p. 279), qui finira dans les mêmes circonstances.

D'autres anaphores, accompagnées de nombreuses répétitions, comme dans *La Dame qui avait des chaînes aux chevilles*, valent la peine d'être évoquées. Par exemple, Pommette Rossignol se fait engager au chantier, car elle se sent capable de travailler *comme les hommes*. Ce syntagme, répété avec force (p. 345), porte un accent féministe évident, bien qu'ironique. De son côté, Charlemagne Saint-Ours, dont le nom est multiplié à satiété durant tout le chapitre 32, raconte avec une certaine exagération les aventures qu'il a vécues comme terrassier lors de différentes guerres. Citerai-je également les interrogations ressassées par Innocent sur l'amour : « Qu'est-ce que l'amour ? » (p. 461), ou celles que lui pose son ami Jeannot Tremblay sur le travail (p. 496). Verrochio lui-même ne peut s'empêcher d'énumérer les gens qui travaillaient au chantier de construction ou gravitaient autour comme une nuée de rapaces et qui « riaient en racontant les étapes de sa faillite » (p. 453).

Parmi les énumérations, il convient d'insister sur celle qui décrit le travail de corruption du Bon Parti et qui sera triplée en quelque sorte par une autre énumération aussi dénonciatrice de Sautereau (p. 230) et par l'anaphore citée plus haut (p. 278) : « Quelqu'un osera-t-il dire, un jour, que chaque bout de chemin éparpillé dans la province est fait [...] surtout de malversation, de chantage, de spoliation, de concussion, d'escroquerie, de boursicotage, de baraterie et de piraterie ? », écrit Achille Bédard (p. 104). Plus tard, le romancier résume les événements en énumérant les différents corps qui ont participé à la procession, mais à laquelle Innocent s'était gardé de prendre part lui-même (p. 197). D'ailleurs, cette technique de résumé énumératif, dont Carrier est coutumier, est reprise vers la fin du roman (p. 507-509). En parlant du carnavalesque, j'ai également cité la description, sous forme d'énumération comique, de la « freudinousse » d'Origène Rossignol (p. 341). Des traits similaires se rapportant à la poitrine généreuse de sa femme Pommette secouée par le marteau-piqueur forment une énumération plaisante et éminemment suggestive : « elle bondissait, rebondissait, s'élevait, retombait, se trémoussait, sautillait, frétillait, ondulait, palpitait, roulait, pendillait, ballottait, ondoyait, palpitait dans sa chemise » (p. 348). L'amour, ou le sexe, est de la partie, cela s'entend, mais aussi la mort.

C'est ce qu'annonce l'énumération des voitures diverses s'apprêtant à participer à la course de la mort qui marquera l'inauguration du chemin neuf (p. 524). La mort, en effet, est présente tout au cours des événements. Rappelons le décès, par crise cardiaque, de Poutine Lachance, qui ne survit pas au miracle qui a guéri son fils Opportun (p. 44-45), et de Philémon Bouleau, qui court récupérer les photos des nichons découpées dans *La Province ensoleillée* (p. 486) ; les suicides de Sautereau (p. 243), d'Achille Bédard (p. 518), de Téton Lachapelle (p. 308), de Nino Verrochio, qui entraîne sa femme Lucia dans la mort en demandant à Innocent de faire exploser sa voiture (p. 464), d'Innocent Loiseau, qui fait sauter la « cabane bleue » (p. 167) qui lui servait de poste de garde du chantier et qui tue du même coup le chef de police venu enquêter sur la mort violente de Verrochio (p. 496) ; celui des deux vieux parents de Cytriste Tanguay, Évariste-Cytriste et sa femme Amandine dans un accès de folie, littéralement fauchés par la mort sous leur faucheuse ; la mort tragique de Joseph-Athanase Lasouche, dévoré par les loups après avoir été écrasé par un arbre et que se rappelle son fils, ministre du comté (p. 59) ; enfin, l'accident de voiture qui a coûté la vie au père de Jeannot Tremblay (p. 107-108). Cette longue énumération de morts n'est pas sans marquer le paradoxe et l'ambiguïté du chemin neuf qui devait conduire à une nouvelle vie pour le village, comme le souligne le narrateur à plusieurs reprises, sous des formes similaires, par exemple en mettant dans la bouche de Verrochio cette constatation : « *toute route, à la fin, mène à la mort* » (p. 427, je souligne). Quand survient la course folle (p. 533-537) lors de l'inauguration du chemin neuf, le dépeçage des corps ensanglantés, éparpillés en morceaux, confirme la fin de la vie : « La Mort venait encore de frapper un grand coup sur le chemin neuf [...] Les coureurs n'avaient pas atteint le bout du chemin neuf, mais le bout de la vie. Au grand jeu de la vie et de la mort, la mort avait gagné » (p. 533).

D'autres procédés méritent de retenir notre attention, soit les innombrables comparaisons qui jonchent le roman et qui se rapportent en grand nombre à la vie quotidienne des paysans et à la nature, soit les traces évidentes d'intertextualité. Martin Heidegger et ses « chemins qui ne mènent nulle part », Charles de Gaulle, Napoléon, Astérix, Sigmund Freud, Voltaire et Léon Bloy, l'actrice américaine Shelley Winters, Alfred de Musset, Guy de Maupassant, William Shakespeare, Maurice Richard, Maria Goretti, Homère, Charlie Chaplin, Émile Zola, Hermann Melville, Arthur Rimbaud et François Rabelais, l'auteur favori de Carrier, forment toute une galerie de personnages. Quant aux traces d'intertextualité dite externe, elles reprennent des éléments tirés des autres romans de l'auteur ou les annoncent : en vrac les décolletés, la guerre, l'écorchage du cochon, les journalistes ambitieux, René Goupil, le rêve, la nuit, les chaises berçantes, l'Auberge du Bon Boire, l'amour de la poésie, les baratineurs, les jouets écrasés par un gros pied... Ces intertextes contribuent à créer un monde original propre à Carrier et à le nourrir continuellement.

Signalons les nombreuses métaphores sémantiques dont sont pourvus les noms des personnages et qui créent un effet carnavalesque évident : le naïf Innocent Loiseau, le malchanceux Opportun Lachance, Malice Blanchette qui profite de ses terres fertiles pour vendre son foin, Pommette Rossignol, forte comme un homme et capable de couper la freudinousse de son mari, le vieux Mathusalem Laforce, Prudentiel Ladouceur qui attend prudemment l'arrivée de l'électricité avant de voter pour le Bon Parti, le bûcheron Uguzon Dubois, Philémon Bouleau et sa femme Aubépine, le sourcier Odilon Santerre, Téton Lachapelle, incapable d'aimer sa Blandine Laframboise, Oscar Marteau, qui frappe un grand coup en publiant des photos de nichons dans *La Province ensoleillée*, Trophyme Laroche, opérateur de bulldozer, le conducteur de niveleuse Adolphe Cerisier et sa femme Gracieuse, le coiffeur Napoléon Labrosse, la directrice de la chorale, Célanire Pigeon, le sacristain Théophile Labbé, le célibataire Polycarpe Poisson, Méloppée Sautereau et son piano, Picotte Maillet, un autre opérateur de bulldozer, Magloire Cauchon, éleveur de porcs, le curé Fourré, le fainéant Mozusse Chabotte, le cultivateur Cytriste Tanguay, le thanatologue Guédine Lacroix, le ferrailleur Gornouille Pesant, et le reste. Ces métaphores, parfois un peu faciles mais comiques, servent à déterminer les activités quotidiennes des personnages ou leur caractère. Au lecteur ou à l'analyste de proposer les interprétations de son choix. Il reste que les suggestions implicites et légèrement malicieuses du narrateur y contribuent pour beaucoup.

Cela constitue en quelque sorte ce que Gérard Genette appelle des intrusions du narrateur. Ces « métalepses[7] » se retrouvent essentiellement dans quelques avatars autobiographiques de l'auteur, en particulier chez Innocent Loiseau, expulsé du collège (p. 14 ss.) dont il se rappelle de mauvais souvenirs et qui seront repris dans deux ouvrages subséquents, *Prières d'un enfant très très sage* et *Prières d'un adolescent très très sage*, puis dans des passages où Carrier exprime, d'une manière subtile et furtive, par narrateur délégué ou par ses personnages, ses points de vue sur l'écriture, le pays et la langue.

Faisant sans doute allusion au pavé qu'il est en train d'écrire, Carrier se permet ce bref commentaire, quand

Innocent reçoit une lettre de son ami poète, Jeannot : « L'enveloppe était épaisse comme un roman » (p. 421). Dans cette longue lettre Jeannot expose, en une sorte d'essai, la mission dont il sent qu'ils sont chargés : « Voilà notre mission, Innocent : *aider à vivre, aider notre peuple à vivre* » (p. 423, je souligne). Cet aspect « national » se retrouve à plusieurs reprises dans les romans de Carrier et il convient d'être attentif à ces propos. D'ailleurs, le jeune ex-collégien en route pour la maison paternelle s'interroge sur le chemin de la vie : « Pourquoi suivre une route qui ne débouchait nulle part quand d'autres chemins mènent à la vie qui est le plus grand roman au monde? » (p. 22). Dans une autre lettre aussi exaltée, le poète Jeannot Tremblay revient sur les rêves qu'il caresse : « Quand on écrit, on suit les chemins de l'imaginaire. Le chemin de la vie, c'est celui du corps... » (p. 496). Il ajoute plus loin avec un brin de nostalgie : « Être poète est une bien mauvaise habitude. J'envie les gens qui ne sont pas habités par les mots. [...] Les rêves du poète se réalisent toujours pour la simple raison qu'ils ne sont pas des rêves, mais de clairs regards jetés sur la réalité du monde » (p. 497). Le poème qu'il déclame devant les gens du chantier ressemble aux discours qui sont tenus par Vieux-Thomas et son petit-fils dans *Il n'y a pas de pays sans grand-père*, ses accents sont les mêmes, ses appels à la liberté se répètent, scandés par une anaphore-interpellation : « Hommes de la génération de mon père, on vous a enseigné / les routes qui conduisent au ciel / Vos fils vous guideront sur les chemins où l'on marche la /tête haute dans la liberté de la terre » (p. 404). D'autres phrases lapidaires expriment ce désir de liberté, par exemple : « Un peuple qui a peur est un peuple qui est dominé » (p. 373). Ce genre d'affirmation ressemble aux aphorismes que Carrier introduit comme réflexion personnelle dans quelques-uns de ses poèmes et romans. Je pense par exemple à celles-ci : « L'humour est l'ombre d'un doute sur les choses » (p. 52), qui confirme et justifie à la fois le ton carnavalesque qu'il emploie fréquemment, puis à « Le rêve est la boussole de l'homme perdu » (p. 361), qui étaye les propos de Jeannot Tremblay, et ceux de l'auteur lui-même, ou encore « La vie est une route à sens unique » (p. 448), où l'on retrouve le sens du roman. Le poète déplore avec tristesse que ses propos aient été incompris, lui qui avait « appris leurs mots rudes, leurs jurons costauds » (p. 422). « Tous les peuples ont parlé la langue de la poésie. [...] Les hommes de ma province n'entendent pas la poésie » (*ibid.*), ajoute-t-il. Derrière lui se profile le Carrier de ses recueils de poésies. Bref, voilà un important roman dont on n'a pas encore épuisé toutes les richesses, surtout aux plans de l'amour de la vie et de l'omniprésence de la mort.

Notes

1 Jean Royer, « Roch Carrier. Au moindre mot la page bouge », *Le Devoir*, 17 novembre 1984, cahier 3, p. 21.

2. Réginald Martel, « Roch Carrier au pays du cœur », *La Presse*, 17 novembre 1984, p. E 3.

3. *Loc. cit.*

4. François Hébert, « Connaissez-vous Saint-Toussaint-des-Saints ? », *Le Devoir*, 10 novembre 1984, p. 25.

5. Aristophane, *Lysistrata.*

6. François Hébert, *loc. cit.*

7. Gérard Genette, *Figures III*, p. 243 ss.

CHAPITRE 8

UN ROMAN ÉNIGMATIQUE

À première vue, le dixième roman de Carrier possède toutes les caractéristiques d'un roman à énigme. Les critiques qui se sont prononcés sur *L'homme dans le placard* en ont fait des lectures différentes. Réginald Martel, qui parle de « roman de mœurs mâtiné d'observation sociologique », conclut son analyse, tout à fait positive, en le qualifiant de « petit polar d'apparence innocente, encore que très légèrement teinté d'érotisme, de poésie même[1] ». En revanche, Louis Cornellier estime que « *L'homme dans le placard* n'est pas un roman policier. Il ne s'agit là que d'un masque utilisé par l'auteur dont le propos vise plutôt une mise à nu, une représentation féroce parce que voilée de l'absurdité de la condition humaine[2] ». « Faux polar ou polar manqué? », s'interroge Marie-Claude Fortin, qui estime que « les sentiments ne font qu'affleurer[3] » à la surface de l'écriture. Mais a-t-elle bien lu le roman? Louise Alain affirme, de son côté, qu'il s'agit d'une « intrigue policière[4] ». Mais tous n'auraient-ils pas raison, à des degrés divers? Voilà bien des interprétations offertes à notre propre analyse. C'est en débrouillant les pistes vers lesquelles le maître du brouillage, Roch Carrier, dirige ses lecteurs que nous trouverons la vérité.

L'intrigue

L'intrigue se résume en peu de mots. Deux jeunes femmes, l'une, Charlotte, avocate, l'autre, Johanne, actrice, passent une semaine à la campagne dans la résidence secondaire un peu retirée, camouflée par des pins, que leur a prêtée un couple ami de longue date, Nicole et Pierre Martin. La première dort à l'étage, tandis que l'autre occupe une chambre du rez-de-chaussée. Soudain, en pleine nuit du 29 octobre, surgit l'ombre d'une personne cachée dans le placard et qui se jette sur Johanne, surprise en tenue minimale. Celle-ci, cédant à une peur panique, brise une fenêtre et, blessée par des éclats de verre, s'enfuit dans la nuit glacée. Dès que la nouvelle est connue, à la suite du reportage du journaliste Barry Tremblay, tous s'emparent de l'événement et le racontent en l'interprétant chacun à sa façon, à commencer par le journaliste, puis successivement par Charlotte et Johanne, les villageois, le chef de police, le docteur Aubert, Nicole Martin, le bibliothécaire de l'école, le journaliste de nouveau, le narrateur omniscient, le journaliste (suite), le narrateur (suite), le journaliste (suite), le narrateur (fin). Cette focalisation multiple, cette diversité des points de vue, engendre un brouillage volontaire des pistes offertes à l'enquête et aux interrogations de tout un chacun, car presque tous émettent des hypothèses soit contradictoires, soit invérifiables, sur les maigres indices dont ils disposent. S'il n'est pas nouveau, le procédé fonctionne à merveille.

Le rapport du chef de police

L'énigme criminelle, qui est une forme du roman policier, ou polar, obéit à des règles somme toute fort simples, comme le soulignent à juste titre les théoriciens du genre : une agression, vraie ou supposée, a eu lieu, qui déclenche chez la victime une peur panique pouvant aller jusqu'à la terreur, ou la conduit à la mort. Un enquêteur commis à l'affaire tente de déchiffrer les indices qui doivent l'amener à résoudre l'énigme et à trouver le ou la coupable. Selon Marc Lits,

> l'on n'accède à la résolution de l'énigme que par un exercice de déchiffrement. Dans l'histoire seront donc insérés des indices, *vrais* pour amener la solution, et *faux* pour brouiller les pistes. Ces indices seront d'autant plus fins qu'ils sont l'œuvre de quatre subtilités additionnées, celles du criminel, du détective, du lecteur et de l'auteur[5].

Dans le cas qui nous occupe, Johanne, la victime, semble la seule en mesure de témoigner de l'attaque qu'elle dit avoir subie, mais les indices qu'elle fournit à ses amis, les Martin, puis au chef de police local sont bien minces : une ombre. Examinons en détail les indices fournis aux « détectives », en l'occurrence d'abord le chef de police, plutôt balourd, peu subtil, dépourvu de perspicacité en même temps que démuni de véritables moyens d'enquête, ce qui constitue déjà de sérieux handicaps à la résolution de l'énigme et à l'arrestation du malfaiteur présumé.

Comment le chef, qui est d'ailleurs le seul policier de l'endroit, procède-t-il pour mener son enquête, c'est-à-dire pour déchiffrer les indices qu'on lui a donnés, ou qu'il trouve de lui-même et interprète, ou tente d'interpréter, fort malhabilement? Quand il est réveillé par le téléphone en pleine nuit, écrit-il dans son rapport, rédigé par sa femme, « c'est généralement à cause d'un étranger ». Première hypothèse. Préjugé latent : par comparaison avec les « braves habitants » du village. Ses rondes lui avaient permis de repérer « deux belles filles », logeant chez les Martin, comme il l'avait « deviné » « [d]eux belles étrangères de la ville », précisera-t-il plus loin, dont l'une est une actrice. Deuxième hypothèse. Comme il ne l'a pas vue à la télévision, « [e]lle ne doit pas être une grande actrice » (p. 62). Troisième hypothèse, un peu gratuite. Son enquête est biaisée dès le départ. Georgianna, sa femme, qui avait reçu l'appel téléphonique, lui avait annoncé qu'il y avait un *homme* dans le placard, à la maison des Martin (p. 61). Elle ne faisait que répéter ce qu'on lui avait dit au téléphone. Premier indice, vrai ou faux ? Deuxième et troisième indices : « Ces filles-là ont déjà *vu* des hommes de près. Pourquoi ont-elles *peur* ? » (p. 62, je souligne), se demande-t-il. Le mot « vu » n'est pas innocent, comme on le verra par la suite, il contient même la clef de l'énigme. Dans la logique un peu courte du chef de police, si elles ont pu voir l'homme, c'est que quelqu'un a allumé la lumière. Qui ? Là est la question. « Quand on a de l'expérience, on a un raisonnement raffiné », écrit-il le plus sérieusement du monde (p. 63).

Pendant l'interrogatoire, l'actrice avoue que la frayeur l'a paralysée un moment et que, au lieu d'allumer la lumière, elle a sauté à travers la fenêtre. L'inspection des lieux entourant la maison ne révèle rien à l'enquêteur : « ni homme, ni femme, ni chevreuil », note avec humour le narrateur, « pas [...] de voiture non plus » (p. 64). Dans ses tournées de surveillance, le chef n'a rien remarqué de particulier : pas de lueur anormale autour de la maison, aucune musique anormale, rien d'anormal donc, sauf, dans le Chemin de la montée douce, la voiture de Constant, l'homme à tout faire, un étranger installé dans le village. Pas de traces de voiture sur le gravier de l'allée ni sur la terre gelée. Indices à vérifier, se promet-il. Quand il s'est rendu à la maison des Martin, il a frappé à la porte en criant « Police ! », et on lui a ouvert en tournant la clef dans la serrure.

Déduction primaire : « pour entrer, il fallait ou bien se faire ouvrir ou bien posséder la clé » (p. 65). À l'examen des lieux, il constate d'abord que les deux femmes dormaient à des étages différents, puis que le placard, ordinaire, rempli de linge de femme, laisse « [p]eu de place pour un homme à moins qu'il soit maigre » (*ibid.*). Au fait, Constant est-il maigre? L'histoire dit qu'à son arrivée au village il était « grand et maigre » (p. 55). Mais maintenant? Aucun indice à cet effet. Le policier note ensuite les principaux faits parce que vérifiables : pas de trace d'effraction; sur le « lit de la présumée victime », écrit-il avec prudence, un livre, une lettre, des magazines, des fioles de parfum; pas de trace de lutte; du sang sur des éclats de verre et sur le mur; beaucoup de bouteilles de bière vides; pas d'empreintes; la peur des deux jeunes filles; le silence de Charlotte, « celle qui n'a pas *vu l'homme* » (p. 67, je souligne); une odeur de fumée d'« herbe »; tous les mégots avaient du rouge. Ce dernier indice l'amène à une déduction plutôt simpliste : « l'homme du placard était un non-fumeur ». Autre constatation : « Charlotte agissait comme une mère quand son enfant a peur. Elle avait son bras sur l'épaule de Johanne » (*ibid.*). Aurélien Boileau conclut son rapport par un dernier détail : « on aurait vu, le jour de l'agression, la voiture bleue des Martin dans le Chemin de la montée douce » (p. 68). À vérifier, ajoute-t-il. À la réflexion, on doit admettre que le chef de police s'est montré consciencieux et minutieux en accumulant tous les indices qu'on lui a fournis, en consignant les témoignages, en se livrant à ses propres observations, mais aussi en émettant certaines hypothèses et en tirant un grand nombre de déductions, plutôt variables, cependant. Comme tout le monde, toutefois, il prend pour acquis que l'agresseur caché dans le placard était un homme. Jamais il ne s'interroge sérieusement sur l'identité réelle de cette personne, ce qui fait que le lecteur reste en attente grâce au suspens que maintient fort habilement le narrateur. La solution reste à venir, car le chef n'a fait que livrer un rapport d'enquête. Et puis, faut-il le dire, l'astuce du narrateur consiste à faire languir le lecteur jusqu'à la fin.

Les reportages du journaliste

Parallèlement au rapport du chef de police, le journaliste qui veut écrire le scoop qui consacrerait sa renommée émet dans ses articles relatant l'affaire plusieurs hypothèses non vérifiées. Barry Tremblay intervient d'ailleurs à trois reprises dans le récit, ce qui prouve son importance comme journaliste enquêteur qui voudrait bien se muer pour l'occasion en détective. Il est le premier à rapporter la nouvelle de l'agression, mais en termes journalistiques assortis d'un avertissement contenu dans le titre choc de son article : « Terreur dans nos demeures! », destiné à secouer les lecteurs de son journal en misant sur leurs émotions, c'est évident. « De l'incident, il ne reste ce matin que des paroles » (p. 13), avertit le journaliste, ce que répète le narrateur à peu près dans les mêmes termes : « De ces événements, il ne restera que des souvenirs de paroles, des récits qui s'annulent les uns les autres, se contredisent, se transforment et dont les éléments s'emmêlent » (p. 15), révélant ainsi les procédés et les ressorts du roman à énigme. Ensuite, le journaliste rapporte les événements en émettant d'entrée de jeu une hypothèse : l'homme était « costaud », ce que ne corrobore pas du tout le rapport du chef de police qui déduisait plutôt que l'homme était maigre. Tremblay ajoute que l'homme « avait l'intention très certaine de la [la victime] violenter » (p. 16). Hypothèses gratuites encore une fois, tant sur l'identité de l'agresseur que sur ses intentions. Le reste, à savoir la peur, la fuite, les coupures, la disparition de l'agresseur, est conforme.

Sa deuxième intervention se passe à l'occasion de l'arrestation d'un camionneur à la frontière canado-américaine. Que transporte celui-ci ? Un bateau volé sur la propriété du docteur Aubert, le psychothérapeute, voisin et ami de Pierre Martin, à l'instigation de ce dernier. Pourquoi ?, s'interroge Tremblay, sans trouver de réponse appropriée. Lui, qui veut planer « au firmament des étoiles » (p. 145), ne pense pas une seconde à relier le fait à l'agression, alors que Martin y semble impliqué. Pourtant ce bateau, continuellement en construction, amarré en permanence sur la pelouse du docteur Aubert, était un rêve inaccompli et revêtait pour lui une importance capitale. « Pendant qu'il perd son temps, l'homme du placard court en toute liberté » (p. 148), note insidieusement le narrateur afin de continuer à brouiller les pistes.

Après avoir enquêté, avoir vérifié les rumeurs, reconstitué les allées et venues de plusieurs suspects, il ne lui restait plus qu'à aller interroger les filles. Mais celles-ci ont fui, ou plutôt, ont été expulsées du village par le chef de police, dépassé par les événements et soucieux de conserver à la localité son calme habituel. Tremblay a raté son rendez-vous, son rêve d'avenir s'écroule. Soudain la nouvelle arrive : la mort tragique des deux jeunes femmes dans un accident de la route. « Drame rouge dans la neige blanche », titre l'article aux accents pathétiques du reporter qui reste coincé dans ses interrogationss tout en affirmant avec une grandiloquence tragi-comique : « [V]otre assaillant était la mort » (p. 164). Le journaliste n'a donc rien apporté de positif et de sûr à l'enquête. Ce n'est pas lui qui détient la clef de l'énigme, mais le narrateur omniscient.

Les subtilités du narrateur

On aura compris que c'est le narrateur omniscient qui mène le jeu et distribue les rôles tantôt aux victimes, tantôt à l'enquêteur « de nature », comme le chef Boileau, tantôt aux enquêteurs « d'occasion », tels le journaliste Tremblay, les amis Martin, l'homme à tout faire Constant, le bibliothécaire de l'école, enfin les villageois. Aussi les indices qui devraient conduire à la résolution de l'énigme se trouvent-ils souvent interprétés/déchiffrés de manière différente et même contradictoire, parfois faussés par des préjugés simplistes ou fielleux, des rumeurs mesquines, des hypothèses gratuites et des preuves sans fondement. Les « subtilités de l'auteur » — selon les termes de Lits, mais je préfère dire les « subtilités du *narrateur* » — consistent généralement à déléguer la parole à d'autres intervenants qui essaieront de déchiffrer l'énigme chacun à sa façon évidemment.

Les vingt chapitres brefs et ramassés du roman livrent peu d'information narrative, c'est-à-dire seulement l'essentiel. La mimésis l'emporte nettement sur la diégésis. Le narrateur, pour maintenir le suspens, ne doit-il pas, justement, fournir parcimonieusement les indices, en brouiller et retarder le plus longtemps possible le déchiffrement, égarer sciemment le lecteur et même ne révéler que partiellement la clef de l'énigme ? La perspicacité fort variable des uns et des autres se trouve ainsi mise à rude épreuve. C'est par la présentation habile des personnages et leurs réactions à l'égard de l'assaillant présumé et de la victime que se manifestent les subtilités du narrateur.

Pierre Martin, qui se sent attiré par la chair fraîche, serait retourné à proximité de sa maison de campagne, aurait couché dans la grange voisine avec Charlotte, d'où le foin dans ses cheveux et les égratignures qui zèbrent son dos (chapitre 16). Conséquence : sa femme, sans chercher plus loin, demande le divorce. C'est le témoignage du bibliothécaire de l'école qui l'a incriminé : en pratiquant son jogging matinal, il a aperçu la voiture bleue de Pierre Martin et, en longeant une vieille grange abandonnée, a entendu « le foin qui se froissait comme un bruit de papier » (p. 88) et « comme un *gémissement* d'une personne qui pleurait, ou bien comme un *cri de chatte*, ou bien la *plainte amoureuse* d'un porc-épic » (p. 88-89, je souligne délibérément pour mettre en évidence l'humour de Carrier). Puis il y a le récit du dérapage de sa voiture que Pierre raconte à sa femme Nicole, qui n'y croit guère. De déduction en déduction mal étayée, on aboutit à des conclusions incohérentes, fragiles ou erronées, ce qui est le but de l'exercice.

Nicole suspecte aussi Constant qui a l'habitude de rôder dans les parages pour se rendre utile et qui, c'est le cas de le dire, possède ses entrées libres un peu partout. Les villageois ne sont pas en reste, eux qui parlent sans aménité, avec un brin de méfiance, des « bourgeois de la ville », des étrangers donc, comme les deux jeunes femmes, dont l'une est actrice par-dessus le marché. Une actrice… Roman de mœurs, observations sociologiques, a proposé la critique. Même Charlotte joue le jeu. Pour égarer les soupçons ? Son silence la trahit. Son attitude et sa manière d'être attirent l'attention de Nicole (p. 81-82). Et son chemisier ouvert, son soutien-gorge lilas (p. 79), qui attire le regard de Pierre, souligne Nicole, un peu jalouse.

La principale piste à explorer par les personnages semble toujours conduire à Constant, l'homme à tout faire venu du village voisin, un « rapporté » qui a enlevé au villageois Norbert la femme qu'il aimait. Norbert ne se gêne pas d'ailleurs pour orienter les soupçons vers son ancien rival. Sans attendre son reste, se voyant suspecté, Constant déguerpit en apportant avec lui les clefs de l'église dont il avait l'entretien, ce qui, pour plusieurs, constitue une preuve irréfutable de sa culpabilité. Ce n'est qu'au tout dernier chapitre que le lecteur apprend qu'il s'est donné la mort dans sa voiture, par asphyxie au monoxyde de carbone (p. 166-167). Sa confession, faite à Dieu seul, le narrateur omniscient la résume à l'intention du lecteur : frustré de ne pouvoir profiter de la jeunesse et de l'amour des deux « jeunes créatures », Constant a « dévissé le boulon de sécurité à la jointure de l'arbre de direction » (p. 168) de leur voiture, ce qui explique l'accident fatal dans lequel elles ont péri.

La clef de l'énigme

La clef de l'énigme concernant « l'homme dans le placard » se trouve finalement au chapitre 19, qui devrait normalement marquer la fin du récit. La vraie coupable, c'est Charlotte elle-même qui raconte à sa compagne l'actrice l'attirance qu'elle avait toujours ressentie pour elle, pendant que celle-ci conduit la voiture qui les ramène à la ville après leur expulsion forcée du village par le chef de police. La tempête se lève. Charlotte, inspirée par la neige folle qui commence à tourbillonner, se sent en veine de confidences. Elle s'était déjà un peu trahie dans le combat qui les avait opposées toutes les deux pour la possession de la lettre d'amour trouvée sur le lit (chapitre 16) et qu'elle s'était empressée de brûler pour effacer un indice compromettant. Cette lutte corps à corps un peu trouble les avait laissées les membres emmêlés, tandis que « Charlotte re[cevait] les coups sans les rendre » (p. 127), dans une attitude d'amoureuse masochiste ou soumise. Toujours est-il que Charlotte déclare à sa compagne : « Johanne, je suis amoureuse » (p. 154), puis, s'enhardissant : « Johanne, as-tu vraiment eu peur de l'homme dans le placard? » Sur sa réponse affirmative, elle avoue abruptement : « J'ai tellement de remords. Je n'aurais pas voulu te faire peur! [...] Je voulais seulement toucher à tes cheveux, te donner un baiser sur le front, je ne sais quoi... » (p. 156). Surprise et ahurie, Johanne donne un brusque coup de volant, et c'est l'embardée fatale, la voiture dérape sur la neige et la glace, c'est la mort.

Comme on le constate, puisqu'il n'y avait pas eu d'effraction lors de l'agression, il fallait que quelqu'un possédât la clef de la maison : les Martin, bien entendu, Constant, qui venait y exécuter des travaux de réparation de temps en temps et à qui on avait confié une clef comme à un homme de confiance, et les deux jeunes femmes. Une fois écartés les autres suspects, la clef de l'énigme est donc la clef de la maison, que possédait Charlotte. L'homme dans le placard était donc une femme!

Au point de vue narratologique, on pourrait soit reprocher au romancier d'avoir proposé deux énigmes à résoudre, celle de « l'homme dans le placard » et celle de la mort des deux jeunes femmes, soit l'en féliciter puisque cette double finale a réussi à tenir le lecteur en haleine jusqu'au bout. Il ne serait pas non plus inutile de rechercher les fines touches d'humour qui parsèment un récit somme toute tragique et qui portent la marque gouailleuse, j'allais dire carnavalesque, de Carrier.

Pour reprendre les analyses critiques que j'ai rapportées au début, il apparaît maintenant évident que presque tous ont raison, que ce polar est habilement construit, qu'il suit adroitement les règles du genre en emmêlant les indices et les pistes, que le romancier a réussi à représenter l'absurdité de la condition humaine, ainsi que le soutient Cornellier, et que, contrairement à ce qu'estime Marie-Claude Fortin, les sentiments des personnages me semblent plutôt bien exprimés.

Donc une excellente réussite en son genre, où sont habilement confrontées la vie et la mort.

Notes

1. Réginald Martel, « Un joli petit drame, signé Roch Carrier », *La Presse*, 15 septembre 1991, p. C5.
2. Louis Cornellier, « Bombe à retardement », *Le Devoir*, 2 novembre 1991, p. D3.
3. Marie-Claude Fortin, « La porte du Nord », *Voir*, 24-30 octobre 1991, p. 25.
4. Louise Alain, « Un espace littéraire à explorer », *Continuum*, 20 janvier 1992, p. 19.
5. Marc Lits, *L'énigme criminelle. Vade-mecum du professeur de français*, p. 27.

CHAPITRE 9

UNE FIN RATÉE

Dans son onzième roman, *Fin*, Roch Carrier dresse en somme le bilan d'une vie, celle de Victor Joyeux et par ricochet celle de sa propre écriture, en passant son temps à philosopher et à moraliser sur plusieurs sujets, ce qui n'est pas sans le rapprocher d'*Il n'y a pas de pays sans grand-père*, de *Les fleurs vivent-elles ailleurs que sur la terre ?* et de *La dame qui avait des chaînes aux chevilles* en ce qui concerne la narration et les thèmes ressassés.

Un homme arrivé au début de la soixantaine, qui a mené une vie richement remplie de poète, d'avocat, de chef d'entreprise, enfin d'ingénieur en béton précontraint, une vie aventureuse qui lui a fait faire le tour de la planète et rencontrer un tas de jolies femmes dont il a eu des enfants éparpillés aux quatre vents, décide lucidement de mettre fin à ses jours avant que tout ne se gâte irrémédiablement. Précis, minutieux, calculé, le plan de Victor Joyeux — encore l'ironie de la double nomination — ne devrait pas échouer. Mais, inévitable comme de juste, un obstacle imprévu le modifie ultimement et bêtement : glissant sur une flaque d'huile que laisse échapper le moteur de la vieille Renault que sa jeune maîtresse

Mélissa lui a prêtée, il se fracture les vertèbres cervicales et meurt par accident. Son suicide se trouve donc raté, mais la mort est quand même au rendez-vous.

Un testament bilan

Ce qui fait l'intérêt du récit, c'est la forme que le narrateur Victor adopte pour le raconter : en homme sage et prévoyant, il rédige son testament, tout en s'adressant à ses héritiers qu'il appelle « Très chers » et tout en s'étendant avec prolixité, « d'une façon lourde et itérative[1] », selon Réginald Martel, sur la confession de sa vie. La forme testamentaire explique que le texte soit d'une seule venue. En cours de rédaction, il s'arrête toutefois un long moment pour répondre à un coup de téléphone de Robert, son associé, qui le convainc de se rendre en Turquie y bâtir un barrage. Revenu de mission, il reprend son testament en commençant par la formule obligée : « *Sain de corps et d'esprit*, je peux continuer d'écrire ce testament, auquel vous me permettrez — je me permets — d'ajouter quelques *commentaires* personnels » (p. 42). Puisant dans le désordre de sa mémoire, ce qui est souvent le propre des romans de Carrier, Victor évoque en de fréquentes analepses tantôt des souvenirs d'enfance et d'adolescence, plutôt attendrissants et émouvants même, tantôt des anecdotes diverses, les unes appropriées, d'autres sans réel intérêt pour l'ensemble du récit, raconte l'évolution de sa carrière en entremêlant à son histoire personnelle des opinions disparates sur des sujets variés et finalement les préparatifs minutieux auxquels il se livre pour en finir avec la vie. « Qu'est-ce que ce galimatias? Pourquoi ce besoin de philosopher? » (p. 18), se demande Victor, sans apporter de réponse à ses interrogations. Il fustige, par exemple, avec une forte dose d'agressivité (p. 20, 22, 25-29, 38), le nationalisme sous toutes ses formes, le québécois en particulier. Quand il traite « nos porteurs de drapeaux, pleins de vents patriotiques et de racisme » (p. 38), son testament tourne au pamphlet politique.

Parmi les autres sujets que Victor aborde en émettant ses propres opinions ou celles d'autres personnages qu'il évoque, retenons, à toutes fins utiles : l'amour des femmes, l'amour de la vie, qui revient souvent dans son œuvre, la richesse grâce aux vidéocassettes qu'il écoute, les aliments transgéniques, contre lesquels pestait (déjà?) son père, la nuit (« Étais-je devenu obsédé par la nuit? », p. 98), cette interrogation confirmant en effet le leitmotiv parfois lancinant que j'ai souligné dans plusieurs romans de l'auteur, le béton (eh! oui), l'humour. Paradoxalement, *c'est en raison de son amour de la vie qu'il hâte sa fin* : « Ma vie a été intéressante. [...] Quand je vous aurai quittés, s'il vous plaît ne prononcez pas le mot *suicide*. Je menace de revenir vous dire que le suicidé n'est pas moi, très chers, mais ceux d'entre vous qui tolérez que votre vie soit monotone » (p. 136, souligné dans le texte).

Et la poésie

Toutefois, à côté de quelques hors-d'œuvre discutables, se trouvent des passages lyriques sur les mots, dont sa courte carrière poétique lui a donné le goût et l'amour, qu'il retrouve en rédigeant son testament et qu'il explicite en ces termes : « Voici que je suis victime d'une tornade de mots, d'une inondation de qualificatifs, d'un glissement de terrain syntaxique, d'un tremblement de terre de métaphores, d'une éruption volcanique de verbes » (p. 13). Comme dans *Les fleurs vivent-elles ailleurs que sur la terre?*, il fait, à une quinzaine de reprises, référence à la poésie qu'il pratiquait ou voudrait encore pratiquer. « À tant écrire, je découvre que je peux refaire de la poésie » (*ibid.*), avoue-t-il. Il y consacre d'ailleurs un éloge appuyé, teinté de nostalgie (p. 72).

Souvenirs, souvenirs...

Puis il empile ses souvenirs assortis de commentaires comme ils lui viennent : sa fille Christiane doit se départir à regret d'un poisson qu'elle avait capturé et qu'elle élevait avec passion (p. 7 ss.) ; son grand-père lui raconte le suicide d'un vieil homme du village, fatigué de la vie (p. 60 ss.) ; Victor, qui se rappelle être resté à la maison, un matin, souffrant d'un mal de ventre imaginaire, évoque le rideau de mousseline qui ondule au vent (p. 14-15) ; il raconte aussi la célébration débridée du solstice d'été et la mort des enfants carbonisés dans les tentes que les étincelles du feu de joie avaient incendiées (p. 72 ss.), son séjour en Abitibi, où il aborde la poésie (p. 75 ss.), sa courte carrière de vendeur d'automobiles (p. 76 ss.), ses nombreux voyages à l'étranger, son séjour aux Îles-de-la-Madeleine (p. 84 ss.), sa carrière comme ingénieur en béton précontraint (*passim*), ses amours, avec Mélissa, vingt ans, surtout. C'est dans ses souvenirs d'enfance et d'adolescence que le rédacteur du testament, Victor, se montre le plus émouvant, surtout lorsqu'il parle de son père, marqué par le pessimisme (p. 66 ss.), puis de ses enfants, sur un ton lyrique, dans un passage construit en une longue anaphore (p. 128-129).

Le projet de suicide

Victor revient à plusieurs reprises, en insistant lourdement et d'une façon répétitive, sur les préparatifs que nécessite son projet de suicide, qu'il appelle « le plan de [s]a dernière journée » (p. 93), sa propre mort. Comme pour les souvenirs, il ne suit pas un ordre strict, mais, en revanche, tous les éléments de son projet sont minutieusement ordonnés et livrés, naturellement au moyen de prolepses disséminées dans le texte, qui répètent le plan, le complètent, ou le modifient pour le mieux. L'ingénieur se remettra même à fumer pour que sa cigarette puisse mettre le feu aux bidons d'essence qu'il a entassés dans la voiture. « Je dois mettre toutes les chances de mon côté, ne rien laisser au hasard : le viaduc de béton précontraint, la voiture qui fonce, les bidons d'essence, la cigarette allumée. Voilà les garanties de ma réussite » (p. 30). Son projet est itérativement scandé, martelé, par plus d'une soixantaine d'expressions synonymes ou similaires, qui qualifient sa fin, comme « le Grand Sommeil », « la Grande Traversée », « le Grand Voyage », « le Grand Silence », « le Grand Oubli », « la Grande Nuit », etc. On connaît la fin : le suicide prémédité s'est mué en accident mortel.

Au plan des effets de style, retenons, comme pour les trois romans antérieurs, le procédé volontaire de la répétition, qui crée parfois un agaçant sentiment d'ennui, et surtout l'emploi de l'anaphore. Concluons que *Fin* ranime avec insistance ses sentiments sur les difficultés de vivre, comme en font foi de nombreux passages de son œuvre depuis ses recueils de poésies. La constance de cette dynamique ne doit certes pas être négligée ici. Un autre aspect important implique l'auteur-narrateur en même temps que son personnage : « On ne manquera pas de raconter la fable d'un ingénieur en béton qui s'élance contre l'une de ses constructions : l'œuvre qui détruit son auteur » (p. 16), écrit-il avec justesse, dans un commentaire qui en résume le sens.

Note

1. Réginald Martel, « Une mort cousue de gros fil blanc », *La Presse,* 6 septembre 1992, p. B7.

CHAPITRE 10

PETIT HOMME TORNADE

Pour bien comprendre et analyser *Petit Homme Tornade* il faut recourir principalement aux théories énoncées par Mircea Eliade, concernant le mythe : « une histoire vraie qui s'est déroulée au commencement des temps et qui sert de modèle aux comportements des humains[1] ». L'historien des religions précise ailleurs : « Le mythe raconte une histoire sacrée; il relate un événement qui a eu lieu dans le temps primordial, le temps fabuleux des "commencements"[2].» D'une part, comme nous pouvons le constater, il affirme d'emblée la conjonction fondamentale des termes « histoire vraie » et « histoire sacrée », l'une confirmant l'autre et établissant clairement l'origine et le caractère divins du mythe. D'autre part, il ne fait pas de doute que le romancier a bel et bien consulté Eliade avant d'écrire son roman, car il s'interroge à quelques reprises à ce sujet (p. 126, 206) en employant les mêmes termes que lui : « L'*histoire vraie*, l'histoire profonde est celle des désirs, des pensées, des rêves, des plaisirs et des peines » (p. 126, je souligne). Dans un autre ouvrage consacré à la question, Eliade insiste sur ce qu'il appelle l'« ontologie archaïque[3] », sur l'« acte primordial » qui a « été posé et vécu antérieurement par un autre, *un autre qui n'était pas un homme*[4] ». Jean Morency définit ainsi le mythe en l'appliquant au continent américain :

> Se moulant étroitement sur un scénario transformationnel, le mythe américain raconterait bientôt comment des hommes, aux temps héroïques de l'exploration du continent, c'est-à-dire dans les temps primordiaux [...] se sont arrachés à un monde caractérisé par la stabilité, ou imaginé en tant que tel, pour s'enfoncer dans l'espace américain, à la recherche d'un éden ou d'une utopie, pour s'y retrouver face à face avec l'Indien, et en revenir finalement transformés[5].

À partir de cette définition circonstanciée, Morency est passé à l'étape des explorateurs et découvreurs du continent américain qui ont rencontré sur leur route des peuples autochtones antérieurs à eux et à leur quête, à leur origine même. Il m'apparaît singulièrement intéressant d'insister ici sur la dichotomie qui existe entre les origines de l'Amérique, nébuleuses et lointaines, et pour cela proprement mythiques, et le récit qu'ont essayé d'en faire les ethnologues et les historiens des religions, comme Eliade, par exemple; puis d'examiner dans ce roman-ci l'histoire d'un Indien de l'Arizona, Petit Homme Tornade, et, par ricochet, celle de tous les Indiens du continent qui portera, après Amerigo Vespucci, le nom d'Amérique et celle du fermier Joseph Dubois, au nom passe-partout comme John Doe ou Jos Smith, « l'expatrié inconnu et exemplaire » (p. 33), paradigme de tous les Canadiens français qui sont allés vivre aux États-Unis. Bref, j'analyserai le passage du mythe indien au mythe américain représenté par deux personnages types, Petit Homme Tornade et Joseph Dubois, et le métissage des mythes et des cultures, en insistant sur les affrontements inévitables qui en ont résulté et les forces contradictoires de vie et de mort qui en sont les manifestations fondamentales.

Une intrigue bien ficelée

Robert Martin, un historien québécois en instance de divorce, fuit le Canada pour les États-Unis et se retrouve dans un hameau perdu en plein désert de l'Arizona où il fait, dans un poste de traite, la connaissance inattendue d'un vieil Indien manchot, Petit Homme Tornade. Or, celui-ci se rappelle avoir assisté, impuissant, alors qu'il était encore enfant, à la mort violente de son père et avoir été dépossédé de ses terres par des Blancs à la recherche de pétrole. Afin de redorer son blason d'universitaire, Martin projette d'écrire la fabuleuse histoire d'un fermier émigré aux États-Unis comme des centaines de milliers de ses compatriotes, et dont il avait trouvé des documents le concernant. L'Indien, remarquant la plaque minéralogique de l'automobile de Martin, s'écrie soudainement, à son grand ébahissement : « 33 Grande Allée, Québec, Canada ». Depuis, Petit Homme Tornade répète comme une rengaine l'adresse de l'infirmière de guerre, Blanche Larivière, qui l'avait soigné lors du premier débarquement de Normandie, en 1942, et au cours duquel, soldat de l'armée américaine, il avait perdu le bras droit. Il se souvient d'avoir partagé la fête de la Libération de Paris en 1944, puis le lit de sa bienfaitrice, rue Gît-le-cœur, au nom symbolique évident[6]. Bousculé et rudoyé par l'Indien, l'historien revient au Québec tout en essayant de retrouver la trace de Joseph Dubois et en se remémorant ses amours de jeunesse avec une Brésilienne, Gabriella, à son appartement de la même rue Gît-le-cœur. De retour à Montréal, l'historien se retrouve devant plusieurs pistes contradictoires, croit trouver Dubois en différents endroits des États-Unis où il exerce des métiers aussi divers qu'inattendus. Un jour, un professeur de littérature lui soumet un poème de la poétesse Blanche Larivière qui révèle formellement le lien qui l'unit à l'Indien. L'historien n'a plus qu'à remonter la piste et à reconstituer l'histoire, Martin apprend, en lisant le journal intime inédit de Blanche, ses amours fugaces avec Petit Homme Tornade, son retour à Québec, son union physique préméditée avec un ami d'enfance, le notaire René Goupil, et le mariage précipité qui s'ensuit. Le fils qu'elle donne à son mari, et qu'elle prénomme Jean-René, n'est pas celui qu'il pense mais bien celui de l'Indien dont elle était enceinte et qui porte toutes les marques de sa race. L'historien renseigne le notaire Jean-René Goupil sur ses origines amérindiennes, ce qui incite celui-ci à vouloir rencontrer au plus tôt son père naturel lors d'un voyage express en Arizona en compagnie de Robert Martin. Cette fois, c'est Petit Homme Tornade qui veut à tout prix retrouver Blanche Larivière, ne sachant pas qu'elle est morte trente ans plus tôt, et voir sa maison de la Grande Allée à Québec. La famille Goupil, réunie autour de Petit Homme Tornade, écoute l'histoire de sa vie que les enfants et petits-enfants lui ont demandé de raconter et qui est celle que nous venons de lire. Quant à l'« introuvable fermier » (p. 207) Dubois, l'historien n'a pas réussi à en reconstituer l'existence d'une façon certaine et tangible.

Petit Homme Tornade

Lors de sa première rencontre avec Petit Homme Tornade, celui-ci évoque, pour Robert Martin, un personnage d'un autre âge : « Quel est ce personnage très grand aux longs cheveux blancs ? Il a l'air d'un vieux prince déchu misérablement habillé, les gestes et les paroles d'un homme ivre » (p. 6). Une origine princière et l'ivresse d'un devin ? On apprend un peu plus loin qu'il est doué d'une force herculéenne bien qu'il ait perdu le bras droit à la guerre. Le narrateur le présente enfin comme un « vieux géant cuit par la lumière du temps » (p. 267), « beau comme un fils d'empereur inca » (p. 164), mais un « géant amputé, courbé, raviné » (p. 263). Selon certains détails parcimonieux disséminés dans le récit, on peut estimer que l'Indien a dépassé les quatre-vingts ans. La facette la plus frappante de ce personnage hiératique réside dans le fait qu'il « possède la mémoire de ce qui a été » (p. 118), mais, parce qu'il n'a pas eu de fils, pense-t-il, il « n'a pas transmis l'héritage des Anciens » (p. 119). Après lui, donc, le monde des ancêtres ne pourra plus être raconté. Rien ne sera plus comme avant, à cause de cela, bien sûr, mais en raison de la venue des Blancs, des *Bohanas* qui l'ont « dépossédé de tout sauf de la mémoire de ses ancêtres » (p. 81). Pour en faire la démonstration, il remonte aux origines et reconstitue tant bien que mal l'histoire primordiale de sa tribu, sinon celle des Indiens, qui ont peuplé l'Amérique. Lorsque les documents humains et les artefacts font défaut, il évoque, à la manière d'un chaman, les faits avant les faits. En l'écoutant, Martin se demande : « Peut-on ne pas regretter de n'avoir pas vécu à cette époque où le continent de l'Amérique palpitait comme un cœur au matin de la création du monde ? » (p. 54).

Le sens du sacré habite la conscience de l'Indien, qui remonte à son origine, à sa naissance, en la liant aux éléments de la nature dont il est tributaire. Afin de concrétiser cette création, l'Indien raconte les histoires fondatrices en évoquant sans cesse les dieux et leurs pouvoirs liés aux éléments naturels, leurs bienfaits et leurs maléfices, en leur attribuant la naissance des territoires et des peuples indiens, qui présageaient une grande abondance de gibier. C'est pourquoi les Indiens ont « créé de grandes légendes pour expliquer l'Univers » (p. 57), pense Martin. Ces légendes, sans se substituer au mythe des origines, en proposent l'explication et la continuité[7]. Pour mieux renseigner l'historien blanc sur l'esprit qui animait son peuple, Petit Homme Tornade le conduit au sommet d'une haute colonne rocheuse qui surplombe le désert environnant, où est établi le village de sa tribu comme sur une table, la *Mesa*, et le fait assister à la danse cérémoniale des serpents. Martin se rend compte, humblement, du privilège unique qu'on lui a accordé : « Le rite auquel il a assisté témoigne du temps où l'homme n'avait pas encore divorcé avec la nature » (p. 43), il y a plus d'un millénaire. Ainsi les Indiens essaient-ils d'interpréter, d'une façon symbolique qui renforce le mythe primordial, la contribution des quatre éléments de la nature à leur vie.

Le roman de Carrier renouvelle donc la question sans cesse débattue des origines lointaines du continent américain et des « premières nations » qui l'ont habité. Petit Homme Tornade, habile conteur, répète aux visiteurs ainsi qu'à la jeune génération autochtone l'histoire qu'il a reçue de ses pères : le départ des pays nordiques, en des temps immémoriaux, la longue migration plusieurs fois séculaire vers le Sud à travers des « montagnes escarpées », des plaines longues comme l'éternité, en franchissant « des rivières et des fleuves débridés », en marchant « dans des canyons profonds ». Son peuple atteignit enfin « une vallée ensoleillée où la terre était lisse et fertile le long d'une rivière » (p. 135), le Colorado, où ils s'établirent. Tous ces éléments, puisés par Robert Martin dans un « livre défraîchi, *La Piste de l'Oregon*[8] », évoquent la conquête de l'Ouest des États-Unis amorcée dès les débuts du XIXe siècle, poursuivie jusqu'à l'aube du XXe, après les « annexions » successives, pacifiques ou le plus souvent armées, des territoires indiens, espagnols et français sis au-delà et au sud du Missouri et rejoignant finalement le Pacifique et le Golfe du Mexique. Des milliers de Canadiens français ont participé à cette expansion territoriale.

Il existe un autre volet essentiel de la représentation de Petit Homme Tornade, celui de son enfance et des enseignements de son père et des Anciens : comment se bâtir un abri contre le vent tour à tour brûlant et froid du désert ; comment chasser pour trouver une nourriture de plus en plus rare depuis le passage des Blancs ; comment vaincre la peur des éclairs et comment prier les dieux pour obtenir protection et bienfaits. Cependant, tous ses souvenirs commencent à s'emmêler à cause de son grand âge, ce que démontre à l'envi l'enchevêtrement constant des rappels et évocations, que nous pourrions qualifier d'intertextualité un peu ahurissante parfois, tellement les répétitions des mêmes gestes, des mêmes paroles, des mêmes scènes, des mêmes anecdotes, des mêmes faits passés se répètent d'analepse en analepse. Par exemple, la terrible nuit au cours de laquelle des Blancs sont venus s'en prendre à son père pour le déposséder de sa terre reste gravée dans son esprit, à tel point qu'il la raconte sans cesse à tout venant, entre autres à Martin. Quelqu'un a tiré sur son père ; lui aussi a tiré en direction des *Bohanas*. Mais quelle balle a atteint son père ? N'aurait-il pas, dans son inexpérience et sa maladresse d'enfant, tué son propre père ? « C'est dans quel mythe de l'Antiquité grecque que le fils est tué par son propre père ? » (p. 258), demande le notaire René Goupil, qui confond « Chronos, le dieu du temps, qui avale ses enfants », avec Œdipe, le meurtrier de son père Laios.

À plusieurs reprises, le vieil Indien rêve à son père qui vient lui rendre visite la nuit au galop de sa jument noire. Comme n'ont pas manqué de le souligner la plupart de ceux qui s'intéressent aux mythes, entre autres Gilbert Durand, « la mort a pour monture un noir coursier[9] » associé à la famine et à la mort dans l'Apocalypse (6, 2-8). D'après Pierre Brunel, cet animal est l'« image d'une force fatale surgie des ténèbres[10] », « le cheval noir de la famine[11] ». Il va de soi que ces diverses interprétations se recoupent ici : la famine, causée en partie par la colère des dieux, a réduit les Indiens à l'errance et à la pauvreté, tandis que la mort, qui a emporté le père, a déjà choisi sa prochaine proie.

Le métissage

La rencontre de deux civilisations, associée au rêve du cheval noir, rattache sans conteste le destin des Indiens et celui des Blancs. Qui sont ces Blancs et que cherchent-ils ? À partir du XVe siècle, Anglais, Français et Hollandais se disputent les richesses du continent américain, tout en luttant pour s'assurer la suprématie des mers et garantir ainsi la libre circulation de leurs biens. Les descendants des Français, établis en Nouvelle-France, ainsi que les Américains des États de l'Union étendent peu à peu leurs découvertes sur tout le territoire nord-américain et rencontrent inévitablement sur leur chemin les premiers occupants du sol, les « premières nations ». De là le choc, parfois rude, de deux civilisations, si l'on peut résumer ainsi, l'européenne et l'indienne, que les anthropologues appelleront amérindienne, au XXe siècle. Les Blancs demeurés en Amérique du Nord cherchaient des richesses naturelles : des fourrures, des minerais, dont de l'or, de l'argent et du diamant, puis graduellement, au fur et à mesure de leurs explorations, des nappes de pétrole, des terres agricoles fertiles et enfin de vastes étendues de forêts à exploiter, en plus de la pêche maritime et fluviale. Leur dévorante cupidité a provoqué la violence avec ses complots, embuscades, massacres innommables, spoliations et trahisons au mépris de la parole donnée et des traités, puis la mort. Le meurtre du père de Petit Homme Tornade est exemplaire à cet égard.

L'émigré Joseph Dubois

Vouloir raconter le « vertige » qui s'était emparé des émigrants canadiens-français, descendants des colons français installés le long du Saint-Laurent, leurs « délires », leurs « rêves » (p. 225), revient à évoquer « le vertige du fermier Dubois » (p. 226). Ces mots forment des leitmotivs lancinants tout au long du roman, ce qui manifeste avec insistance les illusions, les utopies des descendants d'immigrants européens à la recherche d'un éden, d'une sorte de Paradis terrestre où il ferait bon vivre. L'historien Martin, songeant à la brève bataille des Plaines d'Abraham du 13 septembre 1759, estime qu'elle a scellé le sort des Canadiens français : « La balle qui a percé la poitrine du général Montcalm a crevé le rêve d'une Amérique française » (p. 207). Il s'interroge donc à bon droit sur les motifs qui auraient poussé le fermier Dubois à quitter sa terre québécoise et à s'exiler aux États-Unis : « Son rêve était plus excitant que sa mémoire; voilà le grand principe sur lequel s'est édifiée l'Amérique » (*ibid.*). Décontenancé par la multitude de renseignements contradictoires qu'on lui apporte, Martin en arrive à la conclusion que « Dubois n'a pas d'histoire. Il est comme l'Amérique. C'est un trou de mémoire… » (p. 195), ce qui explique qu'il est évacué de la diégèse, à la fin.

L'historien retrouve le nom de Dubois dans les procès-verbaux d'un hameau dépeuplé, en découvre de nombreux avatars un peu partout, suit des pistes qui s'entrecroisent, s'emmêlent, puis s'embrouillent, qui révèlent des patronymes divers mais apparentés, souvent écorchés, traduits ou tronqués. Partout défilent des noms de compatriotes canadiens-français aux mille métiers (p. 82, 208), qui « distribuaient des noms français aux rivières, aux vallées, aux montagnes, aux villes nouvellement surgies » (p. 83), des noms qui forment toujours la carte toponymique des États-Unis. L'interminable énumération qu'en fait le romancier est fort éloquente et instructive, car elle révèle l'importance considérable du peuplement des États-Unis par les Canadiens français au XIXe siècle. « Des centaines de milliers de Canadiens français ont émigré aux États-Unis. Les uns sont devenus aventuriers, chercheurs d'or, mineurs, chasseurs, marchands de fourrure, explorateurs ; les autres sont devenus esclaves dans les usines, au service de la mécanisation accélérée de l'époque » (p. 208), note l'historien dans son carnet[12].

« Qu'il serait intéressant de suivre, du Canada au Colorado, ce fermier qui, après avoir erré de ferme en ferme, d'État en État, a décidé de faire son nid dans cette vallée perdue au creux des montagnes » (p. 12). Un plan s'ébauche dans la tête de Martin, qui « proposera à son petit peuple sans mémoire un mythe *pour inspirer sa vie quotidienne* » (p. 71, je souligne) et racontera l'épopée de l'Amérique telle que l'ont vécue les Canadiens français (p. 81). Le projet emballe l'historien, qui désire retracer les « expéditions, les grands déplacements, les ruées épiques, l'immigration, les caravanes [qui] tissaient la grande tapisserie américaine » (p. 13). Les mots « épopée », « fabuleuse légende » affluent sous sa plume, évoquent la rutilance de l'or, le rêve fou de la fortune rapide. Ce continent aux mille attraits lui fait suivre la trace du fermier Dubois, « l'Ulysse de cette épopée américaine » (p. 84), mais aussi celle de Buffalo Bill, de Will James alias Ernest Duffault[13], de Pierre Dorion, de Jean Beauséjour dit John Day, et d'autres aventuriers, et l'entraîne à la suite de convois hétéroclites qui traversent le pays, « formés non seulement de fermiers, mais aussi de promoteurs, de hâbleurs, d'escrocs, d'extorqueurs, d'embaumeurs, de vendeurs de cercueils, d'agents d'assurances et d'agents de voyages » (p. 106), de « prêcheurs », de « missionnaires », d'« assassins », de « voyous » et de « colporteurs » (p. 107), toute une foule de gens les plus divers et aux ambitions communes : « la fièvre des fortunes rapides » (p. 54), que l'auteur s'attarde à énumérer selon une habitude qui lui est chère.

C'est donc un Joseph Dubois insaisissable, évanescent et multiple qui symbolise le mythe du mirage américain. Paradoxalement, il représente aussi les espoirs des autochtones eux-mêmes qui subissent au contact des Blancs une transformation de plus en plus profonde à mesure que les Canadiens français et les États-uniens repoussent la Frontière et les refoulent dans des territoires de plus en plus réduits, puis dans des réserves. Cette transformation se résume dans le personnage de Petit Homme Tornade, séduit par le clinquant d'une nouvelle Amérique dont l'image invitante du poste de traite rend parfaitement les attraits. Depuis la mort de son père, l'Indien s'y pointe tous les jours et atteste son droit de propriété sur le magasin et son contenu. Boîtes colorées, parfums, bouteilles d'alcool, vêtements aux couleurs étonnantes, bottes, outils, couvertures de laine, carabines, vidéocassettes érotiques, tout cela, toute cette Amérique moderne lui fait envie.

Les Indiens, désormais parqués dans des réserves, sont devenus des objets de curiosité touristique. Par exemple, une touriste désire à tout prix prendre « une photo avec un vrai autochtone vivant » (p. 80), comme si la race était en train de s'éteindre. Quand Petit Homme Tornade s'amène chez son fils Jean-René Goupil, qui l'a habillé comme lui, en notaire (p. 278), l'Indien s'installe aussitôt devant le poste de télévision en laissant son regard errer dans le vague, pendant que celui-ci l'observe : « Encore une fois, son fils trouve qu'il ressemble à ces sculptures de bois qui représentent un vieil Indien songeur à la devanture de certains établissements touristiques aux États-Unis » (p. 281). L'Indien, comme tous ses frères, comme Joseph Dubois, est figé dans le bois et dans le temps. Il est devenu un mythe, un personnage de légende, puis un objet de musée. Le processus transformationnel a joué sur lui aussi bien que sur les Blancs.

Comment interpréter cette rencontre des Blancs et des Indiens sur le même continent américain? Comment interpréter les *signes* de vie qui affluent de tous les côtés? Lors de la fête de la Libération, Blanche dit à Petit Homme Tornade : « Toi et moi, nous sommes venus du Nouveau Monde pour danser dans l'Ancien Monde. Il y a là un signe » (p. 117). Le romancier insiste à plusieurs reprises sur ces signes en réitérant les « liens combien mystérieux » (p. 217) qui les unissent. « Nous nous sommes rencontrés au pays de mes ancêtres qui ont quitté l'Europe pour aller bâtir leur nouveau pays dans le pays de tes ancêtres. N'est-ce pas là un signe? » (p. 116), demande l'infirmière québécoise. Leur union physique est sans aucun doute la marque la plus manifeste de la conjonction des deux « races ». Bien plus, Blanche, dès son retour de Paris, n'a rien de plus pressé, pour faire taire les calomnies et les racontars, que d'épouser nul autre qu'un homme portant le nom d'un missionnaire français, le chirurgien René Goupil, mort sous la hache d'un Iroquois en 1642[14]. À la naissance de son petit-fils, le père de Blanche s'écrie : « Ses yeux, son nez, sa peau; on dirait un petit Indien! » Il ajoute : « Ah! celui-là est un Larivière de souche! » (p. 175), confirmant sans le savoir, à travers sa fierté légitime, le métissage que sa fille lui a caché. « Jean-René grandissait en se croyant un petit Blanc comme tous ses amis qui l'appelaient l'Indien » (p. 177). Quand Robert Martin entre en contact avec lui, il est étonné de rencontrer un géant, « un grand gaillard de cinquante ans aux épaules larges » (p. 198) ne ressemblant guère à un notaire : « La peau de cet homme n'a pas la couleur blême des papiers dans un bureau de notaire. Elle est cuivrée. Ses cheveux sont noirs, sans aucun fil argenté. Son nez, ses yeux sont comme ceux d'un Indien, évalue-t-il » (p. 199). La ressemblance avec son père s'accentue par le fait qu'il n'a plus l'usage que de la main gauche, son bras droit ayant été emporté dans un accident de moto. Après avoir lu dans le journal intime de sa mère la confirmation de son identité indienne, il résume ainsi la situation : « Il y a une cinquantaine d'années, en Europe, à la fin de la Seconde Guerre mondiale, l'histoire des Blancs et l'histoire des Indiens se sont unies dans le corps d'une jolie Blanche de la ville de Québec. Ce soir, l'histoire des Blancs et l'histoire des Indiens se rencontrent dans son propre corps » (p. 222).

Signe de l'union, sinon de l'unité, cette rencontre, qui souligne ce qu'Élise Marienstras appelle « la bipolarisation du monde : civilisation et sauvagerie[15] », débouche sur une fusion des races et des cultures. Le chef guerrier apache Geronimo évoqué par l'historien Robert Martin (p. 46-47) représente bien ce métissage[16]. Le choc des valeurs culturelles et sociales qui en résulte provoque en un sens la dégradation et la déchéance des peuples amérindiens soumis à la toute-puissante domination du géant assimilateur qui, lui, regarde vers l'avenir en voulant oublier le passé et qui avale l'Autre. Celui-ci reste tourné vers le passé, car il possède la mémoire vive du temps et de son avant, sans pour autant négliger de reluquer avec étonnement et convoitise la nouvelle Amérique et ses mirages, en adopter la langue, les costumes et les coutumes.

Notes

1 Mircea Eliade, *Mythes, rêves et mystères*, Paris, Gallimard, 1957, coll. « Idées », p. 22.

2. Mircea Eliade, *Aspects du mythe*, Paris, Gallimard, 1963, coll. « Folio Essais », p. 15.

3. Mircea Eliade, *Le mythe de l'éternel retour*, Paris, Gallimard, 1969, coll. « Idées », p. 13.

4. *Ibid.*, p. 15. Souligné dans le texte.

5. Jean Morency, *Le mythe américain dans les fictions d'Amérique. De Washington Irving à Jacques Poulin*, p. 11.

6. D'ailleurs Victor-Lévy Beaulieu, dans *Steven le Hérault* (1985), y fait se rencontrer Abel Beauchemin, son double, et une journaliste nommée Brigitte qui remplacent l'interview prévue par l'amour. Pendant quinze ans le couple incestueux Steven et Gabriella a vécu à Paris.

7. C'est ce que souligne l'admirable harangue du chef indien Seattle prononcée en 1855 à l'adresse du président des États-Unis : « De Washington, le Président fait dire qu'il désire acheter nos terres. Comment peut-on acheter ou vendre le ciel et la terre? [...] Chaque parcelle de ce pays est sacrée pour mon peuple ». Cité dans Joseph Campbell, *Les mythes à travers les âges*, traduit de l'américain par Marie Perron, Montréal, Le Jour éditeur, 1993, p. 34 ss.

8. Il s'agit sans doute de l'ouvrage de Francis Parkman, *The Oregon Trail* (1849), traduit par John Lambert sous le titre *La Piste de l'Oregon. À travers la Prairie et les Rocheuses*, Paris, Fayard, 1980, 300 p. On consultera également *The Oregon Trail Revisited*, de Gregory M. Franzwa, St. Louis, Missouri, Patrice Press, 1972, qui a

connu plusieurs éditions (1978, 1988, 1997), que lit et relit Jack Waterman dans la recherche de ses origines, de l'Amérique et de son frère Théo, en compagnie d'une Montagnaise, Pitsémine, dans un roman de Jacques Poulin, *Volkswagen blues*, Montréal, Québec/Amérique, 1984, p. 160.

9. Gilbert Durand, *Les structures anthropologiques de l'imaginaire*, Paris, Bordas, 1969, p. 79.

10. Pierre Brunel (dir.), *Dictionnaire des mythes littéraires*, Monaco, Éditions du Rocher, 1988, p. 221.

11. *Ibid.*

12. On consultera avec profit Yolande Lavoie, *L'émigration des Québécois aux États-Unis de 1840 à 1930*, Québec, Éditeur officiel du Québec, coll. « Documentation du Conseil de la langue française », 1981, 68 p. La démographe estime que, « de 1840 à 1930, près d'un million de Québécois auraient quitté le sol natal pour s'établir aux États-Unis » (p. 65).

13. Le romancier et cinéaste Jacques Godbout en a raconté et démythifié la légende dans le film documentaire *Alias Will James* (1988), qui en établit sans conteste les origines québécoises alors qu'il était devenu un grand héros américain.

14. L'abbé Charles-Émile Gadbois, fondateur et animateur de « La Bonne chanson » évoque sa mort dans une chanson intitulée « Lettre de René Goupil à sa mère ». René Goupil fait partie, avec Isaac Jogues et d'autres, des martyrs canadiens canonisés en 1930 par l'Église catholique.

15. Élise Marienstras, *Les mythes fondateurs de la nation américaine. Essai sur le discours idéologique aux États-Unis à l'époque de l'Indépendance (1763-1800)*, Bruxelles, Éditions Complexe, 1992, p. 157 ss. Voir aussi, de la même, *La résistance indienne aux États-Unis du XVIe au XXe siècle*, Paris, Éditions Gallimard/Julliard, coll. « Archives », 1980, 222 p., et *Wounded Knee ou l'Amérique fin de siècle*, Bruxelles, Éditions Complexe, coll. « La mémoire des

siècles », 1992, 266 p. Pour une excellente synthèse du choc des deux civilisations, voir le chapitre intitulé « L'homme blanc contre l'homme rouge », dans William C. Davis, *La conquête de l'Ouest*, Paris, Solar, 1993. 256 p.

16. Voir William C. Davis, *op. cit.*, p. 118-119 et 125.

CHAPITRE 11

UNE CHAISE

Même si la page de titre d'*Une chaise* porte la désignation « roman », l'auteur convient implicitement, en employant quelques fois le mot « souvenirs », qu'il s'agit là de mémoires mettant en scène quelques personnages importants du clan Carrier. C'est ce que nous découvrons à la lecture de l'ouvrage. Celui-ci regroupe en fait, dans le désordre d'une mémoire souvent embrumée ou défaillante, ce que le narrateur répète souvent, par sa bouche ou celle de sa grand-mère, des souvenirs autobiographiques qui gravitent autour d'un meuble des plus banals, la berceuse d'Odélie. Cette chaise rustique, fabriquée du bois des trappistes récupéré après la fermeture du monastère érigé dans la région des Appalaches vers la fin du XIXe siècle, dont une partie de l'histoire se trouvait déjà racontée dans *La Dame qui avait des chaînes aux chevilles* et que l'auteur prend plaisir à se remémorer en détail (chapitre 11), avait été « bricolée par [l]es mains maladroites » (p. 8) de son mari Anatole, le forgeron du village. La description sommaire que le narrateur en fournit révèle son caractère artisanal et l'intervention d'un homme plus habile à frapper sur l'enclume qu'à fignoler un meuble bien ouvré : « Depuis quelques années, je rêve de raconter l'histoire de cette berceuse. Une chaise qui n'était pas confortable. Une chaise bancroche. Toute décocrissée. Rabibochée. Une chaise de pauvre » (p. 7). On ne peut s'empêcher de se rappeler, dès cette entrée en matière, que Vieux-Thomas, le double évident d'Anatole, s'en était construit une pour son usage personnel, celle dans laquelle il passait ses jours et ses nuits à « jongler » en se remémorant les principaux événements de sa vie, dans *Il n'y a pas de pays sans grand-père.*

Une généalogie familiale

Grâce donc au témoignage/bavardage de la grand-mère qui évoque en vrac une foule de menus faits et de temps forts, d'incidents et d'anecdotes secondaires qui ont jalonné la vie du clan, grâce aussi à ses propres souvenirs d'enfance et d'adolescence, l'auteur-narrateur dresse en quelque sorte la généalogie familiale depuis l'arrière-grand-père jusqu'au petit-fils, en remontant même à l'établissement des pionniers de son village, en suivant le fil de la vie quotidienne depuis la première rencontre du couple Odélie-Anatole jusqu'au temps présent de la diégèse. Cette existence, pauvre, misérable même, le plus souvent pénible et dure (chapitres 11 et 18), se déroulait avec ses peines, ses angoisses, et ses inquiétudes habituelles (chapitres 14 et 20), scandée de rares joies et plaisirs, dans un monde fruste, marqué par l'ignorance et les superstitions (chapitres 7 et 11). Au chapitre des superstitions, émerge la figure mythique du Diable, auquel tout le monde croyait, Odélie comme sa fille Marie-Anna, et que les curés s'employaient à évoquer pour tenir leurs ouailles dans la peur du châtiment de l'enfer. Les réflexions du narrateur à ce propos ne laissent subsister aucun doute sur la sévérité avec laquelle il juge ce comportement, entre autres quand Odélie raconte que « [l]e curé gouvernait les relations sexuelles » (p. 108). C'est donc une vie de misère, de maladies, dont la fameuse grippe espagnole qui a suivi la Première Guerre mondiale, de nuits blanches, de travaux éreintants, d'ignorance généralisée, qui est décrite et qui explique la tristesse de cette époque, d'où tentaient de s'échapper les bonnes gens dans des soirées et des rencontres de toutes sortes marquées par la chanson et la danse et parfois l'alcool. Au sujet de l'ignorance, les réflexions de Carrier, qui stigmatise avec « une inguérissable colère » « les responsables de ce grand malheur d'un petit peuple qu'on a voulu ignorant pour le garder soumis » (p. 36), rejoignent ceux des spécialistes qui ont analysé en particulier le Québec depuis le XIXe siècle jusqu'à la Révolution tranquille. Odélie, qui trône dans sa chaise rustique — « Cette berceuse était son trône » (p. 9) — et qui n'est pas sans évoquer la figure hiératique, omnipotente de Grand-mère Antoinette calée dans son fauteuil, dans *Une saison dans la vie d'Emmanuel*, de Marie-Claire Blais —, ne se laisse pas prier pour raconter ses souvenirs devant son petit-fils, avec amour et humour, avec aussi une nostalgie teintée d'une immense tendresse pour son homme, le seul, dit-elle, à ses enfants et petits-enfants. Diverses anecdotes se greffent encore au récit, telles l'arrivée de la télévision en 1952, devant laquelle s'installe chacun dans sa chaise berceuse (p. 100), et le passage de la comète de Halley, en 1910, qui avait terrifié tout le monde en proie aux superstitions (chapitre 8).

Un récit alterné

Si l'on consulte *Le pacte autobiographique* de Philippe Lejeune[1], on trouve la définition qu'il propose de l'autobiographie : « Récit rétrospectif en prose qu'une personne réelle fait de sa propre existence, lorsqu'elle met l'accent sur sa vie individuelle, en particulier sur l'histoire de sa personnalité[2]. » Or ici on constate que l'auteur-narrateur met principalement en scène sa grand-mère et que, s'il y a autobiographie, elle passe alternativement par sa plume et par la bouche d'Odélie. C'est donc une autobiographie par personne interposée qu'il nous est donné de lire, voire un *récit de vie* mettant en évidence les passages significatifs d'une existence en même temps que la personnalité des grands-parents. De là le fait que Carrier parle de sa grand-mère et de lui-même, la parole étant accordée successivement à l'une, Odélie (oralité), et à l'autre, Roch (écriture), celui-ci constituant le témoin, l'auditeur privilégié, ou le destinataire, selon que les faits évoqués le sont de son vivant ou qu'ils se sont passés avant sa naissance. Il est donc impossible de séparer clairement les passages, parties de chapitres ou chapitres qui appartiennent à l'une ou à l'autre, tellement les « fragments d'anecdotes qui flottaient dans les conversations de la famille » (p. 17) nourrissent le récit. Ainsi, en vingt-trois chapitres brefs, aux longs titres la plupart du temps explicites, qui mettent l'accent sur des éléments originaux de la personnalité de sa grand-mère, et par ricochet de son grand-père, l'auteur trace un portrait détaillé des deux. Comment les voyons-nous donc, comment les percevons-nous, quels sont les faits qui contribuent à former ces portraits, ces deux figures emblématiques de l'« ancien temps », comme celles que l'on peut observer dans des cadres ovales acquis chez les antiquaires ?

« La vie de mes grands-parents »

Alors que Vieux-Thomas, plutôt geignard, était pour ainsi dire ligoté à sa chaise berçante et réduit à l'impuissance, lui qui avait bâti sa maison de ses propres mains, qui avait trimé dur dans les chantiers forestiers, qui savait traquer le chevreuil et l'achever avec son couteau de chasse en le couronnant de ses bras musclés, ce que rappelle l'auteur en évoquant la maladie qui avait frappé son homme fort, Anatole (p. 68), Odélie apparaît comme une vieille femme à la fois énergique et douce, parfois détestable lorsqu'elle émet ses commentaires à sa fille Marie-Anna, la mère de Roch, sur sa cuisine, qui « manquait toujours de sel, de poivre, d'épices, de sucre... » (p. 9) et son embonpoint : « t'es ronde comme une tonne de mélasse » (p. 10). Pourtant, « elle restait pour [lui] la plus aimable des grand-mères » (p. 11). À côté d'elle, Anatole « ne parlait guère, il était bourru », mais, avec son petit-fils, « il était d'une patience... oui, une patience rude... » (*ibid.*). Quand il expliquait à Roch à quoi servait tel ou tel outil et surtout comment s'en servir, « [s]a voix était celle d'un gros ours qui se cherche un arbre où grimper » (p. 11). Il aimait jouer avec lui, lutter, le tenir « dans une de ses prises impitoyables » (p. 12), comme celles qu'il utilisait contre les chevreuils, autrefois. « La coquille était dure, mais l'amande était tendre » (*ibid.*), conclut l'auteur. Les regards qu'il portait sur Odélie étaient ceux d'un amoureux. « Dans le silence robuste d'Anatole, Odélie était sa musique » (*ibid.*). Aussi Carrier la représente-t-il en train de toujours fredonner « des ballades de la vieille France » (p. 13), parfois tristes, parfois gaies, qui accompagnaient la danse, autrefois interdite sous peine de péché par les évêques catholiques, les « dictateurs des âmes » (*ibid.*). Roch s'élève encore contre « l'impérialisme éducatif » de l'époque qui méprisait « la tradition orale des campagnes ignorantes » (p. 14). Aussi évoque-t-il avec nostalgie la musique d'Odélie et ses chansons et n'hésite-t-il pas à en citer une puisée à son répertoire : « Au soleil couchant » (p. 15). Il consacre un passage important du chapitre 18 à ses ancêtres, dont il chante les louanges : « Paisibles. Rebelles. Courroucés. Rêveurs d'immensité. Braves. Timides. Essentiellement pratiques. Forts... Voilà comment ils étaient, mes ancêtres ! » (p. 93).

Les portraits d'Odélie et d'Anatole se précisent au fur et à mesure des événements rapportés, des situations évoquées. D'abord, elle chantait : « Les chansons de ma grand-mère étaient presque toujours des ballades de la vieille France, avec des amoureux, des bateaux, des soldats, du vin et beaucoup de larmes » (p. 13). On croirait lire le résumé de *La dame qui avait des chaînes aux chevilles*! Elle le faisait en marquant le rythme avec tout son corps, témoin cette fois où, jeune garçon, Roch avait trouvé un harmonica, dont elle s'était mise à jouer après l'avoir soigneusement nettoyé : « La musique d'Odélie roulait, dansait, gigotait, trépignait comme celle que j'avais entendue dans les soirées. Ses talons scandaient le rythme » (p. 91). « Malheureusement, la tradition s'est perdue car « Odélie n'a pas transmis sa musique ni ses chansons » (p. 14) à sa fille Marie-Anna. Quant à Anatole, il « ne dansait pas, il ne chantait pas, il ne parlait pas, il travaillait » (*ibid.*). Odélie, elle, dansait le rigodon en famille (p. 13). C'est ainsi tout au long du récit, qui adopte une allure binaire. Odélie, c'est la parole, qui s'exprime par les récits d'anecdotes vécues, de contes et de chansons, ainsi que par son juron préféré : « Trou du cul d'un ver à pattes ! », plutôt étonnant, que le narrateur excuse ainsi : « Si elle est un peu vulgaire, cette imprécation-là était magique. Elle effaçait toute sa tristesse » (p. 43). L'auteur signale aussi qu'« Odélie ne chantait que des fragments de chansons » comme si « la mémoire de la vieille France s'étiolait » ou que, épuisés à la fin de journées de labeur, « les deux vieillards n'avaient [...] plus de souffle pour la musique » (p. 92). De son côté, Anatole, c'est le silence, sauf quand il explique patiemment à son petit-fils l'usage des divers outils de sa forge. Odélie, c'est aussi la sédentaire, cantonnée au village, sauf lors de la fondation de sa paroisse, enfermée dans sa maison à vaquer à ses occupations quotidiennes comme fabriquer du savon de ménage, des chandelles, repriser, coudre, faire à manger. Marie-Anna, la mère de Roch, est dans la même situation, elle qui « aurait aimé avoir la bougeotte » (p. 27) comme son fils. Anatole, c'est le nomade, qui partait chaque automne pour les chantiers forestiers et qui, probablement, pense Odélie, faisait quelques virées en ville avant de rentrer au printemps.

Un plaidoyer pour la langue française

« La berceuse est la seule chose qu'il me reste de mon ancêtre… » « Il me reste aussi la langue française », s'empresse-t-il d'ajouter (p. 95). Dans la pièce tirée de *La guerre, yes sir!*, Bérubé, s'adressant à Molly, « une fille à soldats » qui s'exprime en anglais, déclare : « Quand j'parle pas ma langue, vois-tu, j'ai l'impression qu'y a un étranger dans mes culottes » (*GYS!*, p. 21), en employant une parlure populaire. Le rapprochement me semble pertinent, car Odélie, déplorant le fait que la fille de Roch « saisit seulement la parleure français [*sic*] de Paris », affirme : « Avec moé, ma belle petite, tu vas apprendre la vraie bonne langue française : la parleure de ta Mémére! » (p. 30). On a un exemple fort intéressant de cette « parleure » au chapitre 5, qui est truffée de mots anciens, parfois déformés, à ne pas confondre, surtout pas, avec le joual, qui portent en eux leur musique, ou qui accompagnent ses chansons et la musique des violons, ainsi que Carrier le répétera à maintes reprises tout au long du récit (p. 12, 14, 15, 28, 43, 45, 91, 92, 94)[3]. D'ailleurs, il pourrait être révélateur d'établir un parallèle entre ce que certains dénomment la « langue de bois » et la langue du peuple, en rappelant cette réflexion du jeune Roch en contact avec son grand-père forgeron et menuisier à ses heures : « Quand je pontifie, il me plaît de déclarer que je fais avec la langue française ce que mon grand-père faisait avec le bois ! » (p. 8), faisant allusion à la chaise d'Odélie. De là aussi la question de l'héritage rappelée plus haut, et que le romancier avait évoquée également dans *De l'amour dans la ferraille* : « On avait tout pris au peuple, hormis la langue qu'il parlait. Cette langue qui l'avait tenu ensemble, Achille [le journaliste de *La Province ensoleillée*] voulait la rendre plus belle, plus riche, plus lumineuse, il voulait que sa langue crépite comme le bois sec dans le feu » *(De l'amour dans la ferraille,* p. 501).

Pourquoi ne pas relire le passage, significatif à cet égard, des « Notes parallèles prises pendant l'écriture du *Cirque noir…* » et qui suivent la pièce ? On y retrouve les mêmes arguments : la musique de la langue et l'héritage transmis par les ancêtres depuis Montaigne. « J'ai écrit en québécois *La Guerre, yes sir!* Je peux aussi écrire le joual montréalais. Je peux écrire la musique de l'accent beauceron » (*Le cirque noir,* p. 83). Au chapitre 9, qu'il faudrait citer presque en entier tellement il constitue un magnifique éloge en même temps qu'un plaidoyer nostalgique de la langue française, l'auteur ramène les mêmes arguments : « Avez-vous lu Rabelais quand vous étiez au collège ? Son langage n'était pas toujours assez raffiné pour les enfants distingués de parents distingués. En 1960, ma grand-mère parlait encore la langue de Rabelais » (p. 43-44). Puis il insiste sur l'héritage ainsi transmis : « Du Moyen Âge, les mots ont passé par les œuvres de Rabelais et dérivé jusqu'aux terres basses de Québec, près du fleuve. C'est là qu'Odélie a cueilli quelques belles fleurs au jardin de la langue française » (p. 44). Il se rappelle que, lorsqu'il étudiait à la Sorbonne, son professeur ne savait pas comment lire un texte de Rabelais : « Au lieu de mordre dans ce texte comme dans une épaisse tranche de pain de campagne sur laquelle on a étalé un bon doigt de beurre jaune et trois bons doigts de cochon gras, il avait plutôt l'air de suçoter une pastille contre la constipation. Sa langue française lui était étrangère » (p. 45). Ses confrères étudiants ne *pigeaient* pas, eux non plus, contrairement à lui : « Ces mots riches, emmaillotés de musique, leur semblaient un dialecte d'une tribu disparue. Pourtant, c'était la belle langue française, leur langue, notre langue [...] C'était la langue journalière de mes grands-parents » (*ibid.*). Enfin, l'auteur rappliquera au chapitre 13, en parlant des « beaux vieux mots juteux » (p. 65) dont il se délectait comme Odélie. Pour ce faire, il fait maintenant allusion à Montaigne : « Odélie [...] qui avait quitté l'école à douze ans, avait cité Montaigne. Trois siècles après lui, [...] elle avait répété les mots d'un écrivain du XVIe siècle. Par-delà le temps et la distance, la sagesse du magistrat de Bordeaux était parvenue à ma grand-mère, en contrebande, cachée dans les vieux mots de la langue française » (p. 66). « Le français est ma langue maternelle et non le joual. Ma grand-mère parlait la langue de Montaigne (sans l'avoir lue...) », affirmait-il dans ses « Notes parallèles... » (*Le cirque noir*, p. 83). La preuve ? Elle continue d'émailler ses propos de ces vieux mots qui ont traversé la mer pour prendre racine au Nouveau Monde. Comment, donc, ne pas insister sur le trésor ainsi légué : « Avait-on d'autres richesses que les mots ? » (p. 44), se demande Carrier.

André Brochu, le seul à ma connaissance, à part moi, à avoir écrit un compte rendu d'*Une chaise*, émet ce commentaire : « Odélie se plaignait très volontiers, mais dans un langage d'une extraordinaire vitalité que son petit-fils se plaît à célébrer[4]. » Et parlant de l'auteur, il conclut : « Une voix, combien chaleureuse, parle du temps, de l'infini, de la nuit dont on finit bien par sortir et de toute l'ombre qui, à coups de mots miraculeux, éclaire l'avenir. » Quel bel hommage d'une vie liée à l'héritage précieux de la langue!

Notes

1. Philippe Lejeune, *Le pacte autobiographique*, Paris, Éditions du Seuil, 1975, 360 p.
2. *Ibid.*, p. 14.
3. Lire à ce sujet le captivant ouvrage de Claude Duneton, *La mort du français*, dans lequel il oppose la langue imposée par l'aristocratie à celle du peuple.
4. André Brochu, « Vieilles plumes, soleils inédits. [...] Une écriture berceuse », *Lettres québécoises*, nº 97, printemps 2000, p. 24-25.

CHAPITRE 12

LE THÉÂTRE

La céleste bicyclette

Deux pièces monologuées, *La céleste bicyclette* et *Le cirque noir*, constituent les œuvres théâtrales originales signées Roch Carrier. *La céleste bicyclette*, présentée en première au Café de la Place, à la Place des Arts, le 5 décembre 1979, dans une mise en scène d'Albert Millaire, pour lequel, d'ailleurs, elle a été écrite, s'inspire en droite ligne de son roman *Les fleurs vivent-elles ailleurs que sur la terre?*. Comme nous l'avons vu lors de l'étude de celui-ci, Prudent B[oniface] Pépin, frappé en pleine poitrine par un rayon lumineux venu de l'espace sidéral, essaie de percer le(s) mystère(s) de l'au-delà, vers lequel il se sent irrésistiblement attiré et même uni par des liens invisibles puissants. Lui avait osé lever les yeux vers le ciel, au contraire des autres humains qui gardent constamment leurs yeux rivés au sol. « Le mot de l'auteur » qui précède la « Préface d'Albert Millaire », commence en fait par cette phrase : « Depuis combien de temps n'avez-vous pas regardé le ciel? » (p. 7). Or, à notre époque, « la voûte céleste est remplie d'appels », précise-t-il, confirmant par là l'inspiration qui avait guidé *Les fleurs vivent-elles ailleurs que sur la terre ?* et qui lui sert de tremplin pour *La céleste bicyclette*, un tremplin imaginaire qui, tel une rampe de lancement, propulse son personnage dans l'espace. Le propos, inquiet, sérieux, métaphysique même, du roman est teinté d'une folie douce aux accents humoristiques. Peut-être même « l'Acteur » est-il un peu timbré car, avoue-t-il, « les docteurs ont déclaré officiellement que j'avais des mouches dans la boîte à idées » (p. 15). Et l'Acteur d'énumérer, à la manière ineffable de Carrier, les nombreuses expressions synonymes de « folie ».

La mise en scène est, selon l'usage, fortement marquée : une chambre d'hôpital psychiatrique sert de décor où soliloque un Acteur, sortant visiblement de scène, coiffé comiquement, comme un clown, d'un haut de forme, vêtu d'un pyjama rayé, drapé d'une tunique, et le pied gauche dans le plâtre. Au milieu de la pièce dont une fenêtre s'ouvre sur le ciel sombre, une chaise et, appuyée contre le mur, une bicyclette colorée. Tous ces éléments sont décrits en une longue didascalie initiale (p. 13), en blanc sur fond noir figurant sans doute la chambre d'hôpital toute blanche sur fond de nuit, comme le suggère d'ailleurs l'édition, qui contient trente-six pages noires ou écrites en blanc sur fond noir, comme également plusieurs des photographies qui jalonnent le texte. Le plafond représente la voûte céleste criblée d'étoiles, constatons-nous en assistant à la pièce. Il est bien indiqué que le malade se lève pour accueillir un visiteur, le public, auquel il s'adresse tout au long de la pièce. Remarquer que l'« Acteur » est véritablement acteur dans la vie courante, d'où un télescopage intéressant suggérant implicitement une habile mise en abyme qui explique ou justifie son rôle.

Le monologue de l'Acteur s'étend sur au plus trente-cinq pages et forme une seule scène dont l'argument principal se résume à l'attirance (p. 22 et 24) qu'il éprouve pour l'espace inconnu. Comment a-t-il pris conscience de cette attirance? C'est en se rendant rencontrer son copain Guy Lécuyer [ainsi orthographié] au restaurant *Les trois coups*, comme de juste, après une représentation. Soudain, soulevée par une force inconnue, sa bicyclette, en une sorte de chasse-galerie moderne, est emportée dans l'espace de la nuit vers les étoiles, pour revenir à Montréal avec « le glissement très doux d'un canot d'écorce affilé sur une eau très légère » (p. 29). C'est ce que l'Acteur raconte à son visiteur en essayant tant bien que mal d'expliquer son « cas ». Vérité ou mensonge? Réel ou imaginaire? Comment démêler le vrai du faux, surtout quand l'Acteur avoue avoir joué quelques minutes auparavant le rôle d'« un personnage qui avait toujours la fiole à la main »? (p. 26). Toujours est-il que son atterrissage forcé se termine brutalement : une jambe cassée et l'internement en asile psychiatrique. De là le monologue d'un fou qui parle tout seul à un public imaginaire qu'il fait asseoir sur la scène comme aux XVIIe et XVIIIe siècles. Il tente, bien entendu, de le convaincre qu'il n'est pas malade, se moque des psychiatres et décrit l'attirance irrésistible que le monde sidéral exerce sur lui.

D'autres exemples se greffent, d'une façon secondaire, pourrions-nous penser, à l'argument principal de l'attraction céleste, comme l'infidélité de sa femme. L'a-t-il tuée à coups de fusil, comme il le dit, ou s'imagine-t-il l'avoir fait? La question reste sans réponse. Mais repérons quelques autres détails et passages parmi les plus significatifs. L'action de la pièce ne pouvait mieux se dérouler que la nuit, un des espaces-temps les plus chéris par l'auteur, comme je l'ai fait remarquer à propos de plusieurs de ses œuvres antérieures. Son arrivée fracassante au restaurant *Les trois coups* ne passe pas inaperçue car il y atterrit à quatre pattes « en faisant une pirouette olympique » (p. 30). De là son plâtre, puisqu'il s'est cassé une jambe. Qu'était-il allé faire là-haut ? Il avait été tout simplement emporté vers les étoiles, qui lui apparaissaient comme des *étincelles*. L'argument se trouvait déjà dans *Les fleurs vivent-elles ailleurs que sur la terre ?*, que reprend, comme une sorte de *remake* joué sur scène, *La céleste bicyclette*. L'acteur enfourche sa bécane pour entreprendre un voyage intersidéral, pour se rendre « au fond de la nuit » (p. 28), « hypnotisé par tout cet espace inconnu » (p. 29). « Y a-t-il un homme, y a-t-il une femme qui n'ait jamais rêvé de sauter d'étoile en étoile, d'aller de l'autre côté de la nuit, de se rendre jusqu'au bout de l'univers ? » (p. 46), demande-t-il à son public pour se justifier. Prudent B., fidèle à son nom, n'osait entreprendre une aussi folle équipée. Il s'était contenté de monter sur le toit, d'où il avait été ramené brutalement par les policiers. Lui aussi voulait se rendre de l'autre côté de la nuit pour en percer le mystère. Remarquer ici et là, comme en une sorte d'intertextualité externe, les éléments qui reviennent en foule : les étoiles comparées à des étincelles, lui-même, une « très légère étincelle de vie » (p. 46), l'exploration de la nuit insondable, le rayon céleste (ici « un rayon électrique », p. 53), une « force émise d'une autre planète » (p. 37), l'opposition ou le rapprochement entre « le rêve et la réalité » (p. 57).

La différence entre les deux œuvres se trouve dans le traitement accordé à l'une et à l'autre. Dans *Les fleurs vivent-elles ailleurs que sur la terre ?*, la réflexion « philosophique » sur l'univers et l'infini se fait sur le mode grave, méditatif, métaphysique. Prudent met tout en œuvre pour prouver à tous l'aventure incroyable qu'il a vécue, comme l'Acteur, mais celui-ci émaille son discours de réflexions comiques ou farfelues, se moque gentiment des psy et des infirmières, qu'il appelle « des camarades de gauche » (p. 17), comme dans *Le jardin des délices,* des médecins en général dont il dresse un portrait humoristique (p. 18), du psy en particulier auquel il attribue un langage stéréotypé (p. 25) et des questions « freudiennes » (p. 33), qu'il décrit comme « l'union d'un policier avec un curé, auxquels on aurait ajouté une pincée d'embaumeur » (p. 31), des « journalistes qui se spécialisent dans la vie trépidante des artistes de la scène, du cinéma et de la télévision » (p. 38), des manies de décoration de sa femme (ou ex-femme) Véronique (p. 40). Bref, de multiples détails marqués au coin de l'ironie et de l'humour comme, par exemple, l'ameublement de sa chambre d'hôpital : « c'est inspiré de *Décormag* » (p. 15), précise-t-il en faisant allusion à une revue de décoration. De plus, il montre des signes évidents de folie, comme les appels téléphoniques qu'il adresse, sans téléphone, au « Premier Ministre du Parlement de Québec » (p. 51), qu'il avait déjà reçu dans sa loge après un spectacle et dont il rappelle la conversation sérieuse qu'ils avaient tenue ensemble sur la question suivante : « Est-ce qu'il est plus difficile pour un acteur de jouer les personnages purs ou les personnages corrompus ? » (p. 50). Le Premier Ministre avait trouvé « troublant » l'aveu de l'acteur : « Pour l'acteur, avait répondu celui-ci, être corrompu ou être pur, c'est la même chose » (*ibid.*). À propos des faux appels téléphoniques, lire les passages du roman de Carrier, *De l'amour dans la ferraille,* où le jeune Innocent Loiseau, en mal d'amour, procède de façon similaire.

Soulignons aussi le souci d'entrer en communication avec quelqu'un, en l'occurrence, ici, le public, son « visiteur », vu qu'il se plaint de la solitude : « Je suis presque toujours seul. Des soirs, j'ai l'impression d'être le seul acteur sur la scène d'un grand théâtre vide » (p. 39), celui de la vie sans doute, surtout depuis qu'il a quitté sa femme, ou qu'il l'a tuée, le saura-t-on jamais ? (p. 55). Ce qui est sûr, c'est qu'il a « crevé le plâtre du plafond » (*ibid.*), comme il souhaite « crever le plafond de la nuit » (p. 56). Son public, qu'il cherche à convaincre de la réalité de son incroyable envolée, il ne l'interpelle pas moins de neuf fois (p. 15, 17, 20, 22, 26, 35, 44, 57-58) en le remerciant d'être venu l'écouter. L'invitation finale, « Montez avec moi, venez... » (p. 59), suppose qu'il l'a convaincu. Ajoutons l'emploi fréquent de l'anaphore, c'est-à-dire la répétition, à des endroits symétriques, d'un même mot, d'un même terme, d'une même expression, qui tendent à renforcer le sens. Il reste que « le thème pascalien de la petitesse de l'homme dans l'univers et devant l'infini[1] » a séduit Jean Daigle : « Ce monologue de Carrier est plein d'une fraîcheur, d'une poésie un peu rare aujourd'hui. Plus qu'un simple jeu d'acteur, c'est une invitation à l'émerveillement[2]. »

Le cirque noir

Pièce écrite pour Monique Miller, *Le cirque noir* a été présenté au Café de la Place, à la Place des Arts de Montréal, le 10 mars 1982, dans une mise en scène d'Albert Millaire, comme pour toutes les œuvres théâtrales de Carrier. Le texte lui-même, qui fait quarante et une pages, est précédé d'une notice sur l'auteur et d'une autre sur l'actrice solo, qui y ajoute une page de son cru, d'une notice sur le metteur en scène, qui la complète en présentant la pièce et pour laquelle il suggère « treize titres aux treize parties, ou scènes, ou tableaux, ou mouvements » (p. 23), d'une brève note sur la scénographe Mérédith Caron, d'une épigraphe citant deux vers de la *Cantilène de sainte Eulalie* (IXe siècle) et d'une didascalie détaillée. La pièce est suivie de « Notes parallèles prises pendant l'écriture du *Cirque noir* et qui ne sont pas vraiment importantes », de Carrier (p. 79-87), des indications de production, de « Le mot de la fin » du directeur artistique du Café de la Place, Henri Barras, et accompagné de douze photos de Pierre Gaudard réparties dans l'ensemble de la publication.

Examinons quelques-uns des éléments significatifs que révèle cet « entourage », le « péritexte », et qui concernent la pièce elle-même. Monique Miller, dans ses remerciements adressés à l'auteur, nous met sur la piste des découvertes que nous ferons lors de la représentation : « le sens de la vie, la fragilité de la vie, l'importance *des* sens » (p. 17, en italique dans le texte). Quant à Albert Millaire, non seulement suggère-t-il treize titres, mais il les explicite aussi, comme nous le verrons dans l'analyse de la pièce. L'extrait de la *Cantilène de sainte Eulalie* parle de la beauté tant physique que morale d'Eulalie, dont le « doux nom », écrit Carrier, sera donné à la harpe de Magnolia par Monique Miller. De plus, les « notes parallèles » de Carrier sont plus importantes qu'il ne le laisse modestement supposer, en ce qu'elles présentent d'abord deux anecdotes qui ont constitué le point de départ de la pièce : lors d'une promenade nocturne, contemplant le ciel étoilé, il s'imagine être « un homme agrippé vertigineusement à un trapèze » et obligé un jour de « sauter dans la nuit, vers un autre trapèze » invisible[3]. Cela nous ramène encore à l'argument principal de *Les fleurs vivent-elles ailleurs que sur la terre?* et de *La céleste bicyclette.* Puis le mauvais souvenir que conservait l'actrice d'une « terrifiante pirouette qu'on [l]'avait poussée à faire, enfant » s'additionne à son imaginaire. Ensuite, Carrier s'interroge sur le passage d'une vie à l'autre, comme l'explicite la pièce. Il s'interroge enfin sur les moyens propres à transmettre au spectateur l'affrontement de deux forces contradictoires, la vie et la mort, qui nourrissent toute son œuvre.

D'autres considérations, portant sur la langue qu'il utilise, valent d'être soulignées car elles s'inscrivent dans la vie des

Québécois. Répondant à une question d'un spectateur après une représentation, Carrier avoue avoir écrit *La guerre, yes sir!* « en québécois » mais estime que seule « une langue articulée et subtile » convenait au *Cirque noir.* Non convaincu, son interlocuteur soutient que « le théâtre ne s'écrit plus en français [...] à Montréal ». L'auteur répond avec une pointe d'agressivité doublée de préjugés « que le joual est aujourd'hui [1982] un patois démagogique qui se parle sur les scènes et à l'université » (*CN,* p. 83). « Je veux que les mots de cette pièce soient musique[4] », ajoute-t-il. « L'actrice l'interprétera. Ses gestes, sa voix, donneront la forme et le son. Mes mots donneront le sens ». Enfin, il complète sa pensée en soulignant qu'il écrit là « un théâtre de la parole » (p. 86), que « l'essentiel est la parole » et non l'action.

Munis de tous ces éléments complémentaires, procédons maintenant à l'analyse de la pièce. Examinons d'abord la didascalie initiale, qui met en évidence trois éléments fondamentaux : le décor et ses objets, les sons et le personnage. Le premier représente une pleine lune sur fond noir, le deuxième décrit une harpe aux cordes brisées, le troisième, plus détaillé, suggère le bruit d'une voiture qui roule sur la route, une accélération progressive, le cri des pneus lors d'un arrêt brusque, la voiture qui s'écrase dans un bruit de ferraille et de verre brisé, le personnage enfin, Magnolia, effondrée sur la banquette, robe longue, chapeau excentrique, beaucoup de bijoux, un tas de livres à ses côtés, un nécessaire de voyage. La scène commence sur le noir complet et s'éclaire de nouveau après l'accident. Premier tableau : « Le boum ». Le dur réveil après l'embardée, du sang à la tempe de la femme. Va-t-elle survivre? « Et moi, comme une acrobate au cirque, je lâche mon trapèze pour bondir par-dessus l'espace vide, vers l'autre trapèze accroché dans la nuit » (p. 36), dit Magnolia, traduisant ainsi sa pensée et celle de Carrier. « Je veux vivre », s'écrie-t-elle, encore assommée. Deuxième tableau : « Les yeux ». Elle met un long temps avant d'ouvrir les yeux, elle hésite car elle craint de ne plus voir, elle s'interroge, tergiverse pendant plusieurs minutes, puis ouvre les yeux enfin : elle voit, se voit, quelle ivresse! Troisième tableau : « La nuit ». Encore groggy, elle (s')invente une histoire de cirque dont elle est l'acrobate vedette, elle qui, dans la vie réelle, écrit des poèmes qui ne se vendent pas, puis des romans. « Ma vie aura plutôt été une grande construction de mots, une fresque de paroles » (p. 44). Quatrième tableau : « Je respire ». Elle s'étonne et se réjouit d'être encore vivante, de respirer. « Quelle magie! » (p. 46), s'écrie-t-elle encore. Cinquième tableau : « Le cœur ». Elle sent son cœur battre, lui parle sans cesse car elle ne veut surtout pas qu'il s'arrête. Sixième tableau : « Le silence ». Mais, tout à coup, elle s'inquiète du silence qui l'entoure, peut-être qu'elle ne vit plus (Septième tableau : « Le nouveau doute »), puis se rend compte qu'elle ne perçoit plus les odeurs (Huitième tableau : « Le nez »). N'est-elle plus que l'ombre d'elle-même? (Neuvième tableau : « L'ombre »). Elle convoque l'un après l'autre tous ses sens. Elle réussit à se regarder dans son miroir qu'elle a retrouvé dans son sac à main, constate les dégâts causés à ses vêtements, ses cheveux transformés en jungle, essuie le sang qui dégouline de sa tempe. « Me voilà belle pour nous remettre en route » (p. 61) (Dixième tableau : « Le sac »). Elle plonge alors dans ses souvenirs (Onzième tableau : « La mémoire »), évoque son enfance et ses peurs. N'aurait-elle pas été un oiseau? Ensuite, elle réussit à se remettre sur ses jambes (Douzième tableau : « Les jambes »), s'étonne de marcher, ce qui prouve qu'elle est bien vivante, veut départager le vrai du faux, le réel de l'imaginaire. Dans une longue tirade anaphorique, elle répète à satiété sa soif, son *désir de vivre* : « Je veux vivre », « Je veux vivre encore » (p. 68-71), tandis qu'elle sent ses sens cesser de fonctionner un à un, son cœur de battre. Elle s'imagine, dans un ultime délire, rencontrer la porte de la nuit, qu'elle va bientôt franchir en un dernier saut du haut de son trapèze, pour enfin *mourir* (Treizième tableau : « Le trapèze »). N'est-ce pas là confirmer les tensions de vie et de mort qui traversent constamment l'œuvre de Carrier ? Dans sa critique de la pièce, Martial Dassylva souligne l'« appel poignant à la vie qui survient juste avant le couac final »[5].

Notes

1. Propos de Roch Carrier rapportés par Martial Dassylva, « Roch Carrier : une première pièce », *La Presse*, 8 décembre 1979, p. C1.
2. Jean Daigle, « Théâtre québécois. Lire sur les lèvres », *Le Canada français*, 2 avril 1980, p. C24.
3. Carrier aurait-il été influencé par la lecture de *The Daring Young Man on the Flying Trapeze* (1934), de l'auteur américain William Saroyan, qu'il cite dans *Une chaise*, en avouant avoir voulu être son « émule » (p. 84) ?
4. Cet argument concernant la « musique » de la langue revient en force dans *Une chaise*, que j'ai étudié plus haut.
5. Martial Dassylva, « Au Café de la Place. Quand Magnolia extravague », *La Presse*, 26 mars 1982, p. A12.

CHAPITRE 13

LES RÉCITS DE VOYAGE

Deux récits de voyage, habituellement classés dans la liste des romans « Du même auteur », font partie des œuvres autobiographiques de Roch Carrier, grand voyageur, globe-trotter infatigable, que ses fonctions dans plusieurs organismes publics conduisaient dans divers pays : *L'ours et le kangourou* (1986) et *Un chameau en Jordanie* (1988). Nul doute qu'il sera tenté d'en raconter d'autres, puisque, par exemple, on trouve des références à l'Arizona, qu'il a visitée, dans *Petit Homme Tornade.* Confronté à « la multiplicité des formes du récit de voyage et [à] sa longue histoire », Pierre Rajotte retient quelques critères de base lui permettant de cerner le genre : « Le récit de voyage est constitué d'une *alternance de narrations et de descriptions.* Il raconte un voyage qui est *donné pour réel* au lecteur et qui a été *effectué par l'auteur*[1]. » Deux récits, donc, tout à fait différents quant à l'espace, évidemment, mais surtout par leur traitement caractéristique, tant au point de vue narratologique que par les thèmes qu'ils développent, les personnages mis en cause et leur style.

L'ours et le kangourou

C'est sous la forme d'un dialogue dans lequel narration et descriptions sont intégrées, échangé entre Chris, un Australien, et Roch, un Canadien, que se déroule tout le récit, censé relater une randonnée en jeep en Australie. Mais, attention, n'y cherchons pas d'itinéraire précis, car nous risquerions de nous égarer dans le désert, dans la *rain forest*, dans les montagnes ou dans la *bush*! Plusieurs noms de lieux sont évoqués au hasard de la conversation et des souvenirs, comme Sydney, ville tantôt féminine, tantôt masculine (p. 28, et *passim*), Perth (p. 39, 59 et 136), les chutes d'Ebon (p. 39), la plage de Nambucca (p. 51), le New South Wales (p. 55), Brisbane (p. 59, 136), Melbourne (p. 59), Darwin (p. 59), la Tasmanie (p. 59), le *Great riff barrier* [*sic*] (p. 62), la gorge de Weeping Rock (p. 82-83), Wollomombi (p. 83), Armidale (p. 89), la capitale Canberra (p. 136-137), Alice Spring (p. 136), la Hubbard Valley et ses vins blancs (p. 145), la caverne du Capitaine Thunderbolt (p. 153), et j'en passe. Une phrase de Chris résume admirablement à elle seule l'Australie : « Quand on connaît les espaces australiens complètement découverts, l'immensité des forêts, l'étendue des déserts, et ces marées infinies de montagnes, l'on sait qu'être Australien c'est avoir une certaine fascination pour le vide » (p. 122). N'y a-t-il pas là le meilleur itinéraire de la vie, matériel et spirituel à la fois?

En plus de citer des noms de lieux, le récit évoque, au fil plutôt décousu d'une conversation à bâtons rompus, dont il est coutumier, la *bush*, l'interminable et variable réseau routier, le phénomène catastrophique de la désertification, conséquence d'une mauvaise gestion de la colonisation, l'extraction du pétrole, la faune, chameaux importés, kangourous, dont Roch nie l'existence puisqu'il n'en a aperçu aucun, grenouilles marsupiales, koalas, iguanes, dingos, oiseaux colorés, galahs, cacatoès, moineaux-martins, *willy wag tail* [*sic*], pies, hirondelles, cailles, pigeons, rouges-gorges, perroquets, rosellas, geais, etc., aux sons peu mélodieux cependant, selon Roch, et les moutons, bien entendu!, et la flore variée, les arbres en particulier, les baobabs, les termites, le sable envahissant et la poussière qu'il engendre et répand partout, la sécheresse, les *stations*, terres agricoles immenses, le cycle écologique, les coutumes des *convicts*, les manières de vivre des habitants. Inutile donc d'y chercher un ordre quelconque, mais ce désordre n'est pas dépourvu de charme et d'intérêt, car le procédé oblige le lecteur à un effort certain d'imagination et de réflexion tout en lui faisant *sentir* le pays et la vie quotidienne de ses gens.

Les sujets abordés sont nombreux, puisqu'ils forment une sorte de compendium des idées chères à l'auteur sur des sujets aussi variés que la politique, surtout celle qui a trait au Canada et au Québec, la langue française, l'ignorance, l'éducation, la littérature, le Diable, la survivance des Québécois, les affrontements entre les Blancs et les Aborigènes d'Australie, la Rébellion de 1837 au Bas-Canada, tout cela en vrac comme la description du pays qu'il a traversé et visité. Dégageons-en quand même quelques-unes. La définition que propose Roch du Québécois *vaut le détour*, comme on dit dans un certain guide touristique, même si elle tient de la réflexion facile et banale :

> Être québécois, c'est pouvoir dire oui et non à la fois ; c'est pouvoir être conservateur et libéral en même temps ; c'est pouvoir être fédéraliste et séparatiste ensemble ; c'est pouvoir aimer la France et détester les Français ; [...] c'est pouvoir détester l'hiver et brailler en Floride devant le

> sable de la nuit de Noël; être québécois, c'est *vivre la liberté*, quoi! (p. 22, je souligne).

Les allusions sont trop évidentes pour nécessiter des explications. Carrier revient à quelques reprises sur le constat d'ignorance qu'il émet en parlant du « petit peuple » canadien : « Au Canada, comme personne ne lit, la meilleure façon de garder un secret est de l'imprimer dans un livre » (p. 9). Constatation amère qu'il a sans doute été à même de répéter tout au long de sa carrière d'écrivain et d'administrateur. Comme il le fera dans *Une chaise*, il stigmatise l'ignorance (p. 24, 62), tout en insistant sur la nécessité de l'éducation, thème qui reviendra en foule dans *Un chameau en Jordanie*. Il parle aussi de la langue, en donnant à Chris une leçon de prononciation québécoise (p. 13), en se moquant de l'accent québécois (p. 36), par la bouche de Chris : « Être Québécois, c'est être délinquant lorsqu'on parle » (p. 44). L'Australien, qui se substitue pour ainsi dire à Carrier dans cette réplique, souligne la dette que les Québécois francophones doivent à Rabelais : « Les Québécois doivent beaucoup à Rabelais. Vous lui avez donné beaucoup aussi : une descendance, une filiation, une continuité : une actualisation » (p. 15). « Tu devrais écrire à ce sujet », conclut-il, ce que ne manquera pas de faire Carrier dans *Une chaise*. Comme dans ce récit autobiographique, il explique la croyance généralisée au Diable : « Le Diable est nécessaire pour expliquer toutes les imperfections du monde » (p. 38)[2]. Quant au Serpent créateur de la terre australienne, les premiers Aborigènes lui rendaient hommage dans une cérémonie appelée le *Dreaming* (p. 46). Il s'agit là d'une cérémonie évoquée sous un autre nom dans *Petit Homme Tornade* (*PHT*, p. 33-35).

La plupart des réflexions de Roch ou de Chris, l'un parlant parfois par la bouche de l'autre, semblent des idées reçues, mais leur originalité réside dans le décor qui les entoure, dans l'atmosphère particulière dont elles sont enveloppées. Si elles risquent de tomber dans la banalité, le narrateur prend soin de faire son autocritique à l'occasion. Il déclare écrire « sur les grands thèmes classiques : Dieu, la Femme, l'Argent, le Sexe, le Pouvoir » (p. 15), ce que confirme à l'évidence toute son œuvre. « Du déjà vu, du déjà dit, qu'il fait cependant plaisir de revoir et d'entendre, autour desquels Carrier, avec maîtrise et sensibilité invente des histoires amusantes, inoubliables, illustrant admirablement bien ses propos », commente Claude Sabourin[3]. L'intérêt réside surtout dans la rencontre de l'Autre, ce qui est le propre du voyage. Aussi les échanges entre les deux hommes impliquent-ils nécessairement des comparaisons, dont ils ne se privent d'ailleurs pas, ce qui confirme les différentes visées du voyage, documentaire, idéologique et esthétique, comme les met en évidence l'ouvrage de Rajotte[4].

Il ne fait pas de doute que Carrier exploite à plusieurs reprises son inclination pour le récit bref comme en font foi les onze du genre dont il nourrit le dialogue : la femme et le serpent (p. 72), l'émasculé volontaire qui veut se soustraire au service militaire (p. 87), le pasteur et son jardin anglais (p. 92-93), Gillian, la femme de Chris, et le cancer (p. 111-112), un suicide (p. 114), une jeune fille perdue dans la *bush* (p. 115-116), le pilote de brousse et les Aborigènes (p. 123), l'étudiant aborigène (p. 124), le meurtre d'un chauffeur de taxi (p. 125), la guerre contre les Turcs, à Gallipoli (p. 126-127), le court de tennis (p. 133-134). Autant d'histoires qui déterminent à leur façon la vie en Australie.

Un chameau en Jordanie

Si l'on se fie aux « Notes du carnet du Voyageur d'Amérique », placées à la suite d'*Un chameau en Jordanie*, Carrier livre ici un véritable récit de voyage aux visées documentaires évidentes : population, taux de croissance, groupes ethniques, langue(s), religions, superficie, désert, etc. Tous les détails pertinents concernant la géographie tant physique qu'humaine sont contenus en trois pages formant une sorte de résumé de données figurant çà et là au cours du récit. Ce qui diffère du précédent, c'est comme de raison l'Autre, vivant dans un pays désertique à quatre-vingts pour cent, la Jordanie, que deux personnages, un petit, Fathi, et un grand, le Roi, représentent. Il reste que tout le discours tourne autour du petit chamelier de douze ans, devenu guide touristique après la mort de son père pour subvenir à ses besoins et à ceux de sa mère adoptive, absente du récit. Chaque chapitre est précédé de l'illustration du chameau, tenu en laisse par Fathi, sur fond de tours de forage puisant inlassablement le pétrole du sous-sol. Au fur et à mesure du déroulement des chapitres, l'illustration diminue en hauteur, comme si le chameau s'éloignait dans le désert avec son guide. Le récit lui-même s'amorce avec une lettre reçue de Fathi, qui orne la page couverture avec son timbre de Jordanie et l'illustration susdite, et se termine de même, ce qui fait qu'il se trouve à former une longue analepse de seize chapitres.

La rencontre du gamin et du Voyageur d'Amérique, nom dont s'affuble le narrateur, en l'occurrence Roch Carrier, a lieu lorsque celui-ci désire emprunter un moyen de locomotion pour se rendre à la fabuleuse ville antique de Pétra. Entre « la benne d'un vieux camion militaire rouillé » et « l'un de ces vigoureux chevaux, bas sur leurs pattes fines, que me proposent de [*sic*] Bédouins au visage craquelé de vieux cuir », il opte finalement pour le chameau de Fathi et décrit les caractéristiques de ce « vaisseau du désert » (p. 11), qu'il nomme aussi « vaisseau des mers de sable » (p. 13) qui ne tarde pas, en raison de son balancement, à lui donner une sensation d'étourdissement. En route, il apprend l'histoire de son jeune guide qui, parlant sans arrêt, raconte et raconte, dans son mauvais anglais, l'histoire et la vie des Bédouins. Devant Pétra, le narrateur décrit la ville surgie du granite et s'émerveille à la vue de ses splendeurs, puis Fathi, infatigable, en raconte l'histoire. Survient un événement catastrophique : l'ampoule qu'un touriste amateur de photographie utilise avec un appareil démodé éclate en produisant un éclair et une détonation qui effraient le chameau. La bête, affolée, détale et, ce faisant, se casse une jambe dans les rochers qui bordent la cité antique. On doit l'abattre. Désespoir du jeune chamelier qui vient de perdre son gagne-pain.

Qui est donc Fathi ? Le narrateur en donne une brève description dans le chapitre préliminaire : « Je me souviens de ce garçon de douze ans aux cheveux noirs. Il avait l'air d'un prince déchu avec ses jeans et sa chemise troués[5] » (p. 8). Le portrait se précise au fur et à mesure : « Ses yeux sont si pleins d'intelligence » (p. 11) et il se fait obéir de la bête… et du voyageur. Fathi, qui marche aux côtés de son chameau, « tient d'une main les guides et de l'autre, caresse le flanc de sa bête sans amitié, machinalement » (p. 14). Pendant le trajet, il « ne cesse de sautiller et de parler » (p. 17). C'est en fait lui le conteur, qui prend la parole pour raconter sa propre histoire d'orphelin (p. 17-18), puis décrire la vie des Bédouins (chapitre III). « Le Voyageur d'Amérique n'a jamais entendu un si jeune enfant raconter aussi bien » (p. 23). Peut-être Fathi a-t-il écouté « le vieux poète redire la vie des ancêtres » autour du feu, la nuit, pendant que, enveloppé dans des couvertures à cause du froid, on boit du café aromatisé à la cardamome.

Fathi ne sait ni lire ni écrire, ce que souligne le narrateur, qui reviendra souvent, au cours de son récit, pour déplorer le manque d'éducation et d'instruction des enfants du désert (p. 24, 34, 52, 60-61, 109-110, 112-113, 123, 145, 152) et souhaiter que Fathi aille à l'école, vœu que le Roi comblera (p. 140-141), à preuve la lettre qu'il reçoit du jeune garçon. Grâce à l'instruction et à l'éducation, la Jordanie accédera à la modernité. « [Fathi] apprendra à lire, c'est-à-dire à posséder le monde. S'il y a un message dans le récit de M. Carrier, à part la défense de la paix contre tous les extrémistes, c'est justement celui-là », estime Réginald Martel[6]. Autre sujet de préoccupation : l'histoire du pays, racontée en détail, un pays déchiré par les guerres avec ses voisins, dont une partie du territoire est occupée par les Israéliens (chapitres 7, 9, 18, entre autres). « J'apprends à aimer la Jordanie à mesure qu'elle se dévoile à moi… » (p. 51), allait-il écrire au Roi Hussein, montrant par là son sens de la découverte, celle de l'Autre. Quand il se trouve en plein désert, il ne peut s'empêcher de comparer ce pays au sien : « Voyager à l'étranger est tout autant une exploration du pays d'origine » (p. 63). En se rendant au Palais Royal de Raghadan, il jette un œil distrait sur la ville, ce que Fathi lui reproche. « Je devrais imiter Fathi : regarder cette ville comme on déguste un fruit inconnu » (p. 130), confesse-t-il.

En route pour la capitale de la Jordanie, Amman, à bord d'une voiture américaine en compagnie de Fathi qui désire voir le Roi, il emprunte l'autoroute qui traverse le désert pendant que le garçon presse les boutons du lecteur de cassettes pour écouter du *rock'n roll*, ensorcelé par la musique d'Amérique (p. 57). Au cours de la conversation qui suit, Fathi étale ses convictions religieuses et raconte l'histoire de

Mahomet. Sur ses instances, le Voyageur d'Amérique lui cède le volant, qu'il manie avec désinvolture, à une vitesse folle. Arrivé à Amman, il se repose, rédige ses notes de voyage, quand, soudain, dans un tintamarre assourdissant, sa chambre est envahie par une foule en colère : Fathi aurait volé une luxueuse Rolls-Royce ! Le jeune garçon se défend, explique qu'il a tout simplement voulu dormir sur des coussins moelleux, la foule, amusée, se disperse en riant. Voilà, brossé à grands traits, le portrait de Fathi, à moitié espiègle, à moitié sérieux, menteur à l'occasion, mais si attachant.

Comme dans le récit de voyage précédent, la visée documentaire est omniprésente, mais les éléments qui touchent au pays sont beaucoup mieux ordonnés. Dans le premier chapitre, Carrier évoque avec plaisir et nostalgie certains lieux qu'il a visités : le désert vide, parsemé de quelques troupeaux, la jolie ville d'Amman avec ses mosquées brillantes, sa foule composite et bigarrée (p. 93-95), la mer Morte où il s'est baigné, les villes antiques de Pétra et de Jerash. Or, dans sa traversée de la Jordanie, seulement quelques autres endroits sont clairement nommés : Pétra, le désert, Amman, Ain Ghazal, Aqaba. Du lieu où il loge, mais qui n'est pas identifié, il se trouve à trois heures de route (p. 55) de la capitale. Il effectue le trajet en automobile, par l'autoroute, tandis que, pour se rendre à Pétra, comme je l'ai mentionné, il le fait à dos de chameau. Parlant de cette bête, il précise : « Le Voyageur d'Amérique a lu sur le sujet » (p. 11). Il reviendra d'ailleurs à quelques reprises sur la documentation qu'il a eu soin de recueillir dans son carnet avant son départ, et où il continuera d'inscrire ses « impressions » (p. 119) et d'autres notes au cours de son voyage (p. 132-133). Il y parle de la flore qui réussit à pousser dans le sable et dans les endroits rocailleux, dans le désert : coquelicots, chardons, genêt, *samh* (une plante comestible), géraniums, fougères, crocus, iris noirs, astragales roses, orobanches, zillas, acacias, *talh*, cactus, et même des pistachiers de vingt mètres (p. 86), et des cyprès, à Amman. L'irrigation a transformé une partie du désert en terre agricole produisant des légumes variés (p. 59). Quant à la faune domestique, elle se résume en chameaux, chevaux, chèvres et moutons, répète-il souvent. Le narrateur s'attarde à décrire le désert (p. 57), comme dans *Petit Homme Tornade*, et son « sable implacable, plat et soudain, en buttes arrondies » (p. 7), ses « dunes houleuses, les plaines de granite et de cailloux, le grès à vif, le roc volcanique » (p. 89), les « maigres hameaux » (p. 7) qui y sont éparpillés, les maisons en forme de blocs de béton (p. 24). Il signale à l'occasion quelques mets nationaux (p. 41, 49-50, 77) : *falafels, tahini, magloubeh, leben, mansaf, kaks, ghy*, c'est-à-dire pois chiches et sauce, agneau avec aubergines et riz, yogourt au lait de chamelle, agneau et riz, biscuits secs avec beurre. Bref, Carrier fournit ici un guide très détaillé de la Jordanie et de la vie de ses habitants, en « dosant aimablement ce qu'il faut au lecteur d'information pour que ces questions que l'histoire et le Temps adressent au Voyageur d'Amérique prennent toute leur résonance », estime Jean-Roch Boivin[7].

Notes

1. Pierre Rajotte, *Le récit de voyage. Aux frontières du littéraire*, p. 20. En italique dans le texte.
2. Roch Carrier, *Une chaise*, chapitre 6.
3. Claude Sabourin, « Rencontre étonnante », *Lettres québécoises*, n° 44, hiver 1986-1987, p. 82.
4. Pierre Rajotte, *op. cit., passim.*
5. La même image de « prince déchu » se retrouve dans *Petit Homme Tornade*, p. 6.

6. Réginald Martel, « Une enfance beauceronne, yes sir! », *La Presse*, 21 mai 1988, p. K1.
7. Jean-Roch Boivin, « Un récit pour l'ombre, l'autre pour le soleil », *Le Devoir*, 11 juin 1988, p. D3.

CHAPITRE 14

LITTÉRATURE DE JEUNESSE

Pour les jeunes et les moins jeunes

Depuis le début de cette étude, nous avons constaté que Roch Carrier possède un véritable talent de conteur, ainsi que l'attestent plusieurs de ses romans, comme *La guerre, yes sir!*, *Le jardin des délices* et *L'amour dans la ferraille*, par exemple. On se souvient que, après ses trois recueils de poésies, il avait publié un recueil de contes fantastiques fort remarqué par la critique, *Jolis Deuils* (1964). Il récidive avec plaisir en publiant trois recueils de « contes » à saveur autobiographique à des intervalles assez distancés : *Les enfants du bonhomme dans la lune* (1979) destiné, à mon avis, plus à des enfants et à des adolescents qu'à des adultes, car il a écrit ce que l'on désigne communément comme de la « littérature de jeunesse », ce que fait la collection ViP (Vidéo-Presse) des Éditions Paulines, qui à la page frontispice le place parmi les œuvres « Du même auteur pour les jeunes », tout en admettant que l'ouvrage puisse convenir également à des lecteurs de sept à soixante-dix-sept ans, selon l'expression consacrée; puis deux « livres de prières », *Prières d'un enfant très très sage* (1988) et *Prières d'un adolescent très très sage* (1998), que l'on pourrait situer dans le même créneau. Bien entendu, vu le caractère autobiographique de ces trois recueils, la réalité rejoint ici la fiction : l'action se déroule principalement dans le village où est né Carrier ainsi que dans la région immédiate, Sainte-Justine de Dorchester et Saint-Georges de Beauce, parfois Québec et Montréal, les personnages sont ceux de sa famille, père, mère, frères et sœurs, grands-pères et grands-mères, oncles et tantes, de son ami Lapin, de son entourage, des villageois, puis des prêtres du Petit Séminaire de Saint-Georges où il a fait la plus grande partie de son cours classique. Quant aux faits, il faut croire qu'ils ont été vécus, encore qu'il ne faudrait pas penser que certaines anecdotes n'ont pas été transformées par l'imaginaire de l'auteur, ce qu'il est impossible de vérifier mais qui ne leur enlève(rait) pas valeur de témoignage. Carrier précise ainsi ses emprunts : « Un jour, quelqu'un entreprit de tourner un film sur mon village et ses habitants à qui j'ai dérobé beaucoup des histoires que je raconte » (*EBDL*, p. 161). « Beaucoup », écrit-il. Toutes ? La question n'est pas résolue.

Les enfants du bonhomme dans la lune

Le premier recueil, placé comme les deux autres sous l'appellation de « contes » dans « Du même auteur » qui précède toute publication de Carrier, contient vingt anecdotes échelonnées depuis son entrée à l'école jusqu'à l'âge de treize ans, ainsi qu'en font foi quelques indices comme « Avec ma première journée d'école » (p. 9), « À la fin de la guerre [1945] » (p. 57), « J'avais neuf ans » (p. 131), « avec la force de mes douze ans » (p. 134), « à treize ans, nous avions devant nous beaucoup d'autres combats à mener » (p. 136), avec des allusions à son séjour à Montréal (p. 154), puis à son départ pour la France à la fin des années cinquante (p. 139). Comme il l'écrit lui-même, les lieux où se déroulent les tranches de vie qu'il rapporte sont « l'école, l'église et la patinoire »[1] (p. 77), en plus, bien sûr, de la maison de ses parents et des champs et des bois qui entourent le village, qui assurent l'omniprésence de la nature.

Ses souvenirs d'enfance sont enveloppés, pour ainsi dire, dans les croyances du temps, croyances qui se transforment souvent en superstitions populaires presque infantiles, sinon naïves, et véhiculent parfois certains préjugés : les fantômes du cimetière (« Les fantômes du temps des feuilles mortes »), la peur des protestants (« Grand-père n'avait peur de rien ni de personne »), la réincarnation « La bombe atomique m'est-elle tombée sur la tête? »), « La machine à détecter tout ce qui est américain », le voyage des cloches à Rome pendant la semaine sainte (« Le jour où je devins apostat »), l'initiation sexuelle (« La leçon d'initiation sexuelle »), les médailles saintes (« Les médailles flottent-elles sur la mer? »), les communistes et les juifs (« Les bons et les méchants »), les préjugés contre les Noirs (« L'avenir, Mossié, est dans votre main blanche »), tout se déroulant à l'ombre du clergé tout-puissant et du renommé premier ministre de l'époque, Maurice Duplessis, chef du Bon Parti déjà évoqué indirectement dans *De l'amour dans la ferraille.* Dans ce lieu renfermé que constitue le village, le moindre événement de la vie courante prend des allures extraordinaires. Aussi le narrateur, devenu adulte, prend-il la peine d'adopter le ton de l'enfant qu'il était, de mettre en relief la couleur locale, bref de donner le ton qui convient à une époque révolue. Surtout, il insiste sur *l'apprentissage de la vie* auquel contribuent ces faits divers, avec le regard candide de l'enfant sans cesse aux aguets, désireux d'apprendre, qui (se) pose continuellement des questions en apparence insolubles et qui se déclare à demi satisfait des réponses qu'il reçoit des adultes, quand ceux-ci daignent lui répondre. Ces questions tournent souvent autour de la langue, ce qui semble une préoccupation constante de l'auteur au cours de toute son œuvre, entre autres du français en contact avec l'anglais, de la religion, le catholicisme opposé au protestantisme, au communisme, l'ennemi numéro un selon le clergé catholique, de la guerre, du sexe, du langage d'homme, soit les jurons, de la chasse et du braconnage, fort répandus en ce coin de pays, des Américains tout proches, des loisirs, comme le hockey et son héros Maurice Richard, du club Canadien de Montréal, dont « Une abominable feuille d'érable sur la glace » évoque le souvenir et qui sera repris dans un album destiné aux enfants sous le titre *Le chandail de hockey*, de même que dans la biographie qu'il lui a consacrée, intitulée *Le Rocket*. Quand l'auteur parle de la guerre, une véritable hantise depuis *La guerre, yes sir!*, il le fait parfois avec humour (« Mon père, ce héros »), alors que l'effort de guerre de son père se résume dans la récupération de tubes de pâte dentifrice, parfois avec une horreur voisinant avec l'humour (« La bombe atomique m'est-elle tombée sur la tête? »), lorsqu'il rappelle la destruction d'Hiroshima, au Japon, le 6 juin 1945, quand il croit à une réincarnation du cordonnier décédé qui aurait réparé ses chaussures pendant la nuit : « Quelques jours auparavant, les Américains avaient jeté sur Hiroshima une bombe qui avait brûlé vifs des milliers de femmes, d'hommes et d'enfants » (p. 18). La guerre n'est pas sans lui rappeler les exactions auxquelles ont été soumis les enfants juifs : « Ma conviction inébranlable que la guerre est une persécution des adultes contre les enfants a sans doute été semée là » (p. 54), explique-t-il entre parenthèses. Quant au sexe, il réapparaît presque systématiquement à propos des seins, ces choses qu'il ne saurait voir, pour paraphraser

Molière, sans pécher, ainsi que nous avons pu le vérifier dans les romans où certains personnages sont sidérés par « le gouffre des seins », qu'ils aperçoivent par l'échancrure d'une robe.

Les souvenirs qui garnissent son imaginaire lui viennent souvent en droite ligne du défunt journal de droite *L'Action catholique*, publié à Québec sous l'autorité diocésaine, de même que des conversations des adultes dont il se tient toujours à l'affût dans son insatiable soif d'apprendre (p. 23, 61, 64, 73, 140, 160). Ayant lui-même tâté du journalisme, il invoque fréquemment les journaux. Grâce au journal précité et parmi ces adultes dont il ne saurait mettre en doute la véracité des propos malgré un scepticisme grandissant au fil des années, c'est son père qui tient la vedette et qui lui apprend les choses de la vie en même temps qu'il lui indique les comportements qu'il doit adopter, quelquefois avec l'aide de sa mère, ancienne institutrice, des religieuses qui lui enseignent, du vicaire qui le sermonne, du curé qui prêche, bref des « institutions » de l'époque. Enfant, Roch Carrier se scandalise souvent des jurons que profèrent les adultes : « Avec des mots grossiers qui brûlaient nos âmes d'enfants, les ouvriers écorchèrent notre maison » (p. 69) ; « Les enfants l'entendirent grommeler des mots qu'ils n'osèrent répéter à leurs parents » (p. 88) ; « I' doit dire les mêmes mots que quand mon pére i' a une vache qui saute la clôture. C'est pas beau » (p. 108). Morale et religion font bon ménage dans une vie réglée d'avance.

Tous ces récits, bien enlevés, sont écrits dans la langue simple qui convient à un enfant, avec la touche souvent humoristique, parfois touchante, de l'écrivain arrivé à la quarantaine, qui en a vu bien d'autres, de là l'éclosion de son scepticisme à l'égard des histoires qu'on raconte, dont celles qui se rapportent à la pêche et à la chasse, bien entendu, par exemple « Un grand chasseur de fauves », qui n'est pas sans évoquer Tartarin de Tarascon, d'Alphonse Daudet. Il convient, pour en finir là-dessus, de souligner que ces contes s'achèvent à plusieurs reprises sur un élément de détail puisé dans le texte, que le narrateur grossit pour le mettre en évidence d'une façon inattendue et qui sert ainsi de chute à ses récits.

Prières d'un enfant très très sage

Les deux recueils de prières qui suivent paraissent emprunter un chemin différent, mais il ne faut pas s'y méprendre. À la vérité, le procédé « religieux » ouvre d'une autre façon l'armoire aux souvenirs, en montrant l'enfant, puis l'adolescent, en conversation très familière, à sens unique, avec un Dieu silencieux, dont il ne réussit pas à obtenir des réponses à son questionnement existentiel. D'où les interpellations quelquefois audacieuses à l'égard de la divinité, les apostrophes même, les reproches et les blâmes, ainsi que les défis qu'il se permet. L'expression « très très sage » qui revient dans les deux titres rappelle sans l'ombre d'un doute la promesse des adultes à l'égard des enfants : « Si tu es sage, tu auras une image », cette image étant figurée par l'estampille de l'ange placée à la fin de chaque prière et que les écoliers sages trouvaient dans leur cahier d'exercices comme marque de félicitations et de louange.

Dans *Prières d'un enfant très très sage*, le narrateur puise encore dans ses souvenirs (p. 8, 10, 49) d'enfant en continuant d'adopter le ton des *Enfants du bonhomme dans la lune*, en mettant toute la famille à contribution, père, mère, grand-père, grand-mère, oncles, en situant les faits dans son village dont il évoque quelques personnages types et des camarades, enfin en développant à peu près les mêmes thèmes que précédemment. Dans son furieux désir d'apprendre, dont le motif revient d'une façon récurrente appuyée, il soutient, comme dans le recueil précédent (*EBDL*, p. 151) : « *J'espionnais la vie* » (p. 51, je souligne), en utilisant tout à fait la même formule. Tout en confiant à Dieu les fredaines et les péchés qu'il aurait pu commettre, il le questionne sans arrêt car il veut connaître la vérité. Pourquoi, alors qu'Il est extrêmement bon et juste, a-t-Il pu créer l'enfer (« Prière pour la truie »), pourquoi a-t-Il envoyé de la souffrance et du mal sur la terre (« Prière du pendu »), pourquoi a-t-Il inventé la guerre et la mort (« Prière pour la guerre »), question déjà évoquée dans *La guerre, yes sir!* (p. 57), pourquoi a-t-Il permis que la petite Ginette meure en se fracassant la tête sur la glace (« Prière des funérailles »), pourquoi, pourquoi... ? Apprendre (p. 47, 50, 60, 97, 125, 148) et comprendre (p. 15, 45, 74, 78, 90, 93, 107, 108, 109, 115, 116, 143) sont certes les deux mots clefs des seize prières du recueil, car ils reviennent en foule un peu partout : « C'est pas facile d'apprendre la vie » (p. 47), déclare-t-il, pour finalement renchérir : « J'essaie juste de comprendre la vie, mon Dieu, mais Vous l'expliquez pas beaucoup » (p. 108). Tout cela lui semble un mystère : « Vous voyez, mon Dieu, chaque fois que je pose une question, c'est un mystère qui me répond » (p. 116). Aussi, pour mieux comprendre, il pose des énigmes à Dieu, lui conte les menus incidents de sa vie d'enfant, lui raconte des histoires, s'interroge sur l'existence de choses incompréhensibles pour sa petite tête : « Mais je suis pas Vous et je suis bien trop petit pour comprendre ce qui se passe dans Votre grosse tête éternelle » (p. 78). Ses commentaires et ses apostrophes frisent souvent l'insolence et le blasphème, mais le langage de l'enfance sert à les excuser et à les justifier. Il convient d'ajouter l'humour qui affleure partout, à la manière naturelle dont Carrier en use. « Il y a du Voltaire là-dessous, celui du *Candide* dont l'humour consiste à nous faire croire que nous sommes dans le meilleur des mondes parce qu'il est régi par le bien », soutient Guy Cloutier[2].

Parmi les faits et anecdotes qu'il a retenus et tente de comprendre figurent l'incendie de l'église paroissiale de Sainte-Justine (« Prière de l'incendie »), survenue en 1935, et qu'il utilise comme matériau romanesque dans *Le jardin des délices,* la quête d'une poignée de lune (« Prière de la Lune »)[3], dont il invoque le bonhomme dans *Les enfants du bonhomme dans la Lune,* l'arrivée des « Sauvages », c'est-à-dire la croyance populaire enfantine sur les naissances (« Prière des Sauvages »), l'« oubli », à savoir l'Alzheimer, dont sont victimes beaucoup de personnes âgées (« Prière de l'oubli »), comme dans *Il n'y a pas de pays sans grand-père,* où Vieux-Thomas ne se rappelle plus le nom de la femme qu'il a épousée, les seins encore (« Prière des djos »), qui reviennent comme une obsession dans plusieurs de ses romans ainsi que dans *Les enfants du bonhomme dans la lune.* D'ailleurs avec « Prière des fesses », où il relate comment sa première tentative d'assister à une « partie de fesses » s'est soldée par un échec, il remet la question sexuelle sur le tapis. Le narrateur rappelle également comment son père s'est fait rouler en allant réclamer les vingt dollars que lui devait un voisin (« Prière pour un motton de piastres »), raconte comment il a donné à une famille pauvre la « truie », c'est-à-dire une sorte de petit poêle ventru, qui chauffait la cabane-traîneau de son père (« Prière de la truie »), se souvient avec amertume de la première fessée qu'il a reçue (« Prière de la fessée »), raconte sa première promenade à Québec (« Prière de la ville de Québec »). Parmi tous ces textes se trouve ce que j'appellerai une ode à l'écriture (« Prière de l'écriture »), où l'auteur, car c'est bien de lui, Carrier, qu'il s'agit en l'occurrence, fait une belle profession de foi : « J'aime écrire. Quand on écrit, on invente les choses qu'on veut, avec les couleurs qu'on choisit. On fait comme Vous quand Vous avez créé le monde. Écrire c'est ma petite création du monde » (p. 54). N'est-ce pas là une déclaration qui s'applique à toute son œuvre, particulièrement à ses *Prières*? Par ailleurs, le dernier des seize textes se termine sur une profusion de mercis (« Prière des remerciements »). Jean-Roch Boivin avoue : « Cette lecture m'a chamboulé l'âme » parce que, précise-t-il, « [d]ans ses prières passe toute la beauté du monde qu'il découvre avec tous ses sens et toutes les qualités de son intelligence qui, à cet âge-là, sont bien proches de celles du cœur[4] ».

Prières d'un adolescent très très sage

Comme la formule utilisée avait été une réussite, Carrier la reprend en situant son personnage devenu un adolescent, d'où le titre *Prières d'un adolescent très très sage*. Le ton se transforme graduellement au fur et à mesure de la mutation du jeune garçon et prend une allure encore plus sceptique et désinvolte à l'égard de ce qu'on lui enseigne ou veut lui faire croire. La révolte n'est pas loin. Transparaît encore aussi son ardent désir d'apprendre et de comprendre pour donner un sens à sa vie. Dès son entrée au Petit Séminaire, il décide d'agir en homme et de ne pas pleurer : « Je m'en vais là où se trouvent les livres qu'il faut lire pour apprendre tout ce qu'on doit connaître si on veut se rendre loin sur le chemin de la vie » (p. 9). Ce chemin, il entreprend de le suivre en en marquant chronologiquement bien les étapes depuis l'âge de « onze ans » (p. 7) jusqu'à dix-huit ans (p. 97), donc en 1955, après quoi il ira vendre ses poèmes à Montréal (« Prière du jeune homme d'avenir qui monte à la ville »). Au début, son ambition est de devenir rien de moins que premier ministre du Canada

(« Prière de l'enfant avec sa grosse malle sur le toit de la voiture »). Il se qualifie encore d'enfant au moment d'aborder son nouveau destin. Quant à la malle, l'histoire nous a appris que Carrier a été expulsé du séminaire d'une façon cavalière et qu'il les a retrouvées sur le perron, sans autre forme de procès. Peu à peu il se rabattra sur la poésie pour laquelle il se sent beaucoup plus d'affinités. Ici et là dans son œuvre, il évoque avec nostalgie le fait qu'il ne soit pas devenu le grand poète qu'il souhaitait.

Comme l'auteur semble nous y guider, suivons l'ordre chronologique car les faits et anecdotes qu'il rapporte ne sont pas étrangers, loin de là, à l'évolution de l'adolescent. Après un premier trimestre de cours, le narrateur et deux de ses camarades se retrouvent assis dans le train qui les ramène chez eux pour le temps de Noël. De l'autre côté de l'allée, deux bûcherons, le flacon à la bouche, se racontent des histoires, rient à gorge déployée et lancent des chapelets de jurons que, par bravade, le jeune Roch répète « comme un homme » (« Prière des gros mots »). Un stade a été franchi : enfant, il se scandalisait d'entendre des « sacres », désormais il peut en proférer. Puis, à treize ans (p. 21), c'est son éveil, combien gauche, à l'amour, quand il s'élance sur la patinoire pour rattraper une fille avec laquelle il désire patiner en la tenant par la main ou la taille (« Prière de la neige qui tombe sur la patinoire »). D'ailleurs, il rappelle encore la figure de son idole Maurice Richard auquel il voudrait bien ressembler, pendant que, se perdant en rêveries, il énumère ses ambitions : premier ministre, poète ou inventeur, ce qui traduit on ne peut mieux ses incertitudes d'adolescent. En 1950 — la télé est arrivée deux ans plus tôt qu'à Montréal, à Sainte-Justine, voisine de la frontière canado-américaine —, la télévision attire plus de gens au restaurant *Chez Viateur* qu'à l'église et présente une femme au décolleté provocant (« Prière de la femme dans la télévision »). Toujours cette évocation des regards admiratifs des hommes parmi lesquels le jeune Carrier se place en criant au miracle : « Le décolleté nous offrait des pommes rondes, appétissantes... [...] Nous les hommes, on a cessé de respirer » (p. 31-32). À « quatorze ans » (p. 33), est-il sommé par son père d'entrer à la cave le bois à corder pour l'hiver, qu'il se livre encore à son rêve de devenir premier ministre, sans entrer le bois, bien entendu, ce qui fait qu'il est traité de « bon à rien », triste déception (« Prière pour devenir bon à quelque chose »).

L'arrivée de la puberté le trouve frémissant lorsque se présente une fille ou une femme, et curieux, il consulte les pages illustrées de nus du dictionnaire, fait des rêves troublants, pendant que son pénis se trémousse (« Prière du petit soldat qui se tient au garde-à-vous »). Avançant en âge, il se livre à un travail d'homme en s'engageant comme terrassier durant l'été (« Prière de la pelletée de gravier »). L'expérience est douloureuse pour les muscles et l'intelligence! Puis lui, pelleteur de gravier, se retrouve tout timide au restaurant, attablé avec un conseiller législatif, membre du « bon gouvernement », qui lui fait perdre sa timidité d'une manière plutôt scatologique (« Prière du repas pris avec un grand homme »).

À partir de « quinze ans » (p. 67), son questionnement existentiel se précise et s'approfondit (« Prière de celui qui voudrait savoir d'où il vient »). Il commence d'abord par se poser la question des origines et même de « l'avant », car il a « lu plusieurs livres et beaucoup réfléchi » (*ibid.*). Les « pourquoi », les « qu'est-ce que » et les « d'où » se bousculent dans sa prière. Il veut comprendre : « Plus j'essaie de comprendre, plus je m'enlise dans l'incompréhension » (p. 72). Par la suite, il remercie Dieu de lui avoir donné des ancêtres canadiens-français.

Ironie ou pas ? (« Prière du Canadien français »). Finalement, le doute le taraude, lors d'une course folle en automobile, et il n'est pas loin de nier l'existence de Dieu : « La probabilité de Votre existence semble décroître à mesure que j'étudie les choses qu'il faut connaître pour se faire une opinion sur le monde » (p. 83) (« Prière de la voiture qui roule un peu trop vite »). Puis, à dix-sept ans, la science supplée à la croyance en Dieu, quand il voudrait bien se confesser de son péché de désir, soit faire l'amour avec une fille du village nommée Zouzou : « Je devrais Vous en demander pardon mais, ce soir, je ne Vous confesserai rien, car je sais que Vous n'existez pas » (p. 89)[5]. Remarquez qu'il s'adresse encore respectueusement à Dieu, bien qu'il affirme péremptoirement son inexistence (« Prière du péché que j'aurais voulu commettre »).

Les trois derniers récits tournent autour de ses projets d'avenir : devenir premier ministre (« Prière après le grand discours électoral ») ou le plus grand poète des Amériques (« Prière pour le très grand poète des Amériques »), projets qu'il va concrétiser à Montréal, puisque son premier livre, un recueil de poésies, a été imprimé grâce à son métier provisoire de serveur de bière dans un bar (« Prière du jeune homme d'avenir qui monte à la ville »). Son discours électoral, il le prononce « à dix-huit ans » (p. 97) devant les ouvriers d'une usine qui vient de fermer et, en véritable politicien, il se réclame des largesses du Bon Parti, qui va bientôt déclencher des élections, pour faire des promesses qui ont la chance de ne pas être tenues. La référence à son roman *De l'amour dans la ferraille* est ici très explicite. Mais il abandonne bientôt son premier rêve pour se consacrer à la poésie, dont il s'active à faire publier un premier recueil de « cent trente-huit poèmes » (p. 108) en se cherchant du travail car il ne croit plus aux miracles ni aux subventions. De là son humble métier de serveur de bière. Quand il monte à la ville, c'est dans la voiture luxueuse d'un prétendu riche homme d'affaires, Tommy Papoulakis, « qui méprise les idées et la poésie » (p. 122) et qui tente de le persuader que « c'est lé coul qui mèné lé mondé » (*ibid.*). À la veille de ses vingt ans, il est « devenu un incroyant » (p. 126) mais il adresse quand même une dernière prière à Dieu pour le remercier de lui avoir donné la vie.

Pour la jeunesse

Parallèlement à ces trois recueils de contes, Carrier a fait paraître dans *Vidéo-Presse*, de 1980 à 1991, plusieurs récits brefs destinés à la jeunesse, que les dirigeants de la collection « Lectures ViP » désignent comme des « nouvelles » en quatrième de couverture de *Ne faites pas mal à l'avenir*. Les Éditions Paulines les ont rassemblés en cinq volumes, tandis qu'un de ses plus connus, *Le Martien de Noël*, est paru chez Québec/Amérique et que sept autres, non parus auparavant dans *Vidéo-Presse*, ont été publiés, le premier, *Les voyageurs de l'arc-en-ciel*, chez Stanké, l'éditeur habituel de Carrier, les six autres aux Éditions Toundra sous forme d'albums illustrés pour enfants. Il ne fait pas de doute que ces récits ont souvent un but moral et qu'il s'en dégage des leçons de vie implicites, sinon parfois explicites. Dans « À cause d'un peu de fumée », qui fait partie de *Ne faites pas mal à l'avenir*, au titre suffisamment moralisateur, le narrateur déclare : « Avez-vous remarqué que les adultes, même les plus intelligents, essaient toujours de vous donner des leçons[6] ? »

Voyons d'abord les publications des Éditions Paulines. Les directeurs de la collection ViP en expliquent ainsi le but, dans la page de garde finale : « Cette collection regroupe les plus beaux textes littéraires publiés dans la revue *Vidéo-Presse*.

Écrits par nos meilleurs écrivains québécois pour les jeunes, ces textes expliquent et décrivent l'imaginaire des adolescents, suscitent réflexions et initiatives, et évitent les prescriptions idylliques ». Munis de ce descriptif, examinons-les, en les groupant deux par deux, comme les thèmes nous y invitent. Les deux premiers regroupent chacun dix nouvelles ou récits brefs. Les thèmes privilégiés par Carrier ravivent des moments heureux ou malheureux vécus par son entourage immédiat et font appel à des souvenirs d'enfance ou tout simplement à l'affabulation. D'ailleurs, comment savoir ? Après une anecdote humoristique relatant la noyade ratée de sa chatte (« La chatte d'Espagne »), ou celle qui raconte le rêve de Martin de devenir un joueur de hockey (« La poignée de main ») ou encore celle qui rappelle la gourmandise du jeune Roch à l'époque de Noël (« Les gourmandises interdites »), le narrateur évoque des situations familiales plus sérieuses : des enfants battus (« Les enfants humiliés »), le retour du fils prodigue à la terre paternelle (« Le pain d'or »), la mère obligée de voler pour nourrir ses enfants (« Le réfrigérateur »), une adolescente qui subit les contrecoups de la mésentente entre ses parents (« Nathalie et le bonheur »), l'accident de moto qui coûte la vie à Guillaume (« La moto »), le destin d'un fumeur de « joints » (« À cause d'un peu de fumée »). Dans la dernière nouvelle, un chanteur populaire « pose un lapin » à une de ses admiratrices, éplorée (« Le chanteur était beau »). À la quatrième page de couverture, l'éditeur résume ainsi le recueil : « Chaque texte, bref, sympathique, sans artifice et sans prêchi-prêcha, respectueux du public auquel il s'adresse, raconte la vie avec des yeux nouveaux et dévoile un Roch Carrier jeune, un peu adolescent. »

Le deuxième, *La fleur et autres personnages*, dont le titre en page de couverture est suivi de la mention « un recueil de nouvelles de Roch Carrier », procède de la même façon : une tourterelle annonce le destin d'un jeune garçon (« La tourterelle et l'aviateur »), un mensonge sépare des amoureux (« Une partie perdue »), Noël est l'occasion d'une rencontre impromptue avec des grands-parents esseulés (« Un très joyeux Noël »), une fugue réussit autrement que prévu (« L'alouette »), la grosse Gertrude aurait besoin d'un régime amaigrissant (« Les cœurs en chocolat »), une compagne de classe meurt de leucémie (« Une si joyeuse fête »), Annie et sa mère ne voient pas la vie de la même couleur (« Un papillon »), Éric souhaite une période de rêves à l'école (« L'école du rêve »). Avec « La veste rouge », « un petit bijou », selon Réginald Martel[7], et « La brigade de la fleur », qui n'est pas sans évoquer *Les fleurs vivent-elles ailleurs que sur la terre?* et ses poèmes, les personnages sont transplantés dans le monde merveilleux ou insolite du fantastique. Rêveur, un jeune écolier effectue un retour dans le temps (1852) et stupéfie son institutrice en faisant appel à des inventions « modernes » comme une calculatrice et la télévision (« La veste rouge »). « La brigade de la fleur » rappelle les meilleurs moments de *Jolis Deuils* : dans un monde du futur, aseptisé et robotisé, en lutte contre la pollution, des étudiants tentent de faire pousser une fleur sur la Terre.

Enfants de la planète et *L'eau de Polgok-sa* sont nettement inspirés par les voyages du globe-trotter Carrier. Au total neuf pays différents fournissent les sujets de neuf anecdotes différentes, marquées au coin de l'exotisme, de l'ailleurs : dans le Grand Nord canadien, une vieille Inuit transmet ses dons de conteuse à une jeune femme (« La femme qui raconte l'histoire d'Ellesmere »), un petit lapin s'égare au mont Cheyenne (É.-U.), poste de surveillance aérienne antimissiles (« Histoire tendre d'un petit lapin américain »), un enfant se perd dans la forêt australienne mais est sauvé (« Perdu dans la forêt australienne »), *remake* transposé d'un épisode de *L'ours et le kangourou,* un enfant pauvre de São Paulo vole une fleur sans laquelle il ne peut (sur)vivre (« La fleur du Brésil »), Éphraïm choisit la vie et non la mort pour le peuple juif et décide de continuer sa carrière en Israël (« Éphraïm ne voulait plus vivre en Israël »). Ce dernier récit ressemble à n'en pas douter à quelques passages d'*Un chameau en Jordanie, mutatis mutandis.* C'est dans quatre autres pays que se déroulent les récits de *L'eau de Polgok-sa.* À l'occasion de la présentation de *La guerre, yes sir!* en Tchécoslovaquie, deux transfuges paraissent sur scène lors de la veillée funèbre et gagnent ensuite le Canada comme immigrés clandestins (« Deux acteurs tchécoslovaques dans une boîte »), deux nouveaux mariés coréens vont visiter le temple de Polgok-sa, « tout près de la ville de Kyongsu » (p. 24), pour boire une eau de source qui assure une plus grande longévité (« L'eau de Polgok-sa », le récit éponyme), une jeune fille de dix-sept ans fuit le Viêt-nam pour l'Amérique grâce à Bouddha (« Loan s'enfuit du Viêt-nam »), au Pakistan, deux amoureux sont égorgés par leurs parents pour avoir fui la maison et avoir volé pour vivre (« Les amoureux du Pakistan »). Comme on peut l'observer, le ton de ces « histoires vécues » est beaucoup plus dramatique et fait appel à des connaissances d'enfants plus mûrs, à savoir des adolescents, capables d'assumer le tragique de la vie ou la gravité des situations.

Les deux titres suivants, publiés sous la dénomination de « romans », peuvent être couplés selon le mode du merveilleux. *Le canot dans les nuages,* pour sa part, est nettement inspiré de la légende de la Chasse-galerie, transmise par Aarne-Thompson et popularisée entre autres par Honoré Beaugrand[8]. Un jeune garçon déluré et avide de connaissances dérobe un vieux canot de collection à son père et s'envole avec une fille et deux autres copains pour un fabuleux voyage à travers le Canada, d'un océan à l'autre. Prétexte à un véritable récit de découverte et à des leçons passionnées de géographie et d'histoire, le roman sera repris dans un album pour enfants intitulé *Canada je t'aime I love you.* Le pittoresque des descriptions l'égale à l'émerveillement de l'action. Sur le même mode fantastique, paru sous forme de film dès 1970, *Le Martien de Noël* surabonde en péripéties palpitantes, hors de l'ordinaire, et constitue un classique de la littérature de jeunesse. À l'occasion de la fête de Noël, ne voilà-t-il pas qu'un Martien atterrit avec sa soucoupe volante dans le petit village de Sainte-Justine et provoque toute une commotion chez les habitants, témoins d'événements inusités et inexplicables. Tous les villageois seront appelés à lui donner la chasse afin de le capturer, mais l'extraterrestre réussit, grâce à des pouvoirs magiques, à s'enfuir et à retourner sur sa planète.

Quant aux six albums pour enfants parus à ce jour, ils peuvent également être groupés par deux, sauf le premier. Avec *Les voyageurs de l'arc-en-ciel* (1980), Carrier s'engage sur la voie des albums pour enfants car il met justement en scène Roch jeune garçon et une petite fille Hélène à la conquête de l'or que, selon la légende populaire, on trouve à profusion au pied de l'arc-en-ciel. Roch voudrait bien ainsi payer une automobile neuve à son père, mais ce sont plutôt des grenouilles qu'il ramène plein une brouette, pour les vendre au boucher. Double déception : les grenouilles, encore vivantes, ont déguerpi, et son père n'a pas attendu l'or promis pour se procurer une voiture neuve. De son côté, *Le chandail de hockey* reprend, avec la connivence de l'illustrateur Sheldon Cohen, « Une abominable feuille d'érable sur la glace », un des vingt récits des *Enfants du bonhomme dans la lune,* et est rapidement devenu un best-seller avec plus de quatre-vingt-quatre mille exemplaires vendus. Il raconte comment le chandail de hockey commandé par correspondance au magasin Eaton lui est arrivé, oh horreur!, orné de l'emblème du club rival des Maple Leafs de Toronto, une feuille d'érable, au lieu du bleu-blanc-rouge des Canadiens de Montréal. Cette intrusion dans le monde du sport se poursuit avec *Un champion* (1991) où l'on voit le jeune Roch s'exercer les muscles en vue de devenir le champion de boxe qui terrassera un adversaire redoutable auquel personne n'ose se mesurer. Le résultat n'est pas celui qu'il espérait : le punch final l'envoie au pays des rêves.

L'album bilingue *Canada je t'aime I love you* marque un intermède dans la veine sportive de l'auteur. Le tandem Carrier-Cohen développe pour ainsi dire *Le canot dans les nuages* en présentant en texte et en illustrations les principales villes canadiennes. La glorification des lieux visités est évidente et a pour fonction de susciter l'amour et l'admiration des jeunes lecteurs envers leur pays. L'écrit et le figuré se répondent en une symbiose parfaite.

Pour sa part, *Une bonne et heureuse année* ressuscite les traditions familiales et villageoises d'autrefois, du temps de l'enfance de Carrier, veux-je dire. Les réjouissances se déroulent dans la plus grande harmonie et sont ponctuées d'un repas, de chansons et de danses, le tout arrosé du petit vin de cerise de la grand-mère, Odélie sans doute, celle que nous avons rencontrée et écoutée, dans *Une chaise.*

Les deux albums suivants complètent pour l'instant la veine sportive de Carrier. *Le plus long circuit,* vanté par la critique, met en vedette non pas un garçon du village, mais une jeune fille venue d'ailleurs avec un cirque ambulant. Adeline, de son prénom, se joint sans façon à l'équipe des garçons et frappe la plus longue balle jamais expédiée au-delà du terrain de baseball, qui va fracasser une fenêtre d'un sergent retraité de l'armée. Qui ira récupérer la balle de ce plus long circuit jamais frappé par l'équipe locale? Le jeune Roch, évidemment, promis à toutes les commissions difficiles, qui, tout penaud, doit expliquer au sergent reconnu pour être grognon que ce n'est pas lui qui a expédié la balle dans sa maison... mais une fille!

Finalement, Carrier ramène, avec *Le joueur de basket-ball* ses lecteurs au Petit Séminaire de Saint-Georges de Beauce, où, dès son arrivée, le directeur des sports veut de force l'intégrer à l'équipe de basket-ball de l'institution. Il a beau s'exercer, même nuitamment, rien n'y fait, il déteste ce sport pour lequel il ne se découvre aucune aptitude. Il s'enfuit du collège, de nuit encore, pour tomber presque dans les bras de braconniers qui arpentent la forêt toute proche. Les conditions difficiles dans lesquelles il se trouve le convainquent de rentrer au bercail où l'attend patiemment le directeur. Il s'intègre donc à l'équipe, joue, perd, puis gagne grâce à un coup formidablement bien réussi. La photo historique de cette victoire le montre portant le chandail... des Canadiens.

Si le ton et l'écriture des albums de Carrier, ainsi que les illustrations de Sheldon Cohen, faut-il le souligner, rejoignent la capacité de compréhension des enfants et misent sur le merveilleux des situations et les exploits, souvent sportifs, ainsi que nous l'avons noté, ses thèmes aussi savent les toucher et les émouvoir, et surtout les intéresser, à une époque où le quotidien occupe de plus en plus de place, notamment par le temps consacré aux loisirs, entre autres le sport. Nul doute que les lectures faites en classe ou en bibliothèque continueront de séduire les enfants, et que des analyses bien menées, effectuées par leurs professeurs, sauront à coup sûr développer leurs horizons d'attente. Le volet de Carrier écrivant pour la jeunesse mérite d'être exploité, comme en fait foi l'engouement dont celle-ci fait preuve envers ses recueils de nouvelles et ses albums illustrés.

L'œuvre de Carrier n'allait pas s'arrêter là, surtout quand on connaît l'attention soutenue qu'il accorde à l'acquisition de connaissances puisées par la jeunesse « dans le grand livre de la vie » (p. 56). C'est ce à quoi il la convie dans le délicieux petit conte *Le Petit Bonhomme Rond qui avait des plumes à son chapeau melon*, qui formule, sur le mode merveilleux du fantastique, une pressante invitation à puiser dans son environnement immédiat les instruments qui lui permettront d'affronter la vie. Un peu dans la même veine que *Les enfants du Bonhomme dans la lune*, ce conte à nette saveur autobiographique met en scène un adolescent avide de savoir, non pas de celui qui est puisé uniquement dans les livres et dans la salle de classe, mais surtout dans la nature environnante. Son instruction lui est assurée par un étrange personnage, le Petit Bonhomme Rond, curieusement habillé, muni d'un étonnant chapeau melon garni de plumes et d'une ceinture cliquetante d'objets tout à fait hétéroclites, qu'il rencontre au hasard de ses promenades dans les bois qui entourent le Petit Séminaire où il poursuit ses études. Piqué par la curiosité, le jeune pensionnaire profite de ses rares heures de liberté et de ses jours de congé pour l'interroger sur divers sujets, dont il consigne soigneusement les réponses dans son *Journal de bord*, car cet être hors du commun lui paraît doué d'une science inestimable et d'une remarquable sagesse. Mais c'est surtout le Petit Bonhomme rond qui lui pose des questions auxquelles il doit trouver des réponses. Aussi, pour ne pas s'égarer, il inscrit en encadré dans son *Journal de bord* : « Principes : 1. Individu libre, je ne crains pas d'interroger le silence. 2. La seule réponse au silence est la vie que je vais m'inventer » (*ibid.*). Cette soif de connaissance revient comme une sorte de leitmotiv dans la plupart des contes que Carrier destine à la jeunesse. Un peu à la manière de Montaigne, auquel il se réfère souvent dans son œuvre, il souhaite ardemment développer la tête et le cœur de la jeunesse et lui insuffler un immense amour de la vie et de la liberté. Telle est la leçon fondamentale qui se dégage de ce conte, en apparence naïf : apprivoiser la vie pour se sentir vivre pleinement.

Notes

1. Citation qui se trouve reproduite au verso du nouveau billet de banque canadien de cinq dollars.
2. Guy Cloutier, « Un voyage dans le monde de l'enfance avec Roch Carrier », *Le Soleil,* 1er septembre 1988, p. 11.
3. Voir une scène semblable dans *L'emmitouflé* de Louis Caron.
4. Jean-Roch Boivin, « Pour retrouver les plus beaux élans du cœur », *Le Devoir,* 24 septembre 1988, p. D2.
5. Voir une scène semblable dans *La guerre, yes sir !,* (p. 50) où le jeune adulte, rentrant saoul dans son village, profère des blasphèmes à l'endoit de Dieu.
6. Roch Carrier, *Ne faites pas mal à l'avenir,* p. 94.
7. Réginald Martel, « Pour les enfants, du meilleur Carrier », *La Presse,* 22 mars 1986, p. E3.
8. Honoré Beaugrand, *La chasse-galerie,* Montréal, Fides, « Bibliothèque québécoise », 1979, 107 p., avec une préface de François Ricard et une chronologie et une bibliographie d'Aurélien Boivin.

CONCLUSION

Au terme de cette étude, il convient de s'interroger sur la trajectoire de l'œuvre de Roch Carrier, sur les grands thèmes qui l'ont inspirée et sur la portée significative qu'elle a eue sur la jeunesse en particulier. Si l'on se fie à des statistiques, hélas incomplètes, les archives des Éditions Stanké ayant subi l'outrage du temps, on retiendra que *La guerre, yes sir!* a été étudiée, et l'est encore, par des générations d'étudiants, ce qui fait que ce roman a facilement dépassé les cent mille exemplaires vendus, et que, entre autres, l'album *Le chandail de hockey* a fait les délices de centaines de milliers de jeunes, compte tenu d'un tirage dépassant les quatre-vingt-sept mille exemplaires. On pourrait même avancer que le succès phénoménal de son premier roman a en quelque sorte laissé dans l'ombre d'autres romans, à portée plus « philosophique », alors que le carnavalesque et le fantastique semblaient plus faciles d'accès à l'ensemble des étudiants et lecteurs. La vaste bibliographie des comptes rendus, articles, études et mémoires qui ont été consacrés à *La guerre, yes sir!* ne laisse aucun doute à la fois sur l'impact provoqué par sa parution et la fascination qu'il exerce et a toujours exercée, tant au Québec qu'au Canada anglais et à l'étranger.

La relecture et l'analyse de l'ensemble de l'œuvre de Carrier m'ont convaincu qu'elle est fortement inspirée par son enfance, par sa vie quotidienne et par la société dans laquelle elle s'est inscrite de même que par les multiples occupations de l'auteur. La transposition par l'affabulation de ces données est singulièrement bien réussie, même dans ses écrits à portée autobiographique, ce dont certains critiques n'ont pas toujours tenu compte dans leur analyse de quelques-unes de mes propres interprétations. Ce recours à des données circonstancielles personnelles a évidemment subi les retouches de la création littéraire, bien que les recueils destinés à la jeunesse accusent un relief nettement autobiographique. C'est pourquoi je préfère l'expression prudente « à portée autobiographique », qui empêchera qu'on se méprenne sur le sens que je leur attribue.

Famille et village sont fréquemment convoqués, ainsi qu'on peut le constater, dans la plupart des œuvres de l'auteur. Le père, la mère, les grands-parents, les amis et les proches, principalement quelques figures types de villageois, ceux-là même qui ont inspiré les personnages fictifs, reviennent avec régularité, qu'il s'agisse du curé, du forgeron, du boucher, du fossoyeur, des bûcherons, des « habitants », des bonimenteurs, du député, du premier ministre, du Bon Parti, des entrepreneurs véreux, des journalistes, des jeunes qui veulent percer dans la vie, des maîtresses… de maison. Ces récurrences ne peuvent échapper à une (re)lecture transversale telle que celle à laquelle je me suis livré puisqu'elles contribuent puissamment à présenter une communauté d'êtres et d'esprits aux prises avec des événements baignant dans une micro-société essentiellement, mais non exclusivement, rurale. Aussi les valeurs familiales, même dans leurs conflits inévitables, les convictions religieuses, parfois fondées sur la peur et la superstition et imposées par un clergé tout-puissant et prompt à la censure, les allégeances politiques axées plus sur la course au profit que sur le programme du parti, la sempiternelle question linguistique découlant de la coprésence des anglophones et des francophones, les débats entre fédéralistes et séparatistes, le poids des « gros » sur les « petits », l'opposition entre les riches et les pauvres, tout cela forme une société extrêmement vivante, grouillante d'intérêts divers. De là l'attirance que ne cesse d'exercer cette œuvre, véritable livre d'images en même temps que panorama historique romancé, enrichi par l'affabulation. Le contexte nettement populaire a permis à l'auteur le recours au carnavalesque, à l'esprit de fête propre à la libération des entraves sociales, qu'elles soient politiques, religieuses ou morales, à la lutte contre les préjugés de race ou de langue, contre les superstitions dont la ténacité était due à l'ignorance.

Loin de se complaire dans le négativisme, l'auteur préconise une réflexion approfondie, en recourant fréquemment à l'humour et à l'ironie, au rire et à la dérision, sur les problèmes qu'il soulève en mettant en scène ses personnages et figurants : les options politiques, l'amour et le sexe, l'histoire politique, la langue française et le joual, l'instruction de la jeunesse, le conflit des générations, l'héritage des anciens qui se perd, le sens du travail, ce qui confère à ses écrits une portée essayistique qu'ont heureusement saisie les critiques les plus avertis. À cet égard, la trajectoire empruntée par Carrier à partir de « la musique de ses vingt ans exaltés », où il commence à s'interroger sur le sens de la vie, se déroule avec une régularité et une constance beaucoup plus grandes qu'on pourrait le croire au premier abord, même si elle suit les sentiers variables, mais pourtant étonnamment proches, du fantastique, du carnaval, de la réflexion dite philosophique et des mythes fondateurs, ce qui assure à l'œuvre une unité révélatrice des questions qui ont sans cesse préoccupé son créateur. J'ai été profondément frappé par le questionnement existentiel de l'auteur/narrateur, de ses interrogations sur l'au-delà, de son désir de rapprochement entre les êtres, paradoxalement vécu sous l'angle manifeste d'une très grande violence, tant dans les coups et blessures, que dans les morts qui jonchent ses écrits, des jurons (sacres) et blasphèmes, des algarades et apostrophes que se lancent les personnages, des êtres parfois rustres et frustes qui s'aiment ou se détestent, qui entrent fréquemment en conflit. Il est certain que ses œuvres destinées à la jeunesse s'exercent dans un registre différent, pourvues d'une portée pédagogique significative, entre autres dans ses écrits sportifs propres à susciter leur intérêt.

En ce qui concerne le style et l'écriture, on en aura remarqué la simplicité et le naturel en même temps qu'un affermissement certain à partir de *La dame qui avait des chaînes aux chevilles*, encore qu'il faille considérer son premier roman, *La guerre, yes sir!* comme une réussite exceptionnelle sur le plan narratif, ce qui justifie amplement le traitement considérable que je lui ai accordé. Alors que l'humour, omniprésent, caractérise toute son œuvre, même, et surtout, dans les moments de sérieux et de tension, nous avons pu relever certains procédés de style qui assurent encore plus d'efficacité à l'expression : à titre d'exemples, les longues énumérations, parfois comiques, parfois persuasives, destinées à convaincre par leur renforcement, de même que les anaphores, dont il use libéralement dans quelques romans. Quant aux images, elles empruntent fréquemment aux mystères du monde sidéral ou à la magie, quelquefois inquiétante, de la nuit qui forme un leitmotiv précieux et significatif propre à livrer l'inquiétude existentielle de l'auteur lui-même, sinon de ses personnages. Il importe encore d'insister sur le climat de violence qui prévaut dans la plupart de ses romans, aux coups et blessures que s'infligent volontiers les personnages aux prises avec des intérêts divergents et des nombreuses morts qui s'y succèdent. De là l'importance considérable que prend le corps dans toute son œuvre et qui justifierait certainement une étude détaillée, une thèse même.

Enfin, notons, en plus de toutes les récurrences que j'ai soulignées, celle qui a trait à la traversée de l'espace par divers moyens de locomotion comme la voiture à cheval pour les temps anciens, l'automobile puissante des temps modernes, le jeep, le bateau, l'avion, la fusée. Bref, la traversée de l'espace, terrestre comme intersidéral ou extraterrestre, ne semble-t-elle pas déboucher sur un ailleurs, au-delà de la vie, une vie à laquelle les personnages des œuvres de Carrier sont si fermement attachés, comme le prouve leur analyse. On ne peut, à ce sujet comme à d'autres soulevés au cours de cette étude, que souhaiter une relecture attentive d'un ensemble littéraire qui mérite une exploration approfondie.

Selon une formule qui peut paraître usée tant elle est suremployée, le rêve dépasse souvent la réalité ou y supplée. Est-ce pour cela que les œuvres de Roch Carrier puisent si abondamment au domaine du rêve, témoins entre autres les rêves ou cauchemars d'Henri, dont celui, grandiose et particulièrement significatif, de l'Arche de Noé où s'embarque tout le village de Bralington dans une sorte de phénomène d'avalement ; de Floralie qui, à la fin de la nuit de noces en forêt, se demande si elle n'a pas rêvé ; de Vieux-Thomas, en quête de libération, qui se berce d'illusions en se remémorant dans son impuissance les divers moments, heureux ou malheureux, qui ont marqué son existence ; de Petit Homme Tornade toujours à revoir en rêve l'étonnante chevauchée nocturne de son père monté sur sa jument noire ? Et les rêves de l'enfant Roch aux prises avec les peurs de la nuit ? Rappelons simplement la dédicace, souvent citée, du premier roman de Carrier, initiateur en quelque sorte de toute son œuvre, dont la pérennité ne fait aucun doute : « Je voudrais dédier ce livre, que j'ai rêvé, à ceux qui l'ont peut-être vécu. »

BIBLIOGRAPHIE SÉLECTIVE

Note : La surabondance des études sur l'œuvre de Roch Carrier m'oblige à en fournir seulement une bibliographie restreinte, selon les critères de cette collection. On se reportera avec profit aux bibliographies détaillées de l'œuvre de Roch Carrier parues dans le *Dictionnaire des œuvres littéraires du Québec* (tomes 3 à 7).

I. Œuvres de Roch Carrier (en ordre chronologique)

N. B. Seule est mentionnée la première ou l'unique édition de langue française.

Les jeux incompris, poèmes, Montréal, les Éditions Nocturne, 1956, 22 p.

Cherche tes mots[,] *cherche tes pas,* Montréal, les Éditions Nocturne, « EncoR », 1958, [n.p.] [28 p.].

« Le balafré », *La Patrie du dimanche,* 16 novembre 1958, p. 40.

« Le vice et Saint-Amplement. Une nouvelle humoristique de Roch Carrier », *La Patrie du dimanche,* 19 avril 1959, p. 40.

« Le réfrigérateur, l'artiste et le chat. Une nouvelle presque humoristique par Roch Carrier », *La Patrie du dimanche,* 28 juin 1959, p. 32.

« Les mines de Saint-Amplement. Un conte écrit pour *La Patrie* par Roch Carrier », *La Patrie du dimanche,* 26 juillet 1959, p. 40.

« La ruelle de Mélanie. Un récit écrit pour *La Patrie* par Roch Carrier », *La Patrie du dimanche*, 23 août 1959, p. 56-57.

« Le monstre de Saint-Amplement. Histoire humoristique par Roch Carrier », *La Patrie du dimanche*, 30 août 1959, p. 53.

« Les bras de Saint-Amplement. Un récit humoristique par Roch Carrier », *La Patrie du dimanche*, 6 septembre 1959, p. 40.

« Monsieur Fabien Babin, professeur. Un récit écrit pour *La Patrie* par Roch Carrier », *La Patrie du dimanche*, 18 octobre 1959, p. 56.

« Les mauvaises langues. Un conte écrit pour *La Patrie* par Roch Carrier », *La Patrie du dimanche*, 1er novembre 1959, p. 36.

« Un gars qui voulait aller loin. Conte écrit pour *La Patrie* par Roch Carrier », *La Patrie du dimanche*, 22 novembre 1959, p. 56.

« Un Débardeur… Des Caisses… Une Femme. Conte humoristique écrit pour *La Patrie* par Roch Carrier », *La Patrie du dimanche*, 14 février 1960, p. 40.

« La ville d'où l'on s'en va. Un conte écrit pour *La Patrie* par Roch Carrier », *La Patrie du dimanche*, 21 février 1960, p. 40.

« Les tempêtes. Un conte inédit par Roch Carrier », *La Patrie du dimanche*, 10 avril 1960, p. 40.

« Il n'a pas plu depuis mille ans », nouvelle diffusée le 12 avril 1960 à Radio-Canada [inédite].

« Caïn et Abel. Un conte écrit pour *La Patrie* par Roch Carrier », *La Patrie du dimanche*, 15 mai 1960, p. 56.

« Ce dimanche-là, le train… Un conte écrit pour *La Patrie* par Roch Carrier », *La Patrie du dimanche*, 2 octobre 1960, p. 51.

« Guillaume Apollinaire poète de la vie immédiate », M.A., Montréal, Université de Montréal, 1961, VI-126 folios [Directeur : Ernest Gagnon, s.j.].

« Mon nouvel ami. Une nouvelle de Roch Carrier », *Châtelaine*, vol. 3, nº 7, juillet 1962, p. 30-31, 46-48.

« Une nouvelle de Roch Carrier. Amour sans fil », *Châtelaine*, vol. 4, nº 1, janvier 1963, p. 18, 40-42.

Jolis Deuils. Petites tragédies pour adultes, Montréal, Éditions du Jour, « Les romanciers du jour », 1964, 157 p.

« Une femme inoubliable. Une nouvelle de Roch Carrier », *Châtelaine*, vol. 5, nº 6, juin 1964, p. 34-35, 44-45.

« Poème inédit de Roch Carrier », [Sans titre], *Le Canada français*, 5 novembre 1964, p. 24 [Incipit : « Chaque jour est un rêve fait homme »].

« *Pan Paon* (Roman-Caricature) de Yerri Kempf », *Livres et Auteurs canadiens*, 1964, p. 28.

« La chambre nuptiale », *Le Devoir*, 8 avril 1965, p. 20.

« Une nouvelle de Roch Carrier. Les mots qu'il faudrait... », *Châtelaine*, vol. 6, nº 11, novembre 1965, p. 24-25, 61-62, 64-65 [reproduit dans *Nouvelles du Québec*, Toronto, Prentice Hall of Canada, 1970, p. 11-30].

« La plage[,] un conte inédit de Roch Carrier », *Le Devoir*, 30 octobre 1965, p. 33 [reproduit dans « Contes pour mille oreilles », p. 141-143, avec variantes].

« *À nous deux!* de Roger Fournier », *Livres et Auteurs canadiens*, 1965, p. 58-59.

« Blaise Cendrars. Un début dans la vie », *Études françaises*, vol. II, nº 2, juin 1966, p. 164-189.

« Un conte inédit de...Roch Carrier. L'escarboucle », *Le Devoir*, 27 octobre 1966, p. 13 [reproduit dans « Contes pour mille oreilles », p. 137-140, avec variantes].

« *L'Itinéraire* de Simone Landry-Guillet », *Livres et Auteurs canadiens,* 1966, p. 46-47.

« Jean-Claude Lovey, *Situation de Blaise Cendrars* », *Études françaises,* vol. III, nº 1, février 1967, p. 115-121.

« Une nouvelle de Roch Carrier. Le poisson rouge », *Châtelaine,* vol. 8, nº 11, novembre 1967, p. 34, 54, 56, 58, 60, 62, 64, 66, 68.

« *Le soleil sur la façade* de Anne Bernard », *Livres et Auteurs canadiens,* 1967, p. 40.

La guerre, yes sir! Roman, Montréal, les Éditions du Jour, « Les romanciers du jour », 1968, 124 p.

« Jean Ménard, *Xavier Marmier et le Canada* », *Études françaises,* vol. IV, nº 1, février 1968, p. 104-106.

« Jean O'Neil, *Je voudrais te parler de Jérémiah, d'Ozélina et de tous les autres...* », *Études françaises,* vol. IV, nº 2, mai 1968, p. 238-240.

« Gérard Bessette, *Une littérature en ébullition* », *Études françaises,* vol. IV, nº 4, novembre 1968, p. 437-439.

« La noce », *Études françaises,* vol. V, nº 1, février 1969, p. 51-54.

Floralie, où es-tu ? Roman, Montréal, les Éditions du Jour, « Les romanciers du jour », 1969, 170 p.

« Blaise Cendrars et la délivrance de l'homme », D.U., Paris, Université de Paris/Sorbonne, 1969, 2 tomes, 654 folios [pagination continue].

« Contes pour mille oreilles », *Écrits du Canada français,* nº 25, 1969, p. 135-160.

Il est par là, le soleil. Roman, Montréal, Éditions du Jour, « Les romanciers du jour », 1970, 142 p.

La guerre, yes sir! Pièce en quatre parties. Théâtre, Montréal, Éditions du Jour, « Théâtre », 1970, 139 p.

« Écrire m'amuse », *La Presse,* 9 mai 1970, p. 34.

« G. Miron, homme libre », *La Barre du jour*, nº 26, octobre 1970, p. 42-44.

« Comment suis-je devenu romancier? », dans Naaman, Antoine et Louis Painchaud [compilateurs], *Le roman contemporain d'expression française*, Actes du Colloque organisé à l'Université de Sherbrooke du 8 au 10 octobre 1970 sous les auspices du Centre d'Étude des Littératures d'Expression Française, Faculté des arts, Université de Sherbrooke, 1971, 347 p. V. p. 266-272.

« La critique journalistique au Québec », dans Naaman, Antoine et Louis Painchaud [compilateurs], *ibid.*, p. 300-301.

« Dans cette terre de roches, poussaient des poètes... », *Le Devoir*, 30 octobre 1971, *Supplément littéraire*, p. X.

Le deux-millième étage. Roman, Montréal, Éditions du Jour, « Les romanciers du jour », 1973, 169 p.

Floralie. Théâtre, Montréal, Éditions du Jour, « Théâtre », 1974, 157 p.

« Il y a trop de bruit sur la terre. Micro-théâtre », *Écrits du Canada français*, nº 38, 1974, p. 135-149.

« Comment une œuvre peut-elle être dite québécoise? », *Québec français*, nº 16, novembre 1974, p. 22-24.

« Ce soir seulement, à l'Auberge de la Fortune, Marivaux! », [1974?], 104 folios [inédit].

Le jardin des délices. Roman, Montréal, *La Presse*, 1975, 213 p.

« Expérience[s] d'écriture. Ceci n'est pas un conte », *Études françaises*, vol. XII, nos 1-2, avril 1976, p. 85-89.

« La sœur irlandaise », *Nord*, nº 6, automne 1976, p. 33-37.

Il n'y a pas de pays sans grand-père, Montréal, Stanké, 1977, 116 p.

Les enfants du bonhomme dans la lune, Montréal, Stanké, 1979, 165 p.

Les fleurs vivent-elles ailleurs que sur la terre?, Montréal, Stanké, 1980, 127 p.

La céleste bicyclette, Montréal, Stanké, 1980, 82 p.

« Coup de foudre au carrefour », *Nous*, mars 1980, p. 26-27.

Les voyageurs de l'arc-en-ciel, Montréal, Stanké, 1980, n.p. Ill. de François Olivier.

La dame qui avait des chaînes aux chevilles. Roman, Montréal/Paris, Stanké, 1981, 153 p.

« Le Noël de Zacharie et Germaine », *Perspectives* (*La Presse*), 19 décembre 1981, p. 3-5. Ill.

Le cirque noir. Théâtre, Montréal-Paris, Stanké, 1982, 95 p.

Québec à l'été 1950, Montréal, Éditions Libre Expression, 1982, 197 p. [Photos de Lida Moser, textes de Roch Carrier].

« Bienvenue à Jésus », *Perspectives* (*La Presse*), 18 décembre 1982, p. 10-11. Ill. de Jean-Christian Knaff.

De l'amour dans la ferraille. Roman, Montréal, Stanké, 1984, 544 p.

Ne faites pas mal à l'avenir, Montréal, Éditions Paulines, « Lectures ViP », 1984, 109 p.

« Attiknapeo », dans Commission permanente et interrégionale de l'enseignement du français langue maternelle (Belgique, France, Québec, Suisse), *Contes, nouvelles et légendes…de quelques pays français*, Sèvres, Fédération internationale des professeurs de français, 1984, p. 89-97.

Le chandail de hockey, Montréal, Livres Toundra, 1984, [n.p.]. Ill. de Sheldon Cohen.

La fleur et autres personnages, un recueil de nouvelles de Roch Carrier, Montréal, Éditions Paulines, « Lectures ViP », 1985, 99 p.

L'ours et le kangourou, Montréal, Stanké, 1986, 156 p.

Canada, Montréal, Éditions Libre Expression et Art global, 1986, [250 p.] [Photos de Mia et Klaus, textes de Roch Carrier].

Un chameau en Jordanie. Récit, Montréal, Stanké, 1988, 157 p.

Prières d'un enfant très très sage, Montréal, Stanké, 1988, 151 p.

Enfants de la planète, Montréal, Éditions Paulines, « Lectures ViP », 1989, 76 p.

L'eau de Polgok-sa, Montréal, Éditions Paulines, « Lectures ViP », 1989, 87 p.

Le canot dans les nuages, Montréal, Éditions Paulines, « Lectures ViP », 1991, 197 p.

L'homme dans le placard, Montréal, Stanké, 1991, 168 p.

Le Martien de Noël. Roman, Montréal, Québec/Amérique, « Littérature jeunesse », 112 p. Sélection « Club La Fête », nº 1, 1991.

Un champion, Montréal, Livres Toundra/Orange [France], GRANDIR, 1991, [n.p.]. Ill. de Sheldon Cohen.

Canada je t'aime I love you, Montréal, Livres Toundra/Tundra Books, 1991, 72 p. Peintures/Paintings de Miyuki Tanobe.

Une bonne et heureuse année, Montréal, Livres Toundra, 1991, [n.p.]. Ill. de Gilles Pelletier.

Fin. Roman, Montréal, Stanké, 1992, 143 p.

Le plus long circuit, Montréal, Livres Toundra, 1993, [n.p.]. Ill. de Sheldon Cohen.

Le joueur de basket-ball, Montréal, Livres Toundra, 1996, [n.p.]. Ill. de Sheldon Cohen.

Petit Homme Tornade. Roman, Montréal, Stanké, 1996, 284 p.

Presque tout Roch Carrier, Montréal, Stanké, 1996, 432 p. [anthologie].

Prières d'un adolescent très très sage, Montréal, Stanké, 1998, 127 p.

Une chaise. Roman, Montréal, Stanké, 1999, 112 p.

Le Rocket, Montréal, Stanké, 2000, 271 p.

Le Petit Bonhomme Rond qui avait des plumes à son chapeau melon. Conte, Vallée-Jonction, Éditions du Lilas, 2001, 103 p. Avec des dessins de l'auteur.

II. Études sur l'œuvre de Roch Carrier

Avant-propos

BEAULIEU, Nicole, « La littérature yes sir! », *L'Actualité*, vol. 5, nº 11, novembre 1980, p. 70-73.

Chapitre 1 : « La musique de mes vingt ans exaltés »

BONENFANT, Joseph, « Chez les Auteurs réunis. *L'aube d'acier* de Roch Carrier », *La Tribune*, 24 avril 1971, p. 17.

CHAMPAGNE, Guy, « *Les jeux incompris*, recueil de poésies de Roch Carrier », dans Lemire, Maurice *et al.*, *Dictionnaire des œuvres littéraires du Québec*, t. 3, p. 544.

CHAMPAGNE, Guy, « *Cherche tes mots. Cherche tes pas*, recueil de poésies de Roch Carrier », dans Lemire, Maurice *et al.*, *Dictionnaire des œuvres littéraires du Québec*, t. 3, p. 186.

CHASSAY, Jean-François, « *L'aube d'acier*, recueil de poésies de Roch Carrier », dans Lemire, Maurice *et al.*, *Dictionnaire des œuvres littéraires du Québec*, t. 5, p. 52-53.

MAILLET, Andrée, « Trois auteurs », *Le Petit Journal*, 6 avril 1958, p. 79.

PILON, Jean-Guy, « Poésie. Esquisses : Villeneuve, Carrier, Turcotte », *Le Devoir*, 25 juin 1971, p. 12.

PLOURDE, Antonin, « L'esprit des livres. *Les Jeux incompris* », *Revue dominicaine*, vol. 63, mars 1957, p. 127.

SAINT-MARTIN, Fernande, « Trois tendances de notre poésie », *La Presse*, 8 mars 1958, p. 42.

Chapitre 2 : La v(o)ie fantastique

BASILE, Jean, « Un jeune auteur chez Jacques Hébert. Roch Carrier : Voltaire et St-François [*sic*] réunis », *Le Devoir*, 1er octobre 1964, p. 6.

CHÂTILLON, Pierre, « *Jolis Deuils* de Roch Carrier », *Livres et Auteurs canadiens*, 1964, p. 38-39.

COURTEMANCHE, Gil, « *Jolis Deuils* de Roch Carrier », *La Presse libre*, 5 octobre 1964, p. 4.

DANSEREAU, Claude, « Les lettres canadiennes-françaises. *Jolis Deuils* de Roch Carrier », *Le Devoir*, 24 octobre 1964, p. 13.

DASSYLVA, Martial, « *Jolis Deuils* au Théâtre Sans Fil. Faire appel à l'émotion », *La Presse*, 6 novembre 1982, p. C1 et C2.

DIONNE, René, « *Littérature canadienne. Jolis Deuils* », *Relations*, no 299, novembre 1965, p. 323-324.

DORION, Gilles, « *Jolis Deuils*, recueil de contes de Roch Carrier », dans Lemire, Maurice *et al.*, *Dictionnaire des œuvres littéraires du Québec*, t. 4, p. 473-474.

GRUDA, Agnès, « Les *Jolis deuils* par le Sans Fil : courtepointe d'absurde et de poésie », *Le Soleil*, 9 octobre 1982, p. C-11.

ROY, Paul-Émile, « Littérature. Carrier (Roch). *Jolis Deuils* [...] », *Lectures*, vol. 11, no 6, février 1965, p. 159.

Chapitre 3 : « La trilogie de l'âge sombre »

BARRETTE, Jean-Marc, « Le carnavalesque selon Bakhtine et *La guerre, yes sir!* », dans François Dumont et Frances Fortier (dir.), *Littérature québécoise : la recherche en émergence*, Actes du deuxième colloque interuniversitaire des jeunes chercheur(e)s en littérature québécoise, Québec, Nuit blanche éditeur, 1991, p. 81-89.

BIENVENUE, Suzanne, « Roch Carrier. Du carnavalesque à la parodie », M.A., Sherbrooke, 1992, 109 folios.

BOIVIN, Aurélien, « *La guerre, yes sir!* ou la guerre des autres », dans *Pour une lecture du roman québécois. De* Maria Chapdelaine *à* Volkswagen blues, Québec, Nuit blanche éditeur, 1996, p. 233-251.

DIONNE, René, « *Il est par là, le soleil* de Roch Carrier », *Livres et Auteurs québécois*, 1970, p. 54-55.

DORION, Gilles, « *Il est par là, le soleil*, roman de Roch Carrier », dans Lemire, Maurice *et al.*, *Dictionnaire des œuvres littéraires du Québec*, t. 5, p. 418-420.

GALLAYS, François, « *La guerre, yes sir!* de Roch Carrier », *Livres et Auteurs canadiens*, 1968, p. 39.

GARON, Carmen Hélène, « Le "sacre" dans les œuvres de Michel Tremblay et de Roch Carrier », M.A., Hamilton, McMaster University, 1973, v-81 folios.

GODIN, Jean-Cléo, « Roch Carrier : une terre entre deux (ou trois?) soleils », *Livres et Auteurs québécois*, 1971, p. 305-310.

LEROUX, Normand, « *La guerre, yes sir!* de Roch Carrier », *Livres et Auteurs québécois*, 1970, p. 94-95.

PARENT, Gilles, « La quête du héros dans la trilogie de Roch Carrier (*La guerre, yes sir!*, *Floralie, où es-tu ?* et *Il est par là, le soleil*) », Maîtrise en études littéraires, Trois-Rivières, UQTR, 1989, III-125 f.

SNAITH, Guy, *Carrier. La guerre, yes sir!* Edited with Introduction, Notes and Bibliography by Guy Snaith, London, Bristol Classical Press, « French Texts Series », 2000, 102 p.

SURPRENANT, Lise, « La nuit dans trois romans de Roch Carrier », M.A., Québec, Université Laval, 1990, 96 folios.

Chapitre 4 : *Le deux-millième étage*

BÉRUBÉ, Renald, « *Le deux-millième étage* », *Livres et Auteurs québécois*, 1973, p. 16-19.

BOIVIN, Aurélien, « *Le deux-millième étage*, roman de Roch Carrier », dans Lemire, Maurice *et al.*, *Dictionnaire des œuvres littéraires du Québec*, t. 5, p. 240-242.

NÉRON, Josée, « Il y a trop de bruit sur la terre, monodrame de Roch Carrier », dans Lemire, Maurice *et al.*, *Dictionnaire des œuvres littéraires du Québec*, t. 5, p. 425.

Chapitre 5 : *Le jardin des délices*

AUDET, Noël, « *Le jardin des délices* de Roch Carrier », *Voix et Images*, vol. I, nº 3. avril 1976, p. 457-458.

DORION, Gilles, « Roch Carrier, *le Jardin des délices* », *Livres et Auteurs québécois*, 1975, p. 41-45.

DORION, Gilles, « *Le jardin des délices*, roman de Roch Carrier », dans Lemire, Maurice *et al.*, *Dictionnaire des œuvres littéraires du Québec*, t. 5, p. 448-450.

Chapitre 6 : La période « philosophique »

ALLARD, Jacques, « L'idéologie du pays dans le roman québécois contemporain : *Il n'y a pas de pays sans grand-père* et l'intertexte national », *Voix et Images*, vol. V, nº 1, automne 1979, p. 117-132.

BERNIER, Conrad, « Roch Carrier : "J'ai écrit une histoire d'amour" », *La Presse*, 28 mai 1977, p. D3, D4.

BÉRUBÉ, Renald, « *Il n'y a pas de pays sans grand-père* », *Livres et Auteurs québécois*, 1977, p. 59-63.

CARPENTIER, André, « *Les fleurs vivent-elles ailleurs que sur la terre ?* », roman de Roch Carrier, dans Dorion, Gilles *et al.*, *Dictionnaire des œuvres littéraires du Québec*, t. 6, p. 338-339.

DORION, Gilles, « Roch Carrier, *Les fleurs vivent-elles ailleurs que sur la terre ?* », *Livres et Auteurs québécois*, 1980, p. 32-34.

MARCOTTE, Gilles, « Roch Carrier et le pays de grand-père. Une certaine idée de la tradition », *Le Devoir*, 18 juin 1977, p. 19.

MARTEL, Réginald, « Pour la suite de nous-mêmes », *La Presse*, 28 mai 1977, p. D3.

MARTEL, Réginald, « Chez Roch Carrier. La tentation métaphysique », *La Presse*, 28 juin 1980, p. C3.

MARTEL, Réginald, « Selon Roch Carrier. Une passion en forêt », *La Presse*, 3 octobre 1981, p. C2.

RESCH, Yannick, « *Il n'y a pas de pays sans grand-père*, roman de Roch Carrier », dans Dorion, Gilles *et al.*, *Dictionnaire des œuvres littéraires du Québec*, t. 6, p. 410-412.

Chapitre 7 : Un retour aux sources

DORION, Gilles, « *De l'amour dans la ferraille* », *Québec français*, n° 58, mai 1985, p. 8.

HÉBERT, François, « Connaissez-vous Saint-Toussaint-des-Saints ? », *Le Devoir*, 10 novembre 1984, p. 25.

MARTEL, Réginald, « Roch Carrier au pays du cœur », *La Presse*, 17 novembre 1984, p. E3.

ROYER, Jean, « Roch Carrier. Au moindre mot la page bouge », *Le Devoir*, 17 novembre 1984, cahier 3, p. 21, 31.

Chapitre 8 : Un roman énigmatique

ALAIN, Louise, « Un espace littéraire à explorer », *Continuum* [journal officiel de la FAECUM], 20 janvier 1992, p. 19.

CORNELLIER, Louis, « Bombe à retardement », *Le Devoir*, 2 novembre 1991, p. D3.

DORION, Gilles, « *L'homme dans le placard* », *Québec français*, nº 85, printemps 1992, p. 32.

FORTIN, Marie-Claude, « La porte du Nord », *Voir*, 24-30 octobre 1991, p. 25.

MARTEL, Réginald, « Un joli petit drame, signé Roch Carrier », *La Presse*, 15 septembre 1991, p. C5.

Chapitre 9 : Une fin ratée

DORION, Gilles, « *Fin* », *Québec français*, nº 88, hiver 1993, p. 22-23.

MARTEL, Réginald, « Livres. Une mort cousue de gros fil blanc », *La Presse*, 6 septembre 1992, p. B7.

SALDUCCI, Pierre, « Le plaisir des livres. Confession d'un suicidé », *Le Devoir*, 12 septembre 1992, p. C3.

Chapitre 10 : *Petit Homme Tornade*

ALLARD, Jacques, « Littérature québécoise. Espaces du cœur », *Le Devoir*, 10 février 1996, p. D4 [reproduit dans *Le roman mauve. Microlectures de la fiction récente au Québec*, p. 325-327].

DORION, Gilles, « *Petit Homme Tornade* de Roch Carrier : le métissage des mythes et des cultures », *Voix et Images*, nº 73, automne 1999, p. 176-189.

JOANISSE, Marc-André, « Littérature. *Petit Homme Tornade*, de Roch Carrier. L'exode d'un peuple », *Le Droit*, 17 février 1996, p. A6.

MARTEL, Réginald, « Livres. Roch Carrier. "J'ai eu un plaisir fou à jouer du roman" », *La Presse*, 11 février 1996, p. B1.

Chapitre 11 : *Une chaise*

BROCHU, André, « Vieilles plumes, soleils inédits. [...]. Une écriture berceuse », *Lettres québécoises*, nº 97, printemps 2000, p. 24-25.

DORION, Gilles, « *Une chaise* », *Québec français*, nº 118, été 2000, p. 15-16.

Chapitre 12 : Le théâtre

BÉRUBÉ, Georges L., « Roch Carrier. *La céleste bicyclette* », *Livres et Auteurs québécois*, 1980, p. 149-151.

BÉRUBÉ, Georges-L., « *Le cirque noir* », *Livres et Auteurs québécois*, 1982, p. 157-159.

DAIGLE, Jean, « Théâtre québécois : lire sur les lèvres », *Le Canada français*, 2 avril 1980, p. C24.

DASSYLVA, Martial, « Au Café de la Place. Quand Magnolia extravague », *La Presse*, 26 mars 1982, p. A12.

FLEMING, Louise, « Étude comparative entre le roman et la pièce de théâtre *La Guerre, yes sir!* de Roch Carrier », M.A., Hamilton, McMaster University, 1977, XII-98 folios.

LEROUX, Normand, « *La guerre, yes sir!* de Roch Carrier », dans Archives des lettres canadiennes, t. V, *Le théâtre canadien-français*, p. 631-635.

SABBATH, Lawrence, « Roch Carrier play vicious as anti-anglais propaganda », *The Montreal Star*, 6 mars 1978, p. B7.

Chapitre 13 : Les récits de voyage

BOIVIN, Jean-Roch, « Un récit pour l'ombre, l'autre pour le soleil », *Le Devoir*, 11 juin 1988, p. D3.

DUSSAULT, Jean-Claude, « Pour l'amour des kangourous [...] », *La Presse*, 12 juillet 1986, p. E3.

MARTEL, Réginald, « Une enfance beauceronne, yes sir! Balade avec Carrier, Rioux et Poissant », *La Presse*, 21 mai 1988, p. K1.

SABOURIN, Claude, « Rencontre étonnante », *Lettres québécoises*, nº 44, hiver 1986-1987, p. 82.

Chapitre 14 : Littérature de jeunesse

BOIVIN, Jean-Roch, « Pour retrouver les plus beaux élans du cœur », *Le Devoir*, 24 septembre 1988, p. D2.

CLOUTIER, Guy, « Un voyage dans le monde de l'enfance avec Roch Carrier », *Le Soleil*, 1er septembre 1988, p. 11.

DORION, Gilles, « *Les enfants du bonhomme dans la lune* », *Livres et Auteurs québécois*, 1979, p. 36-37.

DORION, Gilles, « *Le Petit Bonhomme Rond qui avait des plumes à son chapeau melon* », *Québec français*, nº 126, automne 2002, p. 8.

GUINDON, Ginette, « *Les voyageurs de l'arc-en-ciel* », *Lurelu*, automne 1981, p. 11.

LACHANCE, Lise, « En un clin d'œil. *Prières d'un adolescent très très sage.* Devenir poète... ou premier ministre ? », *Le Soleil*, 29 mars 1998, p. B12.

LAMARRE, André, « *Les voyageurs de l'arc-en-ciel* », *Livres et Auteurs québécois*, 1980, p. 219-220.

MARTEL, Réginald, « Nudité naïve de l'enfance », *La Presse*, 10 février 1979, p. E3.

M[artel], R[éginald], « Pour les enfants, du meilleur Carrier », *La Presse,* 22 mars 1986, p. E3.

MARTEL, Réginald, « Roch Carrier : prières pour prendre congé », *La Presse,* 29 mars 1998, p. B3.

MARTEL, Réginald, « Un bel éloge de la liberté », *La Presse,* 10 février 2002, p. B3.

SARFATI, Sonia, « Encore une fois, Roch Carrier a trouvé son inspiration dans ses souvenirs d'enfance », *La Presse,* 16 mai 1993, p. B7.

VOISARD, Anne-Marie, « La belle naïveté de Roch Carrier », *Le Soleil,* 2 décembre 2001, p. B4.

WINTERS, Robert, « Un chandail des Maple Leafs, c'était la pire chose qui pouvait m'arriver », *Le Nouvelliste,* 31 mars 1979, p. 15 [repris du *Droit,* 10 février 1979, p. 20].

Autres études sur Carrier :

ALLARD, Jacques, *Le roman mauve. Microlectures de la fiction récente au Québec,* Montréal, Éditions Québec/Amérique, 1997, 393 p. Voir p. 325-327 [*PHT*].

ALLARD, Jacques, *Le roman du Québec. Histoire. Perspectives. Lectures,* Montréal, Éditions Québec Amérique, 2000, 454 p. Voir p. 230-256.

FORGET, Danielle, « Les paradoxes de la langue chez Roch Carrier et Michel Tremblay », *Études littéraires,* vol. 26, n° 3, hiver 1993-1994, p. 119-133.

HÉBERT, Pierre, « La réception des romans de Roch Carrier, au Québec et au Canada anglais, ou le syndrome Krieghoff », dans Archives des lettres canadiennes-françaises, t. VIII, *Le roman contemporain au Québec (1960-1985),* Saint-Laurent, Fides, 1992, p. 197-213.

HÉBERT, Pierre, « Roch Carrier au Canada anglais », *Œuvres et critiques*, XIV, 1, 1989, p. 101-113.

Ouvrages généraux

Archives des lettres canadiennes-françaises, t. VIII, *Le roman contemporain au Québec (1960-1985)*, Saint-Laurent, Fides, 1992, 548 p.

BAKHTINE, Mikhaïl, *L'œuvre de François Rabelais et la culture populaire au Moyen Âge et sous la Renaissance*, traduit du russe par Andrée Robel, Paris, Gallimard, « Tel », 1970, 471[2] p.

BACHELARD, Gaston, *La poétique de l'espace*, Paris, PUF, « Quadrige », 1957, 215 p.

BESSIÈRE, Irène, *Le récit fantastique, la poétique de l'incertain*, Paris, Larousse, « Thèmes et textes », 1974, 256 p.

BOURQUE, Denis et Anne BROWN (dir.), *Les littératures d'expression française d'Amérique du Nord et le carnavalesque*, Moncton, Les Éditions d'Acadie et la Chaire d'études acadiennes, Université de Moncton, « Mouvange », 1998, 348 p.

CAMPBELL, Joseph, *Les mythes à travers les âges*, traduit de l'américain par Marie Perron, Montréal, Le Jour éditeur, 1993, 286 p.

DUNETON, Claude, *La mort du français*, Paris, Plon, 1999, 149 p.

DURAND, Gilbert, *Les structures anthropologiques de l'imaginaire. Introduction à l'archétypologie générale*, Paris, Bordas, « Études », 1969, 550 p.

ELIADE, Mircea, *Aspects du mythe*, Paris, Gallimard, « Idées », 1963, 256 p.

ELIADE, Mircea, *Le mythe de l'éternel retour. Archétypes et répétitions*, Paris, Gallimard, « Idées », 1969, 192 p.

ELIADE, Mircea, *Mythes, rêves et mystères*, Paris, Gallimard, « Idées », 1957, 288 p.

FRYE, Northrop, *Anatomie de la critique*, traduit de l'anglais par Guy Durand, Paris, Gallimard, « Bibliothèque des sciences humaines », 1969, 456 p.

GENETTE, Gérard, *Figures III*, Paris, Éditions du Seuil, « Poétique », 1972, 285 p.

LAVOIE, Yolande, *L'émigration des Québécois aux États-Unis de 1840 à 1930*, Québec, Éditeur officiel du Québec, 1981, 68 p. (Documentation du Conseil de la langue française).

LEJEUNE, Philippe, *Le pacte autobiographique*, Paris, Éditions du Seuil, « Poétique », 1975, 361 p.

LITS, Marc, *L'énigme criminelle*, Bruxelles, Didier Hatier, 1991, 112 p.

LORD, Michel, *La logique de l'impossible. Aspects du discours fantastique québécois*, Québec, Nuit blanche éditeur, série « Études » des Cahiers du Centre de recherche en littérature québécoise (CRELIQ) de l'Université Laval, 1995, 361 p.

MARIENSTRAS, Élise, *Les mythes fondateurs de la nation américaine. Essai sur le discours idéologique aux États-Unis à l'époque de l'Indépendance (1763-1800)*, Bruxelles, Éditions Complexe, « Historiques », 1992, 377 p.

MORENCY, Jean, *Le mythe américain dans les fictions d'Amérique. De Washington Irving à Jacques Poulin*, Québec, Nuit blanche éditeur, « Terre américaine », 1994, 260 p.

MORIN, Lise, *La nouvelle fantastique québécoise de 1960 à 1985. Entre le hasard et la fatalité*, Québec, Nuit blanche éditeur, « Études », 1996, 301 p.

RAJOTTE, Pierre, avec la collaboration de Anne-Marie Carle et François Couture, *Le récit de voyage. Aux frontières du littéraire*, Montréal, Triptyque, 1997, 282 p.

TODOROV, Tzvetan, *Introduction à la littérature fantastique*, Paris, Éditions du Seuil, « Poétique », 1970, 189 p.

VAX, Louis, *La séduction de l'étrange, Étude sur la littérature fantastique*, Paris, PUF, « Quadrige », 1965, 314 p.